国家自然科学基金项目“省际能源消费的变系数非参空间面板数据模型研究”（71773012）资助。

半参数趋势面板模型的扩展研究及其在能源领域的应用

Extended Research on Semi-parametric Trending Panel Data Models and their Applications in Energy Economy

殷 亮◎著

中国经济出版社
CHINA ECONOMIC PUBLISHING HOUSE
·北京·

图片在版编目（CIP）数据

半参数趋势面板模型的扩展研究及其在能源领域的应用/殷亮著. --北京：中国经济出版社，2021.10（2023.8重印）

ISBN 978-7-5136-6716-6

Ⅰ.①半… Ⅱ.①殷… Ⅲ.①能源消费—研究 Ⅳ.①F407.2

中国版本图书馆 CIP 数据核字（2021）第 220885 号

责任编辑　贺　静
责任印制　巢新强
封面设计　任燕飞工作室

出版发行　中国经济出版社
印 刷 者　北京建宏印刷有限公司
经 销 者　各地新华书店
开　　本　710mm×1000mm　1/16
印　　张　11.5
字　　数　202 千字
版　　次　2021 年 10 月第 1 版
印　　次　2023 年 8 月第 2 次
定　　价　78.00 元
广告经营许可证　京西工商广字第 8179 号

中国经济出版社　**网址**　www.economyph.com　**社址**　北京市东城区安定门外大街 58 号　**邮编**　100011
本版图书如存在印装质量问题，请与本社销售中心联系调换（联系电话：010-57512564）

前　言

传统的半参数回归模型既含有参数分量又含有非参数分量，将解释变量中与被解释变量关系比较确定的变量建立参数模型，将不够确定的变量（如时间因素等）建立非参数模型，从而揭示被解释变量与解释变量之间关系的线性部分和非线性部分。Chen、Gao 和 Li（2012）提出的半参数趋势面板模型作为一种特殊的半参数回归模型，考虑了时间变量的非线性特征：一方面，可以通过分离出的非线性时间趋势揭示政策、法律、法规等因素对被解释变量的影响；另一方面，分离出变量的非参数部分（时间趋势）改善了模型的参数估计的效果。但是，这个模型包含严格的假定：模型的其他变量与被解释变量之间的关系是线性关系。然而，在现实经济中，变量之间的关系经常具有非线性特征，如果使用标准的半参数回归模型分析含有非线性特征的经济变量之间的关系，则可能得出错误的结论。本书考虑了变量之间可能导致非线性关系的原因：一是模型存在结构变化，使得模型的系数发生变化；二是被解释变量的分布来自指数分布族，变量之间的关系虽是非线性的，但是可以通过变换转换为线性的。本书结合阈值模型、广义半参数模型，将非平稳和非线性结合起来，研究现实经济中的非线性问题。

半参数趋势面板模型是半参数回归模型的特殊情况，本书采用核估计的方法对包含确定的非线性时间趋势的非平稳变量进行分析。在宏观经济分析中，大部分变量因包含时间趋势而显示出非平稳的特征，使得半参数趋势面板模型具有广泛的应用背景。本书针对能源经济问题的研究需要，扩展和改进半参数趋势面板模型及其估计方法，使之能够更好地应用于实际经济问题研究。

本书的方法论贡献主要体现在以下几个方面。

（1）将半参数趋势面板模型（Chen，Gao and Li，2012）和半参数阈值模型（王成勇、艾春荣、王少平，2010）相结合，建立半参数趋势阈值面板模型，并基于半参数趋势面板模型（Pooled semi-parametric Profile Likelihood dummy variable Estimation method，PPLE）方法和阈值模型突变点的识别方法

(Hansen, 1999), 建立了有效估计量和识别程序, 并给出了当阈值变量已知时参数估计量的大样本性质。仿真实验表明, 当突变点位置已知时, 本书提出的参数估计方法有效。当突变点位置未知时, 考虑个体效应可能影响突变点的识别, 对面板数据按截面取平均值, 建立半参数阈值模型, 进行突变点识别, 当阈值前后参数变化明显时, 突变点的识别有效; 当阈值前后参数变化不明显时, 突变点的识别存在偏差, 本书提出的参数估计方法有效。

(2) 将广义半参数混合效应面板模型 (Lombardia and Sperlich, 2008) (解释变量为平稳时间序列) 和广义半参数时间模型 (Hunsberger, 1994) (解释变量为包含时间趋势的非平稳时间序列) 相结合, 构造了解释变量包含时间趋势的广义半参数趋势混合效应面板模型, 并给出加权极大似然估计的有效估计量及识别程序。仿真实验表明, 本书提出的估计方法与 Lombardia 和 Sperlich (2008) 提出的加权极大似然估计方法的估计结果均较好, 保持了参数估计值的均值变化稳定、估计值的标准差随着样本容量增加而减小的特征。从参数估计值标准差来看, 本书提出的估计方法的参数估计值的标准差略大于 Lombardia 和 Sperlich (2008) 提出的加权极大似然估计方法的参数估计值的标准差。从均方误差来看, 本书提出的估计方法的均方误差略小于加权极大似然估计方法的均方误差。

(3) 采用蒙特卡罗的办法将 Chen、Gao 和 Li (2012) 提出的半参数趋势面板模型与 Li、Chen 和 Gao (2010) 提出的非参数时变系数模型 (半参数趋势面板模型的推广, 考虑模型的参数随着时间发生改变) 进行对比分析, 结果显示, 采用非参数时变系数模型估计方法对参数不发生变化的模型进行参数估计时, 估计结果虽然不如半参数趋势面板模型效果好, 但依然保持了参数估计值的均值变化稳定、估计值的标准差随着样本容量增加而减小的特征; 对于模型参数时时发生改变的模型, 时变系数模型的参数估计结果较好, 能够反映模型参数随着时间变化的特征。因此, 面对复杂的经济现象, 只有结合数据特征、经济理论, 才能恰当地选择经济模型来分析经济问题、总结经济规律。

为给本书提出的模型及方法提供完整的应用案例, 本书将半参数趋势面板模型及其扩展模型应用到能源消费领域。

首先, 使用半参数趋势面板模型和指数分解方法对能源消费总量影响因素进行分析。结果表明: 与固定效应面板模型相比, 半参数趋势面板模型的参数估计结果更有效; 能源消费总量存在明显的非线性时间趋势, 反映了 1999—2010 年我国节能减排政策对能源消费总量的作用; 经济增长、能源消费结构、能源强度也是影响能源消费总量的重要因素; 另外, 能源消费总量存在区域异质性。

其次，用半参数趋势阈值面板模型对能源强度的影响因素进行分析。结果显示：与半参数趋势面板模型相比，半参数趋势阈值面板模型能够反映参数随着时间变化的特征。在 1999—2010 年、1999—2005 年以及 2006—2010 年三个阶段中，不同阶段影响因素对能源强度的影响程度发生了变化。其中，工业结构的影响程度变化不大，能源结构和贸易开放度随着时间的变化影响程度都有所增加，而产业结构的影响程度降低。

最后，用半参数趋势面板模型、半参数趋势阈值面板模型对二氧化碳排放量的影响因素进行分析，指出不同的模型有不同的应用背景。实证分析表明：与半参数趋势面板模型相比，本书基于半参数趋势阈值面板模型充分考虑了二氧化碳排放总量的非线性时间趋势及模型结构变化的情况。一方面，最大限度地避免了半参数趋势面板模型中人均国内生产总值对二氧化碳排放总量影响程度的高估问题，以便能够更加准确地认识到能源消费碳强度及能源强度对二氧化碳排放总量的影响；另一方面，二氧化碳排放总量亦存在区域异质性。

Contents 目 录

1 绪 论

半参数模型是新发展起来的一种重要的统计模型，对现实中的经济问题具有更大的适应性，并具有更强的解释能力。在实证分析中，大部分变量因包含确定的时间趋势而显示出非平稳的特征。半参数趋势面板模型能够分离出变量的非线性时间趋势来反映政策、法律、法规等因素对被解释变量的影响，使得半参数趋势面板模型的应用更加广泛。半参数趋势面板模型虽然刻画了时间变量的非线性特征，但是这个模型包含严格的假定，即被解释变量与解释变量之间的关系为线性关系，因而无法分析模型参数部分系数变化的情况，这为半参数趋势面板模型的扩展提供了思路。而且，在现实经济社会中，很多经济变量之间为非线性关系。非线性的原因是多方面的，可能是由于结构变化引起模型参数发生改变，也可能是由于变量分布的不同引起非线性关系等。如何采用半参数模型刻画、解决现实经济的非线性问题，成为半参数趋势面板模型的扩展方向。

随着全球性气候变暖、生态环境恶化，如何解决能源过度消耗、二氧化碳排放量过高的问题，已经成为经济学、社会学和统计学等多领域和学科研究的重要内容。国内外学者对能源消费和二氧化碳的研究主要是基于指数分解方法、投入产出法、计量经济方法进行的。指数分解方法在分解过程中存在影响因素之间的相互作用无法测度的问题；投入产出表每五年编制一次，且只能用于跨期研究；而计量经济方法一般采用线性模型进行研究。然而，随着经济活动的复杂化以及能源政策的阶段性变化，采用原有模型对能源消费问题和二氧化碳排放问题进行研究已不能满足实际需求。针对能源消费和二氧化碳排放问题，采用半参数模型对其进行分析是一种有效的尝试。

本章首先说明了本书研究的背景和意义，随后介绍了本书的研究思路、方法和框架。

1.1 选题背景

半参数模型是 20 世纪 80 年代发展起来的介于参数回归模型和非参数回

归模型之间的一种重要的统计模型。最早半参数回归模型是由 Engle 等（1986）在研究气象条件对电力供应量影响等一系列实际问题时提出的。在很多实际问题中，半参数回归模型可能更接近真实情况，能更充分地利用数据所提供的信息。在理论上，处理该模型的方法融合了参数回归常用的方法和近期发展起来的非参数方法，兼顾了参数模型和非参数模型的优点。与单纯的参数模型或非参数模型相比，具有更大的适应性，并具有更强的解释力。

Engle 等（1986）讨论气象条件对供电量的影响时，认为如果采用非参数回归模型进行分析就会丢失数据信息，如果采用线性回归模型研究则一般数据拟合情况不佳，于是比较自然地想到将两者“综合”，建立了半参数回归模型。公式如下：

$$Y_i = X_i^T\beta + g(Z_i) + e_i, \quad i=1, \cdots, n \tag{1.1}$$

其中，解释变量 $(X_i, Z_i)_{i=1}^n$ 可以是随机、部分随机或非随机设计点列，$X_i \in R^p$，$p \geqslant 1$，$Z_i \in [0, 1]$；β 为 p 维未知参数向量；$g(\cdot)$ 为定义在 $[0, 1]$ 上的未知函数；误差序列 $(e_i)_{i=1}^n$ 为 i. i. d. 。满足 $Ee_i = 0$，$Ee_i^2 = \sigma^2$，它的分布函数可以是已知的或未知的。

对半参数回归模型的研究主要集中在以下几个方面：第一，在基本模型框架下，采用不同的参数和非参数方法对模型进行估计；或者基于误差的不同设定，研究参数分量、非参数分量及误差方差估计量的渐近性质。第二，针对模型的推广或扩展，探讨存在数据缺失时估计量的大样本性质或有限样本性质；或者针对时间序列模型，用面板数据模型研究参数和非参数估计量的渐近性质。第三，针对不同的经济现象、经济问题，采用不同的半参数模型进行实证研究，总结经济规律，以解决实际问题。

对现实数据进行实证分析的时候，我们会发现很多变量是非平稳的变量。对于非平稳的数据，我们一般将其分成两种类型：一是单位根过程，二是趋势平稳过程。对宏观经济中时间序列数据的单位根过程，使得标准的协整理论和方法得以快速发展，并且成为现代时间序列经济研究的常用方法（欧阳志刚，2008）。本书主要考虑因包含确定的时间趋势而显示出不平稳特征的变量。Phillips（2010）回顾了时间趋势模型的发展和改进过程，主要是由于参数模型的限制和不适用，学者发展了很多新的模型估计技术，非参数方法就是其中一种。由于非参数方法性能更稳健、使用过程更简单，应用比较广泛。Gao 和 Hawthorne（2006）提出使用半参数趋势时间序列模型对全球的温度序列进行建模。然而，对估计时间趋势的面板数据模型的研究很少。Atak、Linton 和 Xiao（2011）提供了一个半参数面板模型来研究美国气候变化。Chen、Gao 和 Li（2012）首次将 Robinson（2012）提出的截面相关条件下面板数据的非参数趋势面板模型扩展为截面相关条件下面板数据的半参数趋势面板模型。

半参数趋势面板模型中的参数部分和非参数部分反映了被解释变量与解释变量之间关系的线性部分和非线性部分，其中分离出变量的非线性时间趋势显示了政策、法律、法规等因素对被解释变量的影响。在实证分析中我们发现，大多数变量因包含确定的时间趋势而显示出了不平稳的特征，为半参数趋势面板模型的应用提供了空间。

然而我们发现，一方面，数据包含确定时间趋势的原因是技术升级、结构变迁、经济危机等外生冲击，导致数据的生成过程发生了改变，也就是我们说的结构突变。当对这类数据进行建模的时候，模型参数是否随着时间发生改变引起了广大学者的关注。Lucas（1976）指出，当计量经济学被用于政策分析的时候，经典计量模型预测不准的原因是存在结构变化的问题。如果我们假定结构不稳定的时间序列模型是稳定的，就将导致错误的推断和预测（Fu and Hong，2019）。另一方面，半参数趋势面板模型假定影响因素与被解释变量的关系是线性关系，这种假定在某种情况下过于严格。如上文所述，现实经济中变量之间的相互关系常常具有非线性特征，例如，针对存在结构变化的数据，若采用线性关系表示变量之间的关系是不恰当的。一旦使用线性模型分析具有非线性特征的经济变量之间的关系，得出的结论就很可能是错误的。半参数趋势面板模型虽然能够反映时间变量的非线性特征，但是无法刻画经济变量之间的非线性关系。面对复杂多变的经济现象和现实问题，有必要对半参数趋势面板模型进行扩展，使其能够更好地分析、解决现实经济问题。

20 世纪 80 年代以来，伴随着经济的飞速发展，具有全球性影响的环境问题日益突出，不仅导致了区域性的环境污染和大规模的生态破坏，而且出现了温室效应、臭氧层破坏、气候骤然变化、酸雨、土地荒漠化、部分动植物濒临灭绝、越境污染等大范围甚至全球性环境危机，严重威胁着全人类的生存与发展。一个由世界 226 位知名气象专家组成的考察组发布的报告显示，人类每年向大气排入 230 亿吨二氧化碳，比 20 世纪初增加了 25%。大气中一氧化碳、二氧化硫等污染物的大量增加，不仅危害着人类的健康，影响着动植物的正常生长，而且导致全球气温升高。到 2050 年，温室效应将使全球海平面平均上升 20 厘米；到 2100 年将上升 65 厘米。如果这样发展下去，到 22 世纪人类将很难适应地球的环境。要解决全球气候变化不稳定、气温普遍升高的公共环境问题，需要每个国家都积极面对并通力合作。

中国近几十年来经济迅速发展，环境问题却日益严峻，能源的大量消耗及环境保护措施的欠缺，导致中国许多地区出现空气污染和水污染现象。根据环保部发布的《2013 中国环境状况公报》，2013 年京津冀、长三角、珠三角等重点区域及省会城市、直辖市和计划单列市共 74 个城市按照新标准开展环境检测，结果显示，74 个城市中仅海口、舟山和拉萨 3 个城市的空气质量达标。中国是当今世界上最大的发展中国家，看清国际社会的发展形势，推动低碳经济发展，中国责无旁贷。受经济发展阶段、人口众多、资源禀赋分布不均、经济发展方式惯性等因素的制约，未来中国能源需求仍将处于较高水平，巨大的能源需求前景给中国未来经济及社会发展带来了严峻的挑战。

对于能源需求及碳减排问题，国内外学者做了很多研究，主要采用指数分解方法、投入产出法、计量方法等进行分析，为国家制定相应政策提供了理论及事实依据。然而，由于中国在不同时期社会主义市场经济体制的具体政策和经济发展状况会有很大不同，加上能源需求及碳排放问题日益复杂，经济变量之间的关系很可能发生变化，如果忽视结构变化问题，采用以结构不变为前提的线性模型对我国的经济关系进行实证分析，则揭示的经济规律有可能是错误的。因此，推广和改进现有模型，使用非线性模型分析我国的实际经济问题，具有重要的理论和现实意义。

1.2 研究意义

由于参数模型和非参数模型的不足，半参数模型得以发展起来。它介于参数模型和非参数模型之间，因此也被称为部分线性模型。半参数模型中的参数部分是根据先验信息或历史经验预先设定的，充分利用了数据的有用信息，使模型的设定符合实际情况。同时，解释变量通过引入非参数分量来表达参数模型中表达不完善的部分，改善了参数模型在表达现实模型方面的局限性。半参数模型发展的历史较短，仍然处于发展之中。然而，半参数模型凭借自身的优势，具有非常广泛的应用空间，经济学、统计学、生物学、心理学、环境学等领域的研究都涉及了半参数模型的应用。

1.2.1 理论意义

半参数趋势面板模型能够分离出被解释变量包含的时间趋势，来反映政策、法律、法规等因素对被解释变量的影响，改善了参数模型因无法刻画重要信息而直接进行参数估计的不精确性，解决了非参数估计方法因信息损失过多而无法准确描述经济现象的问题，使得半参数趋势面板模型具有广泛的应用空间。模型的扩展与改进是半参数面板模型发展的一个理论方向。本书的主要理论贡献在于：第一，在能源、经济、环境协调发展的背景下，考虑到引起模型中被解释变量与部分解释变量的非线性关系的原因可能是结构变化，结合结构突变理论对半参数趋势面板模型进行扩展，建立了半参数趋势阈值面板模型，使其不仅能够反映时间趋势的非线性特征，而且能够反映模型参数的变化特征，从而进一步反映模型变量关系的变化情况，扩展了半参数趋势面板模型。同时，通过给出其估计方法、大样本性质、有限样本性质，为其应用提供了理论基础和技术支持。第二，考虑到模型中的被解释变量与部分解释变量呈非线性关系的原因可能与被解释变量的分布有关，即若被解释变量来自指数分布族，被解释变量与部分解释变量之间的关系为非线性，但经过某种变换之后转换为线性关系。本书结合广义线性模型及广义半参数模型，对半参数趋势模型进行扩展，提出了广义半参数趋势混合效应面板模型，一方面丰富了半参数模型种类，另一方面拓宽了半参数趋势模型的应用范围。同时，通过假定被解释变量来自指数分布族，给出其加权极大似然估计和优化算法，为其应用提供了具体方法。

1.2.2 实践应用意义

首先，从能源消费总量的研究来看，目前国内外文献对能源消费影响因素的研究主要基于单变量和多变量的角度进行分析，然而关于政策、法律、法规等因素对能源消费的影响研究一般都是从定性的角度进行分析。本书采用非参数的办法将反映政策影响的非线性时间趋势分离出来。从时间趋势图来看，一方面能够揭示我国节能减排政策的实施效果；另一方面通过分离非线性时间趋势增强了模型参数的估计效果，更准确地把握了各因素的影响程度，为我国制定相应的能源和环境政策提供了科学的理论指导。

其次，从对能源消费强度的分析来看，能源消费强度是能源经济效率的衡量指标，国内外学者对其进行了广泛的研究，表明结构调整和技术进步虽是影响能源消费强度的主要因素，但是结构的调整与政策的制定息息相关，其参数是否随着时间发生改变尚未知。本书在半参数趋势面板模型中引入阈值变量，建立了半参数趋势阈值面板模型，可反映模型参数变化的特征，进一步对能源消费强度的影响因素进行分析。一方面，通过估计出的阈值，反映我国能源战略的调整；另一方面，通过模型参数变化的情况，发现了各个变量影响程度随着时间推移的变化情况，为进一步制定相应政策提供了可靠的技术支持。

最后，从能源消费与环境的关系角度来说，能源的大量消耗一方面造成了能源的浪费；另一方面由于技术等因素的制约，产生了大量温室气体（二氧化碳），对环境造成了极大的破坏。二氧化碳等温室气体的排放不仅仅是能源消费引起的。在采用不同方法对其原因进行分析的过程中，一方面能够比较各个模型的优劣；另一方面通过对碳排放因素的分析，发现节能和减排是保证经济、环境、社会协调发展的双重指标，我们需解决能源消费和碳排放两个问题，保证经济又快又好发展、环境可持续发展、社会和谐稳定发展。

1.3 本书的主要内容、创新点与技术路线

1.3.1 半参数趋势面板模型的扩展在理论方面的创新

半参数趋势面板模型因为能够分离出解释变量和被解释变量之间的线性关系，以及被解释变量自身包含的非线性时间趋势而应用广泛。然而，半参数趋势面板模型中的参数部分被假定为线性过于严格，在现实经济社会中，很多经济变量之间均呈非线性关系。本书从变量之间的非线性关系可能存在的原因入手，一方面，半参数趋势面板模型无法分析模型结构变化的问题，即无法分析由结构变化引起的变量之间关系的非线性问题。现有的有关结构变化的文献主要是从两个方向展开：一是理论方向，研究结构突变点的检验及识别问题；二是应用方向，采用阈值模型分析现实经济问题。本书将阈值模型和半参数趋势面板模型相结合，建立了半参数趋势阈值面板模型。另一方面，半参数趋势面板模型无法分析由被解释变量分布的变化所引起的非线性问题，即当被解释变量来自指数分布族时，变量之间的关系为非线性关系，但可以通过联系函数变换为线性关系。本书将被解释变量的分布扩展成指数分布族，提出了广义半参数趋势混合效应面板模型。

本书的方法创新点体现在以下几个方面。

(1) 将半参数趋势面板模型和阈值模型相结合，建立了半参数趋势阈值面板模型，并给出其突变点识别和参数估计的有效估计量和识别程序。Chen、Gao 和 Li（2012）提出的半参数趋势面板模型与传统的固定效应面板模型相比，可以估计出被解释变量的非线性时间趋势，反映政策、法律、法规等对其的影响，它假设解释变量的系数在一段时间内是恒定的。本书考虑由于相关政策的制定可能引起数据结构的变化，因此结合结构突变理论，提出通过改变斜率系数来反映结构突变的半参数趋势阈值面板模型。在此基础上，本书提出用扩展的 PPLE 方法对此模型进行估计。蒙特卡罗模拟表明，对于含有突变点的半参数趋势阈值面板模型，两阶段 PPLE 方法的参数估计是有效的。当突变点已知时，给出估计量的大样本性质；当突变点未知时，笔者结合 Hansen（1999）提出的突变点的识别办法进行突变点识别，进而估计模型参

数。蒙特卡罗模拟结果表明，本书提出的半参数趋势阈值面板模型的估计方法有效。

(2) 将广义半参数混合效应面板模型和广义半参数趋势时间序列模型相结合，建立广义半参数趋势混合效应面板模型，并给出修正的加权极大似然估计量及识别程序。Chen、Gao 和 Li（2012）提出的半参数趋势面板模型在假设被解释变量与解释变量之间的关系是线性关系的基础上，考虑了时间因素的非线性，体现了半参数模型参数分量及非参数分量的特征，合理利用了样本的信息。然而大量的经济理论和经济实践都表明，该线性假定过于严格。本书考虑将被解释变量的分布扩展为指数分布族，将变量之间的关系通过联系函数变换为线性关系；将广义半参数混合效应面板模型（Lombardia and Sperlich，2008）（解释变量为平稳时间序列）和广义半参数趋势时间序列模型（Hunsberger，1994）（解释变量为包含时间趋势的时间序列）相结合，构造了解释变量为包含时间趋势的广义半参数趋势混合效应面板模型，并给出加权极大似然估计的有效估计量及识别程序。仿真实验表明，当被解释变量为二项分布时，本书提出的加权极大似然估计量是有效的。

(3) 选用蒙特卡罗模拟的办法，对不同数据类型采用 Chen、Gao 和 Li（2012）提出的半参数趋势面板模型，以及 Li、Chen 和 Gao（2010）提出的非参数时变系数模型，进行对比分析。结果显示，非参数时变系数模型估计方法对参数不发生变化的模型进行参数估计时，估计结果虽然不如半参数趋势面板模型效果好，但依然保持了参数估计值的均值变化稳定、估计值的标准差随着样本容量增加而减小的特征；针对模型参数随着时间推移发生改变的数据，与半参数趋势面板模型相比，采用非参数时变系数模型进行参数估计的估计效果较好。因此，面对复杂的经济现象，只有结合数据特征、经济理论才能恰当地选择经济模型分析经济问题，总结经济规律，为提出有效的政策建议提供理论支持和技术保证。

1.3.2 应用研究的主要创新

本书主要将半参数趋势面板模型和提出的扩展模型应用到能源消费领域，对能源消费总量、能源消费强度、能源消费下的二氧化碳排放量的影响因素进行分析。这些应用研究较为系统地为本书所介绍的方法的实际应用提供了范例。

气候变化已成为全球关注的焦点，中国作为全球最大的能源消费国，明显感受到国际上要求节能减排的压力。我国的“十二五”规划已对节能减排的相应指标做出明确规定①。我国正处于工业化、城市化进程加快阶段，居民消费结构也处于升级换代之中，然而我国依然处于粗放型经济增长的发展阶段，能源利用效率低下、浪费严重与能源供给不足的矛盾日益突出。减少能源消费、提高能源利用效率已经成为一个非常紧迫的问题。

（1）目前，中国既要发展经济又要面临合理降低能源消耗的挑战。分析导致中国能源消费快速增长的关键因素，制定完善且具有针对性和操作性的能源政策，成为学术界面临的主要问题之一。本书采用指数分解方法确定能源消费的影响因素，避免了影响因素考虑不全面的问题。进一步利用半参数趋势面板模型对其进行分析，分离出了我国能源消费总量的非线性时间趋势，反映了我国 20 世纪 90 年代以来的能源政策对能源消费总量的控制作用；同时估计出了我国能源消费总量和经济增长总量、能源消费结构及能源消费强度之间存在的长期关系和能源消费的区域差异。与固定效应模型相比，本书基于半参数趋势面板模型更充分地考虑了能源消费总量的非线性时间趋势，提高了能源消费影响因素模型参数估计的有效性，最大限度地避免了固定效应面板模型中经济增长对能源消费总量影响程度的高估问题，以便我们能够更加准确地认识到能源消费结构对我国能源消费总量的影响。

（2）能源消费强度是指单位国内生产总值消耗的能源，是能源经济效率的衡量指标，因此我们需要研究能源消费强度及其影响因素等相关问题。国内外学者的研究表明，影响能源消费强度的主要因素是结构调整和技术进步。本书分析了结构因素对能源消费强度的影响。首先，采用 Chen、Gao 和 Li（2012）提出的半参数趋势面板模型对能源消费强度的影响因素进行分析，估计出能源消费强度自身的非线性时间趋势，除了 2002—2004 年我国能源消费强度下降的趋势放缓外，其余年份能源消费强度均保持较快的下降速度。这反映了我国近年来经济发展及能源政策的调整情况。我们进一步将其与邹检验理论相结合，计算模型发生结构变化的突变点，以此建立半参数趋势阈值面板模型，估计出 1999—2010 年影响能源消费强度的结构因素随时间变化的情况。结果表明，随着时间的变化，工业结构的影响程度变化不大，能源消费结构和贸易开放度的影响程度有所增加，而产业结构的影响程度降低。

（3）人类活动需要大量的化石能源。化石能源产生的碳排放是导致全球气候变暖的重要原因。2007 年，荷兰环境评估局发布的一份报告显示，中国因消费化石燃料而排放的二氧化碳（60.7 亿吨）已经超过美国（57.7 亿吨），成为全球最大的二氧化碳排放国，在国际上面临的节能减碳压力越来越大。

① 要求“十二五”末非化石能源占一次能源消费比重达到 11.4%，单位国内生产总值能源消耗降低 16%，单位国内生产总值二氧化碳排放降低 17%。

本书采用半参数趋势阈值面板模型和半参数趋势面板模型对二氧化碳排放影响因素进行分析。从理论模拟来看，对含有结构突变点的数据采用半参数趋势阈值面板模型进行分析能够反映出它随着时间的变化而变化的情况，实证研究也验证了这一点。从二氧化碳的影响因素来看，随着时间的变化，碳强度和能源强度对二氧化碳排放量的影响增强，人均 GDP、工业结构、总人口对碳排放量的影响随着时间的变化逐渐变弱。从模型角度来说，半参数趋势阈值面板模型是对半参数面板模型的扩展，一方面保留了半参数趋势面板模型能够估计变量的非线性时间趋势的特点，另一方面通过估计不同阶段模型的参数反映了参数随着时间变化的情况，为节能减排政策的制定提供了理论基础和技术支持。

1.3.3 技术路线

本书写作的目的是针对半参数趋势面板模型存在的优势和不足，扩展和改进半参数趋势面板模型，将其应用到能源经济领域，并解决能源消费总量偏高、能源消费强度偏高、二氧化碳排放量居高不下的问题。因此，本书从能源经济问题出发，综合现有文献的研究成果，以半参数趋势面板模型为支撑，采用模拟数据及实际数据进行模型扩展和实证分析，从方法和应用两个方面提出减少能源消费总量与碳减排的路径和方法，并在解决现实经济问题的同时指出半参数趋势面板模型有待扩展的几个问题。本书的结构安排如下：

第 1 章是绪论。本章首先分析了研究的选题背景和研究意义，随后介绍了本书的主要内容、创新点和技术路线。

第 2 章是基本理论及文献综述。本章介绍了半参数和非参数理论、广义线性模型一般理论、面板数据模型理论。其中，半参数理论部分对半参数模型的产生、半参数模型的种类、半参数模型的估计方法以及本书采用的核密度估计方法进行介绍。由于本书对半参数趋势面板模型进行了扩展，在面板理论的描述中，重点回顾了面板模型的分类。

第 3 章是半参数趋势面板模型与非参数时变系数面板模型对比分析。本章通过模型设定、估计方法、蒙特卡罗模拟三个步骤验证了对包含确定性时间趋势的非平稳变量半参数趋势面板模型和非参数时变系数面板模型的参数估计是有效的。

在对半参数趋势面板模型的蒙特卡罗模拟中，通过设定模型为单变量模型和多变量模型的情况，假定模型参数分别为正数、负数、正负混合，验证了半参数趋势面板模型的参数估计效果。同时，本书选用的半参数趋势面板模型中允许残差序列截面相关。本章验证了在残差相关性由强变弱的情况下模型的参数估计情况。结果表明，模型的残差序列截面相关性大小对参数估计的影响不大。

在对非参数时变系数面板模型的蒙特卡罗模拟中，基于不同的数据生成过程，笔者分别采用半参数趋势面板模型和非参数时变系数面板模型进行估计。结果显示，采用非参数时变系数面板模型估计方法对参数不发生变化的模型进行参数估计时，估计结果虽然不如半参数趋势面板模型效果好，但依然保持了参数估计值的均值变化稳定、估计值的标准差随着样本容量增加而减小的特征；对于模型参数时时发生改变的模型，时变系数面板模型的参数估计结果较好，能够反映模型参数随着时间推移变化的特征。因此，面对复杂的经济现象，需要结合数据特征、经济理论才能恰当地选择经济模型分析经济问题，总结经济规律。

第 4 章是半参数趋势阈值面板模型及其参数估计。本章首先结合结构突变理论，对半参数趋势面板模型进行扩展，构建半参数趋势阈值面板模型，并给出半参数趋势阈值面板模型的突变点及参数的估计方法。

首先，参考 Hansen（1999）提出的突变点识别办法，考虑到个体效应会影响突变点的识别，对面板数据按截面取平均值构建半参数阈值面板模型，对突变点进行识别。蒙特卡罗模拟表明，在阈值前后参数变化明显的情况下，突变点的识别程序有效；当阈值前后参数变化不明显时，突变点识别存在偏差。

其次，通过扩展 Chen、Gao 和 Li（2012）的参数估计方法，进一步对半参数趋势阈值面板模型进行参数估计。蒙特卡罗模拟表明，当突变点已知时，参数估计量具有很好的有限样本性质；当突变点未知时，对于阈值前后参数变化不明显时突变点识别存在偏差的情况，本书提出的参数估计方法有效。

第 5 章是广义半参数趋势面板模型及其参数估计。本章将广义半参数混合效应面板模型（Lombardia and Sperlich，2008）和广义半参数时间模型（Hunsberger，1994）相结合，构造了解释变量包含时间趋势的广义半参数趋势混合效应面板模型，并给出加权极大似然估计的有效估计量及识别程序。

仿真实验表明，当假定被解释变量来自指数分布族时，本书提出的估计方法与 Lombardia 和 Sperlich（2008）提出的加权极大似然估计方法的估计结果均较好，保持了参数估计值的均值变化稳定、估计值的标准差随着样本容量增加而减小的特性。从参数估计值标准差来看，本书提出的估计方法的参数估计值的标准差略大于 Lombardia 和 Sperlich（2008）提出的加权极大似然估计方法的参数估计值的标准差；从均方误差来看，本书提出的估计方法的均方误差略小于加权极大似然估计方法的均方误差。

第 6 章是半参数趋势面板模型及其扩展模型在能源消费领域的应用，本章是利用半参数趋势面板模型及其扩展模型对能源消费总量、能源强度及二氧化碳排放量的影响因素进行了分析。

首先，本章根据能源经济学理论及指数分解方法对能源消费总量进行分解，避免了影响因素考虑不全面的问题。然后运用核密度估计方法研究中国能源消费的关键影响因素。研究结果表明：采用 Chen、Gao 和 Li（2012）提出的能够体现地区异质性的半参数趋势面板模型，估计能源消费总量及其影响因素之间的长期均衡关系以及能源消费总量内部的非线性时间趋势，不仅测度了我国近年来出台的节能减排政策效应，而且增强了模型估计结果的有效性。与传统的线性时间趋势面板模型对比，分析能源消费总量影响因素的影响效应，增强了估计结果的可信性。

其次，笔者根据结构突变理论和半参数趋势面板模型，建立了半参数趋势阈值面板模型，并利用该模型对能源强度的影响因素进行了分析。根据突变点的识别办法，笔者判断出 2005 年是我国能源消费强度影响因素模型结构变化的时间，反映了我国能源政策从鼓励能源产业发展到低碳环保的倾向性变化。笔者进一步采用半参数趋势阈值面板模型的参数估计方法，对影响因素的影响程度进行估计。与半参数趋势面板模型的对比分析表明，半参数趋势阈值面板模型反映了模型参数变化的特征。其中，工业结构的影响程度变化不大，能源结构和贸易开放度随着时间的变化影响程度都有所增加，而产业结构的影响程度降低。

最后，笔者利用半参数趋势面板模型和半参数趋势阈值面板模型对二氧化碳排放的影响因素进行分析。实证分析表明，与半参数趋势面板模型相比，本书的半参数趋势阈值面板模型充分考虑了二氧化碳排放总量的非线性时间趋势及参数结构变化的情况，最大限度地避免了半参数趋势面板模型中人均国内生产总值对二氧化碳排放总量影响程度的高估问题，以便能够更加准确地认识到能源消费碳强度及能源消费强度对二氧化碳排放总量的影响。另外，二氧化碳排放总量亦存在区域异质性。

第 7 章是结论和展望。在各章研究的基础上，总结了本书的结论和观点，并提出了相应的政策建议。最后说明了本书的不足，以及对未来研究的展望。

根据以上研究内容，图 1-1 给出了本书研究的技术路线。

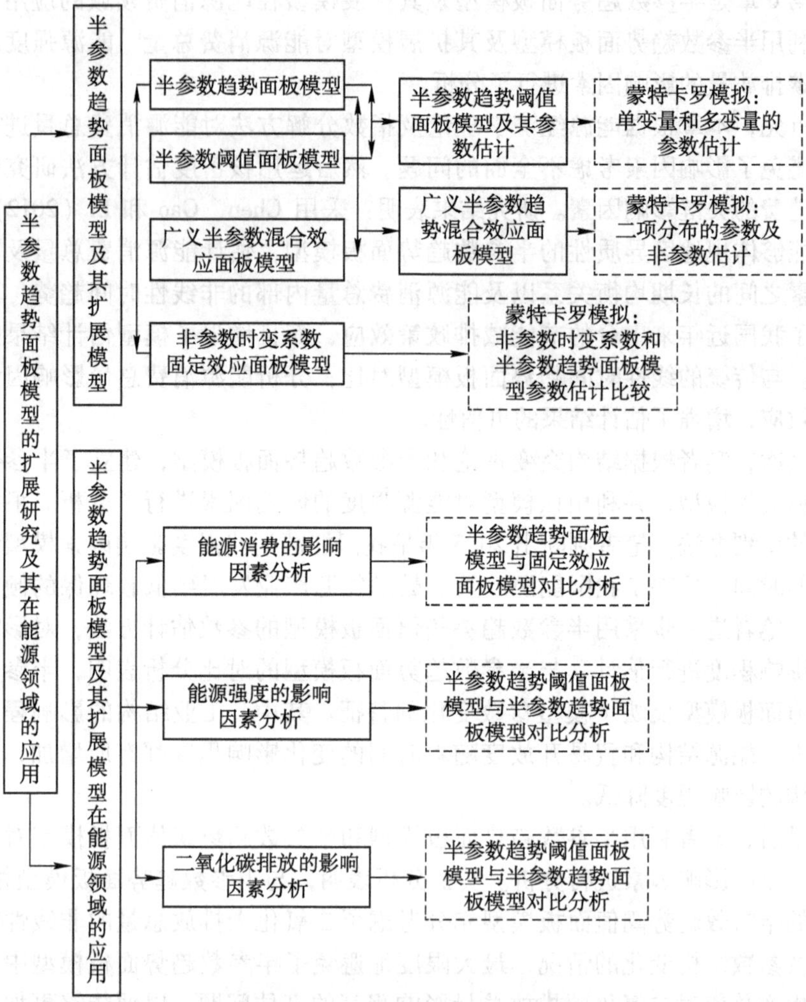

图 1-1　本书研究的技术路线

2 基本理论及文献综述

本书的研究思路是从对半参数趋势面板模型的扩展研究出发，将其应用到能源经济学领域，即基于半参数趋势面板模型的不足和局限，结合结构突变理论和广义线性模型理论，对其进行扩展和完善，并通过模拟分析和实证研究对比分析扩展模型与半参数趋势面板模型的参数估计情况。本章为基本理论及文献综述，主要为半参数模型的扩展研究提供理论基础，包括半参数和非参数理论、广义线性模型一般理论及面板数据模型理论。

2.1 半参数和非参数理论

半参数模型是基于参数模型和非参数模型各自的局限性发展起来的。在对客观世界的分析中，参数模型和非参数模型各有优缺点。半参数模型克服了参数模型和非参数模型的缺点，能够更加真实地还原数据特征，使得半参数回归模型发展迅速。对半参数模型和非参数模型的理论研究，主要从半参数模型的产生、半参数模型的种类、半参数模型的估计方法，以及本书主要采用的非参数概率密度估计——非参数核密度估计展开。

2.1.1 半参数模型的产生

在客观世界中，变量之间的关系虽然复杂，但是我们仍然可以将其归纳为两种关系：一是确定性关系，二是不确定性关系。如果可以用函数关系来表达变量之间的关系，则称作确定性关系，如位移和速度的关系、重力与质量的关系等；不确定性关系则是指变量之间的关系是不确定的依赖关系或相关关系，如粮食的产量与温度的关系、学习成绩与努力程度的关系等。不确定的相关关系属于统计学范畴，在实际生活中，我们经常遇到这种相关关系。当我们需要考察对象 Y（被解释变量）同影响 Y 的因素 X（解释变量）之间的关系时，我们发现被解释变量 Y 与解释变量 X 之间存在某种相关关系，即当 X 取一定值时，虽然不能够得到 Y 的值，但能确定 Y 的条件分布，则 Y 对

X 取值的依赖关系就是最广泛意义下的回归关系。

回归是指在给定了一组数据（X_1，Y_1），（X_2，Y_2），…，（X_n，Y_n）之后，希望能够找到解释变量 X 与被解释变量 Y 之间的一种关系，即：

$$Y_i = m(X_i) + e_i,\ i = 1,\ \cdots,\ n \tag{2.1}$$

其中，$m(X) = E(Y \mid X = x)$ 为回归函数；e_i 为随机误差。通常情况下，$m(X)$ 的形式预先设定。一类简单而且常用的回归模型就是线性回归模型，即在式（2.1）中假定回归函数 $m(X)$ 有如下的线性形式：

$$m(X) = \beta_0 + \beta_1 X_1 + \cdots + \beta_n X_n \tag{2.2}$$

此时在回归函数 $m(X)$ 中，参数 β_0，β_1，…，β_n 是未知的。

自 Galton（1886）提出回归模型以来，该模型得到了广泛的应用。第一，在此模型中，变量的总体分布或分布族被假定为连续型正态分布，变量之间的关系是线性的。在模型假设成立的条件下，其预测精度很高。第二，此模型的估计主要是解决少数参数的估计问题，容易处理。

然而，伴随着海量数据的出现以及数据的产生机制日益复杂，采用某一特定的函数形式或假定数据结构的某种一致性去分析现实问题变得不再切合实际。在模型假定和实际情况不符的情况下，用参数模型进行分析得到的结果偏差会很大，甚至会产生预料之外的错误。非参数模型就是基于参数模型的不足，借助计算机的强大计算能力发展起来的。它弱化了回归函数形式上的假定，以此来增强模型的适应性和灵活性，目的是“让数据自己说话”，使模型能够更加客观地反映事实，进而揭示变量之间内在的复杂关系。其模型形式为：

$$Y_i = g(X_i) + e_i,\qquad g \in H \tag{2.3}$$

其中，H 为 R^p 上的某个函数空间；$g(\cdot)$ 的形式未知；e_i 为随机误差，通常假定为独立同分布（Independently identically distributed，i. i. d.）向量。

非参数技术是非常好的探索复杂模型的建模工具，并且是能够减少传统参数模型偏差的有力武器。可以预测，随着计算机技术的迅猛发展、越来越复杂的“数据挖掘”问题的出现，非参数技术在各个领域的应用成果将会越来越多。然而，非参数模型并不是完美的，也存在一定的局限性。它无法对经验或历史资料中的信息进行应用，使得模型的解释能力下降。此外，在对高维数据进行分析时，非参数回归模型会遇到“维数祸根”（curse of dimensionality）问题，对实际问题的解释力不强。如何解决“维数祸根”问题，对于非线性时间序列和面板数据的研究来说是一个重要的课题，很多研究都是为解决这个问题展开的。比如，Fan 和 Yao（2003），Gao（2010），Li、Racine 和 Jeffrey（2006），他们研究的部分线性模型都是被经常使用的模型。

以上分析表明，参数模型和非参数模型都存在一定的优点和局限性，半参数模型作为它们的综合，既可以利用经验和历史资料对模型的参数部分进行线性设定，又可以对不可确定的部分采用未知函数进行非参数估计，因此具有较好的应用前景。当分析影响观测值 Y 的因素时，我们可以将其分为两部分，分别用 X 和 Z 表示。假定 X 对 Y 的影响是主要的且与 Y 的关系是线性的，而 Z 是 Y 的某种干扰因素，然而与 Y 的关系未知，而且也没有理由将其忽略或归入误差项，若用参数模型（如线性模型）去分析 Y 与 X 及 Z 的关系时，通常情况下得到的结果偏差会较大，而采用非参数模型处理则会失去很多的信息。因此，可以采用参数模型和非参数模型的综合，即半参数模型。Engle 等（1986）提出了如下模型：

$$Y_i = X_i^T\beta + g(Z_i) + e_i, \quad i = 1, \cdots, n \tag{2.4}$$

其中，解释变量 $(X_i, Z_i)_{i=1}^n$ 为随机、部分随机或非随机设计点列，$X_i \in R^p$，$p \geqslant 1$，$Z_i \in [0, 1]$；β 为 p 维未知参数向量；$g(\cdot)$ 为定义在 $[0, 1]$ 上的未知函数；误差序列 $(e_i)_{i=1}^n$ 为 i. i. d. 。满足 $Ee_i = 0$，$Ee_i^2 = \sigma^2$，它的分布函数是已知的或未知的。

在结构上，此模型既与参数模型不同，也与非参数模型不同，它是既包含参数信息又包含非参数信息的模型。从形式上看，半参数模型是线性模型和非参数模型二者的综和，因此被形象地称为部分线性模型（partial linear model）或者半参数模型（semi-parametric model）。半参数模型介于参数模型和非参数模型之间，在不少实际问题中可以反映更接近真实数据的情况，与参数模型和非参数模型相比，是更能充分利用数据所提供信息的模型，从而可以处理参数模型与非参数模型难以解决的问题。但其估计方法的复杂性和难度超过了单一性质的模型。

2.1.2 半参数模型的种类

半参数模型作为参数模型和非参数模型适当的综合引起了广泛的关注。与参数模型相似，半参数回归模型有多种类型，目前研究较多的是部分线性模型、可加模型、单指标模型、变系数模型以及它们的混合形式等。有关半参数模型的研究可以参考 Hastie 和 Tibshirani（1990）、Hardle、Liang 和 Gao（2000），Hardle 等（2004）的研究以及他们所引的文献。本书主要介绍六种重要的半参数回归模型①。

模型 1：对观测变量 Y 进行分析时，如果发现影响 Y 的因素可以分为两个

① 潘雄. 半参数模型的估计理论及其应用研究［D］. 武汉：武汉大学，2005：4-6.

部分，就分别用 X_1，…，X_p 和 Z_1，…，Z_q（$p+q=n$）表示。根据历史资料或经验信息判断，X_1，…，X_p 对 Y 的影响是主要的，而且与 Y 的关系是线性的；而 Z_1，…，Z_q 则是某种干扰因素，与 Y 的关系是未知的，而且也没有理由对其忽略不计。可以建立如下模型：

$$Y_i = X_i^T\beta_i + g(Z_i) + \sigma_i(e_i),\ i=1,\ \cdots,\ n \tag{2.5}$$

其中，$X_i=(X_{i1},\ \cdots,\ X_{id})^T$，$\beta_i=(\beta_1,\ \cdots,\ \beta_d)^T$ 为未知待估参数，$d\geqslant 1$，$\sigma_i=h(e_i)$，$(X_i,\ Z_i,\ e_i)$ 为 i. i. d. 随机设计或固定非随机设计点列；$(e_i)_{i=1}^n$ 为 i. i. d. 随机误差，满足 $Ee_i=0$，$Ee_i^2=1$；$g(\cdot)$，$\sigma(\cdot)$ 为定义在 $[a,\ b]$ 上的未知函数。

模型 2：与模型 1 不同，如果影响 Y 的因素 X 可分为两个部分：线性部分和非线性部分，则认为 X 不但线性地影响 Y，而且 X 影响 Y 还存在非线性部分，具体模型为：

$$Y_i = X_i^T\beta_i + g(X_i) + \sigma_i(e_i),\ i=1,\ \cdots,\ n \tag{2.6}$$

其中，X_i，$g(\cdot)$，$\sigma(\cdot)$，e_i 的具体形式如模型 1。

模型 3：被解释变量 Y 的条件期望是解释变量线性组合的某种未知函数，具体形式为：

$$Y_i = f(X_i^T\beta_i) + e_i \quad \text{或}\ E(Y_i \mid X_i) = f(X_i^T\beta_i) \tag{2.7}$$

其中，X_i，$g(\cdot)$，e_i 的具体形式如模型 1；$f(\cdot)$ 为定义在 R 上的未知函数。此模型称为单指标模型或广义线性模型。

模型 4：影响 Y 的因素可以表示成线性部分和非参数部分的未知函数，具体形式为：

$$Y_i = f(X_i^T\beta_i + g(X_i)) + e_i \tag{2.8}$$

其中，X_i，$g(\cdot)$，e_i 的具体形式如模型 1；$f(\cdot)$ 为定义在 R 上的未知函数。此模型称为广义半参数模型（Generalize Semi-parametric Mode，GSM）。

模型 5：被解释变量 Y 的条件期望是解释变量的未知函数的和，其具体形式为：

$$Y_i = g_1(X_1) + g_2(X_2) + \cdots + g_n(X_n) + e_i \tag{2.9}$$

其中，X_i，$g(\cdot)$，e_i 的具体形式如模型 1；$f(\cdot)$ 为定义在 R 上的未知函数。广义可加模型是非参数模型 $Y_i = g(X_1,\ X_2,\ \cdots,\ X_n) + e_i$ 的特殊形式。

模型 6：影响 Y 的因素分为两个部分：一部分是线性关系，且回归系数恒定；另一部分随着另一个因素的变化而变化，并且这种变化形式是任意的。

$$Y_i = X_i^T\beta_i + Z_i f(U_i) + e_i \tag{2.10}$$

其中，X，Z 为解释变量；$f(\cdot)$，e_i 的具体形式如模型 1；U 为一维解释变量。此模型也被称为部分线性变系数模型。

半参数变系数模型是 Zhang、Lee 和 Song（2002）在变系数模型（Hastie and Tibshiran，1993）的基础上提出的，是对变系数模型的推广。

随着半参数模型的发展，半参数模型的种类越来越多，以上给出了部分具有代表性的半参数模型。其中，模型 1 和模型 2 是基本的半参数模型类型，其他模型是基于二者之上，根据不同的情况建立起来的。为了表示方便，以上模型都是按照截面数据或者时间序列数据进行设定的，对于面板数据的模型形式将在 2.3 节里具体介绍。

2.1.3 半参数模型的估计方法

半参数模型的估计问题主要是基于观测值 $\{X, Y\}_{i=1}^{n}$ 估计参数估计量和非参数估计量。从半参数模型产生至今，国内外学者已用很多种研究方法对半参数模型进行过分析。因为模型 1 是半参数模型中比较基本的模型，所以本书针对模型 1 展开估计方法的介绍。

第一种方法是参数化估计。顾名思义，此方法是将非参数部分参数化，用参数方法解决非参数问题，即对函数空间 H 施加一定的约束，主要是指光滑性。比如，函数空间中的元在选定的一组基 $\{m_i\}$ 下可以用 $g(Z) = \sum_{i=1}^{\infty} \lambda_i m_i$ 线性表示，如果 H 中的元有某种光滑性，使得此级数一致收敛，则可用有限和 $g_n(Z) = \sum_{i=1}^{n} \lambda_i m_i$ 逼近，λ 为待定的光滑参数，于是估计 g（Z）的问题转化为估计有限维参数 $\lambda(\lambda_1, \cdots, \lambda_n)$，从而可以使用线性模型的方法，同时估计 λ 及 β①，完成从非参数问题到参数问题的转化。常见的非参数光滑方法包括局部多项式光滑（包括核光滑方法）（local polynominal）、光滑样条（smoothing spline）、多项式样条（polynominal spline）、惩罚样条（penalized spline）、级数方法（series method）以及小波方法（wavelet method）等，详细内容可参考 Hardle（1990）、Wahba（1990）、Green Silverman（1994）、Wand 和 Jones（1995）、Fan 和 Gijbels（1996）、Bowman 和 Azzalini（1997）、Ruppert 等（2003）、Water 和 Shen（2000）等著作以及其中涉及的参考文献。

第二种方法是两步估计。这种方法结合了参数和非参数的估计方法：第一步采用非参数方法估计非参数部分，第二步将估计出的非参数部分当作已知的变量再来估计参数部分。一般采用最小二乘法作为参数估计方法，所不同的是非参数方法，如柴根象和徐克军（1999）、Wahba 等（1994）、Wahba

① 张松林. 非线性半参数模型最小二乘估计理论及应用研究［D］. 武汉：武汉大学，2003：39-45.

等（1995）、Liang 和 Hardle（2000）等先后讨论了当 $g(\cdot)$ 的估计分别取样条估计、核估计、近邻估计、小波估计时 β 的渐近正态性以及收敛速度等大样本性质。

第三种方法是两阶段估计。与两步估计法类似，在两阶段估计方法中，第一阶段首先假设参数 β 已知，使用标准非参数回归方法估计非参数部分，即以 $\{i, Y_i - X_i\beta\}_{i=1}^{n}$ 估计 $g(\cdot)$，记为 $\hat{g}(i, \beta)$，再用 $\hat{g}(i, \beta)$ 代替 $g(\cdot)$，使用最小二乘法或其他类似方法，同时得到 $\hat{\beta}$ 和 $\hat{g}(i, \beta)$。柴根象（1995）提出了两阶段估计方法。他采用的非参数估计方法是核估计，并利用核函数构造了标准的线性模型，最后用最小二乘法解决了参数估计问题。

第四种方法是稳健估计——M 估计。具体可参见 Gao 和 Shi（1997），Shi 和 Tsai（1999）、Shi 和 Teng（1999）等的研究。半参数模型的参数估计方法大多选择最小二乘法，在多数情况下得到的估计是线性的，在理论分析和实际应用方面较为方便。但是，最小二乘法得到的估计量稳健性不强，一些学者借鉴由 Huber（1964）提出的稳健估计思想，在半参数模型估计中考虑 M 估计，即引进一个定义在 R 上的凸函数 $\varphi(\cdot)$，寻找 $\hat{\beta}$ 及 $\hat{g}(\cdot)$，使得 $\sum_{i=1}^{n}\varphi(Y_i - X_i^T\beta - g(Z_i))$ 取最小。上述提到的非参数估计方法及半参数模型的估计思想同样适用于半参数 M 估计。

第五种方法是补偿最小二乘法。补偿最小二乘法由 Engle 等（1986）引入，是半参数模型使用最为广泛的一种方法①。这种方法既考虑到估计量数据的拟合，又顾及非参数分量估计的光滑性。

半参数模型中包含参数部分和非参数部分，参数模型和非参数模型估计方法的多样性决定了半参数模型估计方法的复杂性。以上只给出了半参数模型的一些基本的估计方法，其他的估计方法可参考相应文献。

本书采用的半参数模型及其扩展模型估计方法的核心思想是分阶段估计模型参数（与两阶段估计类似）。在非参数估计方法的选择中，本书选用的是方便使用、估计效果较好的估计方法——非参数核密度估计，下面将详细介绍此方法。

2.1.4 非参数概率密度估计

进行数据分析时，我们通常希望通过密度函数或者分布函数来了解数据的特点。一般情况下，数据样本所对应的总体的密度函数和分布函数是未知

① 胡宏昌. 半参数模型的估计方法及其应用［D］. 武汉：武汉大学，2004：3-5.

的，我们需要对它们进行估计从而获得总体的信息。当已有的经验足够说明数据所在的总体的密度函数形式已知时，我们可以采用参数方法估计密度函数当中的未知参数，比如极大似然估计等。然而，如果密度函数形式的假定是错误的，则得到的参数估计结果会有较大的偏差。当以非参数概率密度估计方法对数据的概率密度函数进行估计时，只依靠数据本身，点样本分布的形式可以未知，而且非参数密度估计能够处理任意分布数据以及不完全数据集的密度估计，比如非正态数据。所以非参数密度估计引起了学者们广泛的关注。

2.1.4.1 核密度估计

非参数概率密度估计是20世纪40年代形成的，属于非参数统计学范畴，是数理统计学的一个重要分支，具有较大的实用价值。非参数密度估计的方法包括核密度估计方法、近邻估计方法、序列估计方法、罚函数估计方法、样条估计方法、局部似然估计方法及神经网络等。其中，应用最广泛的是核密度估计方法。

Parzen（1962）提出的一种密度估计方法——核密度估计（Kernel Density Estimation，KDE）也被称为parzen窗估计，是非常有效的一种非参数密度估计方法。

核密度估计一开始是基于直方图的思想，即定义一个区域R，是以点x为中心，边长为h，并且包含了k个样本点的D维超立方体。其中x为给定的一组数据，其真实概率密度函数为$p(x)$。为了得到落入该区域中的样本数量，定义核函数$K(u)$为：

$$K(u)=\begin{cases}1, & |u_j|\leqslant\frac{1}{2},\ j=1,\ \cdots,\ D\\ 0, & \text{otherwise}\end{cases} \tag{2.11}$$

则落入超立方体中总的样本数量为：$k=\sum_{i=1}^{n}K\left(\frac{x_i-x}{h}\right)$，当且仅当$K\left(\frac{x_i-x}{h}\right)$落入以$x$为中心且边长为$h$的超立方体中时，$K(u)$值等于1。

根据非参数概率密度估计的表达式，可以得到核密度估计表达式为：

$$\hat{p}(x)=\frac{1}{Nh^D}\sum_{i=1}^{n}K\left(\frac{x_i-x}{h}\right) \tag{2.12}$$

其中，x通常也被称为测试样本（test sample），落入区域R的样本数量可用非参数核密度估计式（2.12）表示，或者说，可以用落入区域R的样本数量来刻画样本点x邻域的非参数概率密度估计。但是上述方法（直方图）给出的核密度估计有两个方面的不足：

（1）密度估计不连续，其原因与核函数的选取有关。

（2）在所有的样本点 x_i 处权值相等，忽略了其到测试样本点 x 的距离，认为 x_i 到 x 的距离对核密度估计无影响。

为了克服第一个方面的不足，规定选用的核函数为满足 $\int_{R^d} K(x)\,dx = 1$ 条件的平滑非负核函数，这保证了核密度估计的连续性。对于第二个方面的不足，可以通过为每个样本点 x_i 赋予权值 α_i 来解决，α_i 的取值根据 x_i 到估计点 x 的距离确定，并且满足 $\sum \alpha_i = 1$。当 x_i 距离 x 较远时，赋予 α_i 较小的值；当 x_i 距离 x 较近时，赋予 α_i 较大的值。这样根据 x_i 到 x 的距离刻画的不同样本点 x_i，对点 x 的概率密度估计的贡献是不同的。另外，随着核密度估计技术的日益完善，在通常情况下，核函数还要满足以下几个特性：

（1）对称性：$\int_{R^d} xK(x)\,dx = 0$。

（2）指数加权衰减特性：$\lim \|x\|^d K\underset{\|x\|\to\infty}{(x)} \to 0$。

（3）单位协方差：$\int_{R^d} xx^T K(x)\,dx = cI$，$c$ 为常数。

这些性质使得核函数在通常情况下是对称和单峰的连续概率密度函数，并且在距离中心位置较远时迅速降为0，而当核函数均匀分布时，最终的概率密度估计为落入某个窗体内样本点数量占所有样本点数量的比例。核函数的分布不同，概率密度估计的内涵就不同。表2-1列出了部分一维核函数的表达式。

表2-1　常用的一维核函数

核函数	方程
Uniform	$U\ (-1,\ 1)$
Triangle	$(1-\|t\|)$
Epanchnikov	$\frac{3}{4}\ (1-t^2)$
Biweight	$\frac{5}{16}\ (1-t^2)^2$
Gaussion	$N\ (0,\ 1)$
Cosine arch	$\frac{\pi}{4}\cos\frac{\pi}{2}$
Double exponential	$\frac{1}{2}e^{-\|t\|}$
Double epanchnikov	$3\|t\|\ (1-\|t\|)$

核密度估计可以看作对以每个观测样本点为中心的窗体进行加和得到的，而平滑的核密度估计则为在观测点放置的平滑“凸起”的总和（见图 2-1）。核函数的选择决定了凸起的形状，即不同的核函数凸起的形状不同。而参数 h 也被称为平滑参数或者窗宽，它决定了每个凸起的宽度①。h 越大，窗宽越宽，核密度估计越光滑；h 越小，窗宽越窄，核密度估计越陡峭。换言之，由于核函数是对称的，我们也可以认为某个样本观测点的核密度估计是以每个估计点为中心，将核函数对其作用后进行平均再求值得到的。简单来说，核密度估计是在样本估计点周围的一个窗体范围内进行的样本点的加权局部平均。

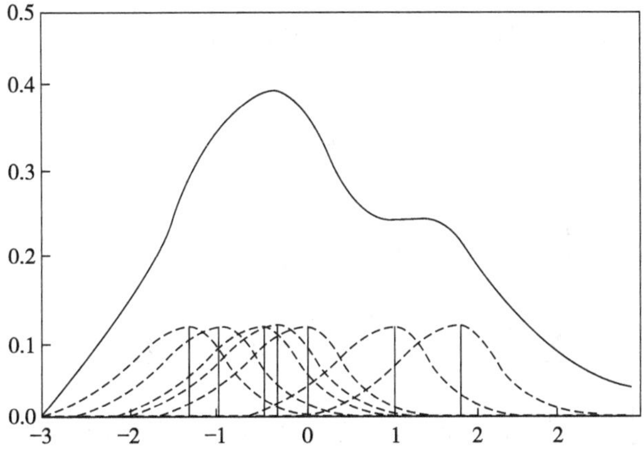

图 2-1 核密度估计

核密度估计作为一种非常有效的概率密度估计方法，其估计结果不仅与样本有关，而且与核函数及窗宽的选择有关。在给定样本以后，密度函数的估计精度或多或少地受到核函数和窗宽选择的影响。最重要的是，核密度估计具备一个非常重要的性质：若样本数量足够多，核密度估计能够渐近地收敛于任意的密度函数。该性质保证了任意分布的数据都可以采用核密度估计进行估计。

另外，在一般情况下，对于给定的核函数 $K(u)$，以下条件是保证核密度估计均值和方差收敛性的充分条件：① $K(u)\geqslant 0$；② $\int K(u)\mathrm{d}u = 1$；③ $\sup\limits_{u} K(u)<\infty$；④ $\lim\limits_{\|u\|\to 0} K(u) \prod\limits_{i=1}^{D} u_i = 0$；⑤ $\lim\limits_{n\to\infty} V_n = 0$；⑥ $\lim\limits_{n\to\infty} nV_n = \infty$。

① 范剑青，姚琦伟. 非线性时间序列：建模、预报及应用［M］. 陈敏，译. 北京：高等教育出版社，2005：148.

2.1.4.2 一维随机变量的非参数核密度估计

假设总体为 X，其密度函数为 $f(x)$，分布函数为 $F(x)$，有来自总体 X 的独立同分布样本 X_i，$i=1, 2, \cdots, n$，如果没有 $f(x)$ 和 $F(x)$ 的函数形式的信息，则参数估计方法不再适用，采用不需要假定密度函数形式的非参数方法来估计密度函数①。

注意到密度函数是分布函数的导数，有：

$$f(x)=F'(x)=\lim_{h\to 0}\frac{F(x+h)-F(x-h)}{2h} \tag{2.13}$$

另外，我们知道分布函数的常用估计经验分布函数定义为 $F_n(x)=\frac{1}{n}\sum_{i=1}^{n}I(X_i\leqslant x)$，这里的 $I(\cdot)$ 为示性函数。将经验分布函数代入上式，可以得到密度函数的估计为：

$$f_n(x)=\frac{F_n(x+h)-F_n(x-h)}{2h} \tag{2.14}$$

于是有 $2nhf_n(x)=\sum_{i=1}^{n}I(x-h<X_i\leqslant x+h)$，即：

$$f_n(x)=\frac{1}{\mathrm{n}}\sum_{i=1}^{n}\frac{1}{2h}I\left(-1<\frac{X_i-x}{h}\leqslant 1\right)=\frac{1}{\mathrm{n}}\sum_{i=1}^{n}\frac{1}{h}k\left(\frac{X_i-x}{h}\right) \tag{2.15}$$

其中，$k(u)=\frac{1}{2}I(|u|\leqslant 1)$ 为函数（2.11）中 $j=1$ 的情况，称为均匀核函数。我们发现此时的密度函数的估计 $f_n(x)$ 是一个加权和，而且权重都相等。上面的密度估计称为均匀核密度估计，取不同的核函数，得到不同的密度估计。

称 $\hat{f}_n(x)=\frac{1}{\mathrm{n}}\sum_{i=1}^{n}\frac{1}{h}k\left(\frac{X_i-x}{h}\right)$ 为密度函数 $f(x)$ 的核密度估计为式（2.12）中 $D=1$ 的情况。

2.1.4.3 $\hat{f}_n(x)$ 的均值、方差和均方误差

$\hat{f}_n(x)$ 是 $f(x)$ 的一个渐近无偏估计，我们通过计算 $\hat{f}_n(x)$ 的均值 $E[\hat{f}_n(x)]$、方差 $\mathrm{var}[\hat{f}_n(x)]$、均方误差 $MSE[\hat{f}_n(x)]$ 来了解核密度估计。

如果 $f(x)$ 有连续二阶导数，则可计算 $\hat{f}_n(x)$ 的均值 $E[\hat{f}_n(x)]$、方差 $\mathrm{var}[\hat{f}_n(x)]$。

① 孙志华，尹俊平，陈菲菲，等. 非参数与半参数统计［M］. 北京：清华大学出版社，2016：9-21，115-119.

$$E[\hat{f}_n(x)] = E\left[\frac{1}{\mathrm{n}}\sum_{i=1}^{n}\frac{1}{h}k\left(\frac{X_i - x}{h}\right)\right] = \frac{1}{\mathrm{n}}\sum_{i=1}^{n}\frac{1}{h}E\left[k\left(\frac{X_i - x}{h}\right)\right]$$
$$= \frac{1}{h}E\left[k\left(\frac{X_1 - x}{h}\right)\right] = \frac{1}{h}\int_{-\infty}^{+\infty}k\left(\frac{z - x}{h}\right)f(z)\mathrm{d}z$$
$$= \int_{-\infty}^{+\infty}k(u)f(x + uh)\mathrm{d}u$$
$$= \int_{-\infty}^{+\infty}k(u)[f(x) + f'(x)uh + \frac{1}{2}f^{(2)}(x)u^2h^2 + o(h^2)]\mathrm{d}u$$
$$= f(x) + \frac{1}{2}f^{(2)}(x)K_{21}h^2 + o(h^2) \tag{2.16}$$

其中，$K_{21} = \int u^2k(u)\mathrm{d}u$，则 $bias\ [\hat{f}_n(x)]\ = \frac{1}{2}f^{(2)}(x)K_{21}h^2+o(h^2)$。窗宽满足条件：当 $n\to\infty$ 时，$h\to 0$，$\frac{1}{2}f^{(2)}(x)K_{21}h^2\to 0$，即 $\hat{f}_n(x)$ 是 $f(x)$ 的一个渐近无偏估计。

$$\mathrm{var}[\hat{f}_n(x)] = \mathrm{var}\left[\frac{1}{\mathrm{n}}\sum_{i=1}^{n}\frac{1}{h}k\left(\frac{X_i - x}{h}\right)\right] = \frac{1}{\mathrm{n}^2}\sum_{i=1}^{n}\mathrm{var}\left[\frac{1}{h}k\left(\frac{X_i - x}{h}\right)\right]$$
$$= \frac{1}{n}E\left[\frac{1}{h}k\left(\frac{X_1 - x}{h}\right)\right]^2 - \frac{1}{n}\left\{E\left[\frac{1}{h}k\left(\frac{X_1 - x}{h}\right)\right]\right\}^2$$
$$= \frac{1}{n}\int_{-\infty}^{+\infty}\frac{1}{h^2}k^2\left(\frac{z - x}{h}\right)f(z)\mathrm{d}z - \frac{1}{n}\left[\frac{1}{h}\int_{-\infty}^{+\infty}k(\frac{z - x}{h})f(z)\mathrm{d}z\right]^2$$
$$= \frac{1}{n}\int_{-\infty}^{+\infty}\frac{1}{h}k^2(u)f(x + hu)\mathrm{d}u - \frac{1}{n}[f(x) + \frac{1}{2}f^{(2)}(x)K_{21}h^2 + o(h^2)]^2$$
$$= \frac{f(x)}{nh}K_{02} + o\left(\frac{1}{nh}\right) \tag{2.17}$$

一般假定 $n\to\infty$，$nh\to\infty$，因此当 $n\to\infty$ 时，$\hat{f}_n(x)$ 的渐近方差趋于 0。

接下来计算 $\hat{f}_n(x)$ 的均方误差 $MSE\ [\hat{f}_n(x)] = E[\hat{f}_n(x) - f(x)]^2$，由分解公式 $MSE[\hat{f}_n(x)] = \mathrm{var}\ [\hat{f}_n(x)] + \{bias[\hat{f}_n(x)]\}^2$ 可以得到：

$$MSE[\hat{f}_n(x)] = \frac{f(x)}{nh}K_{02} + \frac{1}{4}[f^{(2)}(x)]^2K_{21}^2h^4 + o\left(\frac{1}{nh}\right) + o(h^4) \tag{2.18}$$

核密度估计的均方误差由方差和偏差的和构成，当窗宽增大时，方差会变小，同时偏差会增大；反之，当窗宽减小时，方差会变大，同时偏差会减小。我们进行的核密度估计，其实是方差和偏差的一个平衡。当窗宽取得过大时，会出现过平滑（oversmoothing）现象；而当窗宽取得过小时，会出现欠平滑（undersmoothing）现象。

想得到核密度估计，必须选择核函数和窗宽，下面先介绍窗宽的选择方法。

2.1.4.4 最优窗宽

窗宽对方差和偏差的影响是不一样的，在选择窗宽时必须同时兼顾方差和偏差，因此当核密度估计的均方误差达到最小的窗宽是合适的。

简单起见，选择窗宽时，考虑所选窗宽与具体 X 的取值无关，也即对定义域上不同的 x 都取相同的窗宽。为消除 X 不同取值的影响，对估计 $\hat{f}_n(x)$ 的均方误差关于 x 进行积分，即选择使得积分均方误差（*MISE*）达到最小的窗宽。

$$MISE_h = \int_{-\infty}^{+\infty} MSE[\hat{f}_n(x)]\mathrm{d}x$$
$$= \frac{K_{02}}{nh} + \frac{1}{4}\int[f^{(2)}(x)]^2\mathrm{d}x K_{21}^2 h^4 + o(\frac{1}{nh}) + o(h^4)$$

选择窗宽时，忽略 $\hat{f}_n(x)$ 的积分均方误差的高阶项，只取前两项是合理的。所取的主项称为渐近积分均方误差（*AMISE*），相比积分均方误差，渐近积分均方误差忽略了积分均方误差的高阶项，形式更简单。

最优窗宽为使得渐近积分均方误差达到最小的窗宽，记为 h_0：

$$h_0 = \mathrm{argmin}_h AMISE_h$$

其中，$AMISE_h = \dfrac{K_{02}}{nh} + \dfrac{1}{4}\int[f^{(2)}(x)]^2\mathrm{d}x K_{21}^2 h^4$。

对 h 求导，并令导数为 0，则求得最优窗宽表达式为：

$$h_0 = \left\{\frac{K_{02}}{\int[f^{(2)}(x)]^2\mathrm{d}x K_{21}^2}\right\}^{\frac{1}{5}} n^{-\frac{1}{5}} \tag{2.19}$$

因为 $f(x)$ 是未知的需要估计的密度函数，$\int[f^{(2)}(x)]^2\mathrm{d}x$ 也是未知的，因此 h_0 不是一个实际可行的窗宽。下面介绍一种常用的选择窗宽的方法——最小二乘交叉验证法则。

在选择窗宽时，除了可以选择 *MISE* 或 *AMISE* 达到最小的窗宽外，还可以选择使得积分的二次误差（*ISE*）达到最小的窗宽。积分二次误差定义为：

$$I_n = \int [\hat{f}_n(x) - f(x)]^2 dx = \int [\hat{f}_n(x)]^2 dx - 2\int \hat{f}_n(x) f(x) dx + \int [f(x)]^2 dx$$

$$\overset{\text{def}}{=} I_{1n} - 2I_{2n} + \int [f(x)]^2 dx$$

I_n可度量$\hat{f}_n(x)$ 与$f(x)$ 的距离，I_n的分解式中，第三项与窗宽的选择无关，可以不加考虑。则有：

$$\begin{aligned} I_{1n} &= \int [\hat{f}_n(x)]^2 dx = \int \frac{1}{nh}\sum_{i=1}^{n} k\left(\frac{X_i - x}{h}\right) \frac{1}{nh}\sum_{j=1}^{n} k\left(\frac{X_j - x}{h}\right) dx \\ &= \frac{1}{n^2h^2}\sum_{i=1}^{n}\sum_{j=1}^{n}\int k\left(\frac{X_i - x}{h}\right) k\left(\frac{X_j - x}{h}\right) dx \\ &= \frac{1}{n^2h}\sum_{i=1}^{n}\sum_{j=1}^{n}\int k(u) k\left(u - \frac{X_i - X_j}{h}\right) du \\ &= \frac{1}{n^2h}\sum_{i=1}^{n}\sum_{j=1}^{n}\bar{k}\left(\frac{X_i - X_j}{h}\right) \end{aligned}$$

其中，$\bar{k}(v) = \int k(u)k(v-u)du$ 是核函数的卷积。

$$I_{2n} = \int \hat{f}_n(x) f(x) dx = E_f[\hat{f}_n(x)]$$

$$\hat{I}_{2n} = \frac{1}{n}\sum_{i=1}^{n}\hat{f}_n^{-i}(X_i) = \frac{1}{n(n-1)h}\sum_{i=1}^{n}\sum_{j=1,\ j\neq i}^{n} k\left(\frac{X_i - X_j}{h}\right)$$

其中，$\hat{f}_n^{-i}(X_i) = \frac{1}{(n-1)h}\sum_{j=1,j\neq i}^{n} k\left(\frac{X_i - X_j}{h}\right)$是删一估计。因此，选择使得式（2.20）达到最小的窗宽：

$$h_0 = \text{argmin}_h \ \{ I_{1n} - 2\hat{I}_{2n} \} \tag{2.20}$$

Hardle（1988）的研究表明，由上面方法取得的窗宽满足$\frac{\hat{h} - h_0}{\hat{h}} = O_p(n^{-\frac{1}{10}})$，这里$h_0$表示最优窗宽。当样本容量比较大时，由最小二乘交叉验证法选出的窗宽和最优窗宽是非常接近的。

2.1.4.5 核函数的选取

本部分通过介绍核函数和渐近积分均方误差的关系，可以发现核函数的选取对密度函数的估计影响不大。我们首先给出等价核函数的定义：如果两个核函数给出相同的密度函数，则说明这两个核函数是等价的。所有等价的核函数组成的集合，称为等价类。

对于常用的核函数 $k(\cdot)$，我们可以计算出核密度估计的积分均方误差的主要部分，即渐近积分均方误差为：

$$\frac{K_{02}}{nh}+\frac{1}{4}\int[f^{(2)}(x)]^2\mathrm{d}xK_{21}^2h^4$$

对于核函数 $k_\delta(\cdot)$，同样可计算得出渐近积分均方误差为：

$$\frac{K_{02}^{[\delta]}}{nh}+\frac{1}{4}\int[f^{(2)}(x)]^2\mathrm{d}x(K_{21}^{[\delta]})^2h^4$$

其中，$k_{ij}^{[\delta]}=\int u^ik_\delta^j(u)\mathrm{d}u$，$i=0,\ 1,\ 2$；$j=1,\ 2$。

可见，积分均方误差既受窗宽选择的影响，又受核函数选取的影响。要区分这两个方面的影响，可以利用等价核的概念，选择合适的 δ 来达到这个目的。如果选择 δ 使得 $K_{02}^{[\delta]}=(K_{21}^{[\delta]})^2$，则满足上面条件的 $\delta_0=\left[\frac{K_{02}}{K_{21}^2}\right]^{\frac{1}{5}}$，$\delta_0$称为典型窗宽。这样渐近均方误差为：

$$AMISE(h)=\left[\frac{1}{nh}+\frac{1}{4}\int[f^{(2)}(x)]^2\mathrm{d}xh^4\right]\cdot K_{02}^{[\delta]}=\left[\frac{1}{nh}+\frac{1}{4}\int[f^{(2)}(x)]^2\mathrm{d}xh^4\right]\cdot\frac{K_{02}}{\delta_0}$$

$$\stackrel{\text{def}}{=}\left[\frac{1}{nh}+\frac{1}{4}\int[f^{(2)}(x)]^2\mathrm{d}xh^4\right]\cdot T(k)$$

其中，$T(k)=[K_{02}^4K_{21}^2]^{\frac{1}{5}}$。对于均匀核函数、Epanechnikov 核函数、Quartic 核函数、Triweight 核函数和 Gaussian 核函数，可以计算得出典型窗宽大约分别为 1.3510、1.7188、2.0362、2.3122 和 0.7764。

利用等价核和典型窗宽，得到核函数只和渐近积分均方误差的一个乘积因子 $T(k)$ 有关，因此将最优核函数定义为使得 $T(k)$ 达到最小的核函数。

Epanechnikov 于 1969 年证明了在具有紧支撑的非负核函数中，使得 $T(k)$ 达到最小的核函数为：

$$k(u)=\frac{3}{4}\frac{1}{15^{1/5}}(1-[\frac{u}{15^{1/5}}]^2)I(|u|\leqslant 15^{1/5})$$

显然上面的核函数就是典型的 Epanechnikov 核函数，对常用的几种核函数，计算 $T(k)$ 和相对效率 $T(k)/T(k_{Epan})$，结果如表 2-2 所示。这里 $T(k_{Epan})$ 为由 Epanechnikov 核函数计算的 $T(k)$ 的值。

表 2-2 $T(k)$ 以及相对效率 $T(k)/T(k_{Epan})$

核函数	$T(k)$	$T(k)/T(k_{Epan})$
Uniform	0.3701	1.0602
Triangle	0.3531	1.0114

续表

核函数	$T(k)$	$T(k)/T(k_{Epan})$
Epanechnikov	0.3491	1.0000
Quartic	0.3507	1.0049
Triweight	0.3699	1.0595
Gaussian	0.3633	1.0408
Cosine	0.3494	1.0004

从表 2-2 中可以看出，由不同的核函数得到的 $T(k)$ 的值差异很小。比如，Quartic 核函数与 Epanechnikov 核函数相比，$T(k)$ 的值只增大 0.5%，可见核函数的影响是很小的，因此在实际应用中，一般选择上面列出的核函数即可。

2.1.4.6　半参数模型的估计

下面根据核密度估计方法给出半参数模型的具体估计方法，模型形式如下：

$$Y_i = X_i^T\beta_0 + g(Z_i) + e_i,\ i=1,\ \cdots,\ n \tag{2.21}$$

其中，X_i为 $p\times1$ 维协变量；Z_i为 $q\times1$ 维协变量；$g(\cdot)$ 为未知的光滑函数；e_i为随机误差项。要使β_0可识别，需加上一定的条件。首先要求 X 不包含常数，也即β_0不包含截距项，否则如果有一个截距项并设为 a，则这个截距项和非参数函数 $g(z)$ 将无法识别。本书介绍常用的半参数模型的估计方法，即 Robinson（1988）和 Li（1996）的方法。

（1）Robinson 的方法

下面介绍的估计方法基于 Robinson（1988）的研究，其基本思想是先消除非参数函数 $g(z)$，将半参数模型转换为线性模型，再利用最小二乘法估计回归系数。在估计出回归系数的基础上，可以再利用非参数方法估计出非参数函数 $g(z)$。

对模型（2.21）两边关于 Z_i取期望值，有：

$$E(Y_i \mid Z_i) = E(X_i \mid Z_i)^T\beta_0 + g(Z_i) \tag{2.22}$$

模型（2.21）-模型(2.22）得：

$$Y_i - E(Y_i \mid Z_i) = [X_i - E(X_i \mid Z_i)]^T\beta_0 + u_i \tag{2.23}$$

令 $\tilde{Y}_i = Y_i - E(Y_i \mid Z_i)$，$\tilde{X}_i = X_i - E(X_i \mid Z_i)$，并将其分别看作一个整体，则式（2.23）是一个线性模型，如果 $\tilde{Y}_i$和 $\tilde{X}_i$可观测，则可得β_0的一个估计如下：

$$\tilde{\beta}_n = \left(\frac{1}{n}\sum_{i=1}^{n}\tilde{X}_i\tilde{X}_i^T\right)^{-1}\frac{1}{n}\sum_{i=1}^{n}\tilde{X}_i\tilde{Y}_i$$

因为，$\tilde{Y}_i = Y_i - E(Y_i \mid Z_i)$ 和 $\tilde{X}_i = X_i - E(X_i \mid Z_i)$ 中含有未知的项 $E(Y_i \mid$

Z_i）和 $E(X_i \mid Z_i)$，首先用局部常数核估计方法分别给出 $E(Y_i \mid Z_i)$ 和 $E(X_i \mid Z_i)$ 的估计如下：

$$\hat{Y}_i = \hat{E}(Y_i \mid Z_i) = \frac{\frac{1}{n}\sum_{j=1}^{n} Y_j K_h(Z_j - Z_i)}{\hat{f}(Z_i)}$$

$$\hat{X}_i = \hat{E}(X_i \mid Z_i) = \frac{\frac{1}{n}\sum_{j=1}^{n} X_j K_h(Z_j - Z_i)}{\hat{f}(Z_i)}$$

其中，$\hat{f}(Z_i) = \frac{1}{n}\sum_{j=1}^{n} K_h(Z_j - Z_i)$，$K_h(x) = \prod_{i=1}^{p} \frac{1}{h} k\left(\frac{x_i}{h}\right)$。

基于上面的考虑，Robinson（1988）给出 β 的一个估计如下：

$$\hat{\beta}_n = \left(\frac{1}{n}\sum_{i=1}^{n}(X_i - \hat{X}_i)(X_i - \hat{X}_i)^T I_i\right)^{-1} \frac{1}{n}\sum_{i=1}^{n}(X_i - \hat{X}_i)(Y_i - \hat{Y}_i)^T I_i \tag{2.24}$$

其中，$I_i = I[\hat{f}(Z_i \geqslant b)]$；$I(\cdot)$ 为示性函数，$b=b(n)>0$，且当 $n\to\infty$，$b\to 0$ 时，这里 b 的引入是为了避免出现分母为 0 的情况。

（2）Li 的方法

下面介绍的方法基于 Li（1996）的研究，其出发点是因为 Robinson（1988）提出的估计方法引入了一个参数 b，而 b 的选取没有给出具体的方法，这给实际操作者带来了困难。Li（1996）采用密度函数加权的方法避免了上面参数 b 的引入，同时不会出现分母为 0 的情况。对式（2.23）进行加权处理，有下式成立：

$$[Y_i - E(Y_i \mid Z_i)]f_i = [X_i - E(X_i \mid Z_i)]^T \beta_0 f_i + u_i f_i$$

其中，f_i 为 Z 的密度函数在 Z_i 的值 $f(Z_i)$，可知，$E(u_i f(Z_i) \mid X_i, Z_i) = f(Z_i) E(u_i \mid X_i, Z_i) = 0$，将 $[Y_i - E(Y_i \mid Z_i)]f_i$ 和 $f_i[X_i - E(X_i \mid Z_i)]$ 分别看成一个整体，上式具有线性模型的形式。将 $[Y_i - E(Y_i \mid Z_i)]f_i$ 对 $f_i[X_i - E(X_i \mid Z_i)]$ 进行回归可得到 β_0 的一个估计如下：

$$\hat{\beta}_f = \left(\frac{1}{n}\sum_{i=1}^{n} \tilde{X}_i \tilde{X}_i^T f_i^2\right)^{-1} \frac{1}{n}\sum_{i=1}^{n} \tilde{X}_i \tilde{Y}_i f_i^2$$

将 $\tilde{X}_i$，$\tilde{Y}_i$，f_i 用其估计代替后，得到 $\tilde{\beta}_f$ 的一个真正估计：

$$\tilde{\beta}_{fn} = \left[\frac{1}{n}\sum_{i=1}^{n}(X_i - \hat{X}_i)(X_i - \hat{X}_i)\hat{f}_i^2\right]^{-1} \frac{1}{n}\sum_{i=1}^{n}(X_i - \hat{X}_i)(Y_i - \hat{Y}_i)\hat{f}_i^2 \tag{2.25}$$

其中，$\hat{f}_i=\frac{1}{n}\sum_{j=1}^{n}k_h(Z_j-Z_i)$ 是 $f(Z_i)$ 的估计。

由式（2.22）有 $g(z)=E(Y-X^T\beta_0 \mid Z=z)$

得到 β_0 的估计后，可以估计 $\hat{g}(z)$ 如下：

$$\hat{g}(z)=\frac{\frac{1}{n}\sum_{j=1}^{n}(Y_j-X_j^T\hat{\beta}_n)K_h(Z_j-z)}{\hat{f}(z)}$$

其中，$\hat{f}(z)=\frac{1}{n}\sum_{j=1}^{n}k_h(Z_j-z)$，$\beta$ 的估计 $\hat{\beta}_n$ 既可以取 Li（1996）的估计，又可以取 Robinson（1988）的估计。这里窗宽和核函数的选取可以和 β 的估计不一样。

对于非参数函数 $g(z)$，窗宽的选择对其估计的影响非常明显。下面给出选择窗宽的交叉验证法，即选择窗宽使得下面的最小二乘交叉验证函数达到最小：

$$\frac{1}{n}\sum_{i=1}^{n}[Y_i-X_i^T\hat{\beta}_n-\hat{g}_{-i}(Z_i)]^2 \tag{2.26}$$

其中，$\hat{g}_{-i}(Z_i)=\frac{\frac{1}{n}\sum_{j=1,\,j\neq i}^{n}(Y_j-X_j^T\hat{\beta}_n)K_h(Z_j-Z_i)}{\hat{f}_{-i}(Z_i)}$，$\hat{f}_{-i}(Z_i)=\frac{1}{n}\sum_{j=1,\,j\neq i}^{n}K_h(Z_j-Z_i)$

2.2 广义线性模型一般理论

传统的线性模型是基于被解释变量服从正态分布或接近服从正态分布的连续型数据建立起来的。在先验知识和历史数据分析的基础上，若能保证模型的设定正确，则线性模型的参数估计比较精确，是分析现实经济问题的有力工具。然而，随着现实问题的日益复杂化，需要对离散数据或属性变量进行分析，传统线性模型已不能满足实际需求。这为线性模型的推广提供了方向，广义线性模型（Generalized Linear Models，GLM）就是在此基础上发展起来的。

2.2.1 广义线性模型的概念

早在 1919 年，Fisher 就首先研究了广义线性模型，并提出了 Logistic 模型。1940—1950 年，统计学家 Berson 和 Dyke 等应用 Logistic 模型对实际问题进行建模分析，在此期间 Logistic 模型得到了广泛的应用。但是，此时广义线性模型并未形成一般的理论。Nelder 和 Wedderburn（1972）最先把因变量不服从连续型正态分布的变量模型定义为广义线性模型，其主要应用于离散数据的建模分析，打破了经典线性模型只能对服从正态分布或接近服从正态分布的连续型数据进行建模分析的限制。广义线性模型自建立伊始就得到了学者们的广泛关注和系统研究。McCullagh 和 Nelder（1983）结合计算机技术，使广义线性模型得到了更加广泛的应用，同时出版专著，系统介绍了广义线性模型的理论及应用。此后，许多文献对广义线性模型进行了理论和实际应用的研究。广义线性模型和一般线性模型之间也存在一定的内在联系，这从下面的一般线性模型形式和广义线性模型形式可以看出。一般线性模型具体结构如下：

$$Y=X_1\beta_1+X_2\beta_2+\cdots+X_p\beta_p+e \tag{2.27}$$

其中，Y 为被解释变量；$X_1\beta_1+X_2\beta_2+\cdots+X_p\beta_p$ 为包含 p 个变量（X_1，X_2，…，X_p）的系统成分；e 为随机成分，相互独立，且服从均值为 0、方差为 σ^2 的正态分布，即 $e\sim N(0, \sigma^2)$。为了更好地理解一般线性模型如何被推广到广义线性模型，在此给出式（2.27）的等价形式：

$$Y\sim N(\mu, \sigma^2)$$

$$E(Y)=\mu=X_1\beta_1+X_2\beta_2+\cdots+X_p\beta_p \tag{2.28}$$

在广义线性模型中，被解释变量 Y 是独立的，并且其分布不只是连续型正态分布，而是将其推广到其他分布类型，如可以描述离散变量的二项（Binomial）分布、伽玛（Gamma）分布、泊松（Poisson）分布、指数（Exponential）分布等指数型分布中。在广义线性模型中，无论是连续型被解释变量，还是离散型被解释变量 Y，均能表示为指数族分布（exponential family）的概率分布形式，其基本表达式如下（McCullagh and Nelder，1989）：

$$f(y, \theta, \varphi)=\exp\left[\frac{y\theta-b(\theta)}{a(\varphi)}+c(y, \varphi)\right] \tag{2.29}$$

式（2.29）中，函数 $a(\cdot)$，$b(\cdot)$，$c(\cdot)$ 随着 Y 的分布不同而不同，它们对所有的观察值具有相同的形式。$a(\varphi)$，$b(\theta)$，$c(y, \varphi)$ 三个函数满足下述条件：

（1）$a(\varphi)>0$，且为连续函数。

（2）$b(\theta)$ 的二阶导数存在且大于零。

（3）$c(y, \varphi)$ 与参数 θ 无关。

式（2.29）中，参数为 θ，被称作规范参数（canonical parameter），它与均值有关。附加参数 φ 和某种参数分布有关，被称作分散参数（dispersion parameter），它与方差有关。虽然每一个观察值都有一个规范参数 θ，但所有观察值的分散

参数均为 φ，这表明每个观察值均来自同一个分布，但它们的均值因规范参数 θ 的不同而不同。在广义线性模型中，因变量的分布通常由均值 μ 和分散参数 φ 表示，而不是由规范参数 θ 表示。

对于给定的 y，写出其对数似然函数为 $l(\theta,\ \varphi;\ y)=\log f_Y(y;\ \theta,\ \varphi)$，则有：

$$E\left(\frac{\partial l}{\partial \theta}\right)=0 \tag{2.30}$$

$$E\left(\frac{\partial^2 l}{\partial \theta^2}\right)+E\left(\frac{\partial l}{\partial \theta}\right)^2=0 \tag{2.31}$$

则根据式（2.29），有：

$$l(\theta;\ y)\ =\frac{[y\theta-b(\theta)]}{a(\varphi)}+c(y,\ \varphi) \tag{2.32}$$

$$\frac{\partial l}{\partial \theta}=\frac{[y-b'(\theta)]}{a(\varphi)} \tag{2.33}$$

$$\frac{\partial^2 l}{\partial \theta^2}=-\frac{b''(\theta)}{a(\varphi)} \tag{2.34}$$

由式（2.30）和式（2.33）得 $0=E\left(\frac{\partial l}{\partial \theta}\right)=\frac{[\mu-b'(\theta)]}{a(\varphi)}$，从而有：

$$E(Y)=\mu=b'(\theta) \tag{2.35}$$

由式（2.31）和式（2.34）得 $0=-\frac{b''(\theta)}{a(\varphi)}+\frac{\mathrm{var}(Y)}{a^2(\varphi)}$，从而有：

$$\mathrm{var}(Y)=b''(\theta)a(\varphi) \tag{2.36}$$

从式（2.36）中我们知道指数型分布的方差是两个函数的乘积：一个是 $b''(\theta)$，是关于均值 μ 的函数，称作方差函数，记作 $V(\mu)$；另一个是 $a(\varphi)$，与规范参数 θ 和均值 μ 无关，$a(\varphi)$ 的形式通常是 $a(\varphi)=\frac{\varphi}{w}$，$w$ 是先验权重。不同的指数分布表示的数据类型不同，表 2-3 给出了不同的指数分布及其估计量。

表 2-3　指数型分布族的参数和方差函数

	Range of y	$f(y)$	$\mu(\theta)$	$V(\mu)$	$a(\varphi)$
Bernoulli $B\ (\mu)$	$\{0,\ 1\}$	$\mu^y(1-\mu)^{1-y}$	$\frac{e^\theta}{1+e^\theta}$	$\mu(1-\mu)$	1

续表

	Range of y	$f(y)$	$\mu(\theta)$	$V(\mu)$	$a(\varphi)$
Binomial $B(k, \mu)$	$\{0, \cdots, k\}$	$\binom{k}{y}\mu^y(1-\mu)^{1-y}$	$\frac{ke^\theta}{1+e^\theta}$	$\mu\left(1-\frac{\mu}{k}\right)$	1
Possion $P(\mu)$	$\{0, 1, 2, \cdots\}$	$\frac{\mu^y}{y!}e^{-\mu}$	$\exp(\theta)$	μ	1
Geometric $Geo(\mu)$	$\{0, 1, 2, \cdots\}$	$\left(\frac{\mu}{1+\mu}\right)^y\left(\frac{1}{1+\mu}\right)$	$\frac{e^\theta}{1-e^\theta}$	$\mu+\mu^2$	1
Negative Bernoulli $NB(\mu, k)$	$\{0, 1, 2, \cdots\}$	$\binom{k+y-1}{y}\left(\frac{\mu}{k+\mu}\right)^y\left(\frac{k}{k+\mu}\right)$	$\frac{ke^\theta}{1-e^\theta}$	$\mu+\frac{\mu^2}{k}$	1
Exponential $\exp(\mu)$	$(0, \infty)$	$\frac{1}{\mu}\exp\left(-\frac{x}{\mu}\right)$	$-\frac{1}{\theta}$	μ^2	1
Gamma $G(\mu, \varphi)$	$(0, \infty)$	$\frac{1}{\mathrm{T}(\psi)}\left(\frac{\psi}{\mu}\right)\exp\left(-\frac{\psi y}{\mu}\right)y^{\psi-1}$	$-\frac{1}{\theta}$	μ^2	$\frac{1}{\psi}$
Normal $N(\mu, \psi^2)$	$(-\infty, \infty)$	$\frac{\exp[-(y-\mu^2)/(2\psi^2)]}{\sqrt{2\pi}\psi}$	θ	1	ψ^2

2.2.2 广义线性模型的构成

广义线性模型已发展为对非连续型正态分布因变量进行研究而建立的回归模型，主要对以下三个方面进行研究：解释变量之间的线性关系、随机误差和联系函数。联系函数为一个严格单调充分光滑的函数，当被解释变量的期望逆函数的一阶导数为恒等变换时，联系函数称为自然联系函数，否则为非自然联系函数。当对广义线性模型进行统计推断和计算时，国内外学者定义了广义线性模型的三个关键要素如下：

（1）线性关系：

$$\eta_i = X_i\beta \tag{2.37}$$

（2）均值 μ_i：

$$\mu_i = \mu(\theta_i) = h(\eta_i) \tag{2.38}$$

（3）联系函数（link fuction）G：

$$G(\mu_i) = \eta_i = X_i\beta \tag{2.39}$$

从以上广义线性模型的三个要素来看，广义线性模型的被解释变量的均值通过某种函数或者变换与线性组合建立联系的，这种变换的逆变换称作联系函数。通过式（2.38）和式（2.39）可以看出，函数 G 与函数 h 之间为可

逆关系即 $G=h^{-1}$，当被解释变量的分布函数不同时，定义不同的联系函数可以得到线性可加的系统效应，对线性模型的估计理论已相当成熟，进一步使得 GLM 的统计推断变得较为容易。表 2-4 给出了不同分布的联系函数。

表 2-4 自然联系函数

	$G(\mu)$	$D(y,\mu)$
Bernoulli $B(\mu)$	$\log\left(\frac{\mu}{1-\mu}\right)$	$2\sum\left[y_i\log\left(\frac{y_i}{\mu_i}\right)+(1-y_i)\log\left(\frac{1-y_i}{1-\mu_i}\right)\right]$
Binomial $B(k,\mu)$	$\log\left(\frac{\mu}{k-\mu}\right)$	$2\sum\left[y_i\log\left(\frac{y_i}{\mu_i}\right)+(k-y_i)\log\left(\frac{k-y_i}{k-\mu_i}\right)\right]$
Possion $P(\mu)$	$\log(\mu)$	$2\sum\left[y_i\log\left(\frac{y_i}{\mu_i}\right)-(y_i-\mu_i)\right]$
Geometric $Geo(\mu)$	$\log\left(\frac{\mu}{1+\mu}\right)$	$2\sum\left\{y_i\log\left(\frac{y_i+y_i\mu_i}{\mu_i+y_i\mu_i}\right)-\log\left(\frac{1+y_i}{1+\mu_i}\right)\right\}$
Negative Bernoulli $NB(\mu,k)$	$\log\left(\frac{\mu}{k+\mu}\right)$	$2\sum\left\{y_i\log\left(\frac{y_{ik}+y_i\mu_i}{\mu_{ik}+y_i\mu_i}\right)-k\log\left[\frac{k(k+y_i)}{k(k+\mu_i)}\right]\right\}$
Exponential $\exp(\mu)$	$\frac{1}{\mu}$	$2\sum\left(\frac{y_i-\mu_i}{\mu_i}-\log\frac{y_i}{\mu_i}\right)$
Gamma $G(\mu,\varphi)$	$\frac{1}{\mu}$	$2\sum\left(\frac{y_i-\mu_i}{\mu_i}-\log\frac{y_i}{\mu_i}\right)$
Normal $N(\mu,\psi^2)$	μ	$2\sum[(y_i-\mu_i)^2]$

2.2.3 广义线性模型的估计

对广义线性模型的参数估计，一般采用两种方法。若被解释变量服从指数族分布，则采用极大似然法估计。很多情况下，最优化函数不易求得解析解，因而常采用数值方法求得最优解，被广泛采用的是以 Newton-Raphson 法为基础的迭代解法。在实际应用中会有下面的情况出现：因变量虽然独立，且方差仍为均值的函数，但不服从指数族分布；或者因变量方差为均值的函数，但因变量不独立。对于经典的广义线性模型，如果均值函数和方差函数已知，Wedderbum（1974）提出可以模仿极大似然法求得参数的一种估计，即所谓的拟似然估计（Quasi-Maximum Likelihood Estimator，QMLE），这是对似然函数的推广。Fahrmeir 和 Kaufmann（1986）基于自然联系函数，给出了多个广义线性模型回归参数的极大似然估计的渐近条件，包括双重响应变量的 Logit 模型和 Probit 模型、无序响应变量的多项 Logit 模型、有序响应变量的累积 Logit 模型及对计数数据的线性泊松模型，建立了广义线性模型极大似然估计的渐近正态性和相合性。Fahrmeir（1990）给出了确定广义线性模型下的极大似然估计。自此，对于广义线性模型的研究越来越多。

国内学者也在 GLM 的理论研究方面做了大量的工作（陈希孺，2002—2003；Chang，1999；Yue and Chen，2005；尹长明、赵林城，2005；丁洁丽、陈希孺，2006；岳丽、陈希孺，2004；高启兵、吴耀华，2004—2005）。其中较为详尽的是陈希孺教授在 2002—2003 年发表的一系列论文，从建模、统计分析和模型的诊断与选择 3 个方面对 GLM 进行了比较系统的介绍。郭应龙、吴耀华和王占锋（2014）用随机加权法求解了广义线性模型参数估计的渐近方差。广义线性模型的提出，极大地丰富了对各类数据的统计分析，亦为线性模型的发展提供了一个方向。

在广义线性模型中，研究者最关注的就是对参数 β 的估计。下面给出应用广泛的极大似然估计①。

设 Y_1，Y_2，…，Y_n独立同分布，服从指数分布族：

$$f(y_i;\ \theta_i,\ \varphi)=\exp\left[\frac{y_i\theta_i-b(\theta_i)}{a(\varphi)}\right]+c(y_i,\ \varphi) \tag{2.40}$$

则 Y_1，Y_2，…，Y_n的对数似然函数为：

$$L(\beta,\ \varphi)=\sum_i\left[\frac{y_i\theta_i-b(\theta_i)}{a(\varphi)}+c(y_i,\ \varphi)\right] \tag{2.41}$$

因 $c(y_i,\ \varphi)$ 不影响 β 的估计，故略去。

记 $l=\sum_i \dfrac{y_i\theta_i-b(\theta_i)}{a(\varphi)}$，则：

$$\frac{\partial l}{\partial \beta_i}=0=\sum_i \frac{\partial}{\partial \theta_i}\frac{y_i\theta_i-b(\theta_i)}{a(\varphi)}\frac{\partial \theta_i}{\partial \mu_i}\frac{\partial \mu_i}{\partial \eta_i}\frac{\partial \eta_i}{\partial \beta_i} \tag{2.42}$$

由于：

$$\mu_i=b'(\theta_i)\Rightarrow\frac{\partial \mu_i}{\partial \theta_i}=b''(\theta_i)\Rightarrow\frac{\partial \theta_i}{\partial \mu_i}=\frac{1}{b''(\theta_i)}$$

$$\eta_i=g(\mu_i)\Rightarrow\frac{\partial \eta_i}{\partial \mu_i}=g'(\mu_i)\Rightarrow\frac{\partial \mu_i}{\partial \eta_i}=\frac{1}{g'(\mu_i)}$$

$$\eta_i=\beta_i x_{i1}+\beta_i x_{i2}+\cdots+\beta_i x_{ip}\Rightarrow\frac{\partial \eta_i}{\partial \beta_i}=x_{ij}$$

① 刘茜. 广义线性模型及其应用［D］. 乌鲁木齐：新疆大学，2009：9-10.

则似然方程为：

$$\frac{\partial l}{\partial \beta_i}=\sum_i \frac{(y_i-\mu_i)}{a(\varphi)}\frac{1}{b''(\theta_i)}\frac{1}{g'(\mu_i)}x_{ij}=\sum_i \frac{w_i}{V(\mu_i)g'(\beta_i x_{i1}+\cdots+\beta_i x_{ip})}(y_i-\mu_i)x_{ij} \tag{2.43}$$

2.3 面板数据模型理论

面对复杂的经济现象，单纯的截面数据模型或时间序列模型已不能满足分析现实经济问题的需要。对于截面数据回归模型而言，随机误差项包含了影响被解释变量的不可观测的异质性因素，易产生未知误差分布的异方差性和序列相关性。另外，一些空间截面数据范围有限，难以建立满意的截面数据模型。对于时间序列回归模型而言，截距项反映了除解释变量以外的非时变不可观测因素对被解释变量的影响，但它只揭示了同质的非时变不可观测因素对被解释变量的影响，而无法刻画存在异质的非时变不可观测因素对被解释变量的影响。此外，对于转型经济的宏观经济变量和微观个体变量，同一研究对象的时间序列偏短，难以建立恰当的时间序列模型。面板数据模型弥补了传统计量经济方法的不足。早在 1968 年，密歇根大学社会科学研究所就建立了收入动态研究面板数据集来研究美国的贫困特征及其原因。俄亥俄州立大学人力资源研究中心开发了国际劳动力市场长期面板数据集。之后，美国、德国、加拿大等西方国家建立了很多面板数据库来研究现实经济中存在的热点问题。近年来，世界上应用宏观面板数据研究宏观经济问题的文献也很多。就我国而言，因为社会主义市场经济的历史较短，所以利用面板数据计量经济学研究我国经济规律尤为重要和迫切。

所谓面板数据（panel data），是截面数据和时间序列数据的综合。从横截面来看，是某一时间点若干个体的数据；从纵剖面来看，是某一个体在某一时间段内的数据。也就是说，面板数据可以刻画不同个体在一段时间内的连续变化情况，具有综合的二维数据结构，与截面数据和时间序列数据相比更丰富一些，通过观察面板数据可以发现一些传统数据不具有的特征。

面板数据不仅可以用来建立静态模型，还可以用来建立动态计量模型。本章主要介绍静态面板数据模型。面板数据模型的应用越来越广泛，包括生物学、气候学、经济学、金融等领域。面板数据模型的双指标使我们能研究更复杂的模型，可以获得一些纯截面或时间序列模型难以得到的信息。有关面板数据模型的研究可参考 Baltagi（2005）、Arellano（2003）、Hsiao（2014）的研究。Zhou 和 Liang（2009）以及 Cai 和 Xiong（2012）研究了不包含结构变化和固定效应的与截面相关的面板模型。

本部分主要介绍按影响因素划分的固定效应回归模型和随机效应回归模型，按参数划分的变截距模型和变系数模型，以及非参数、半参数面板模型。

2.3.1 固定效应回归模型

在面板数据线性回归模型中，如果对于不同的截面或不同的时间序列，模型的斜率系数是相同的，而截距项是不同的，则此种模型称为固定效应模型（fixed effects regression model）①。

固定效应回归模型又分为三种类型，包括个体固定效应回归模型（因个体不同引起截距项的差异）、时点固定效应回归模型（因时间的变化引起的截距项的变化）和时点个体固定效应回归模型（个体和时间点的变化都是截距项变化的原因）。

（1）个体固定效应回归模型。

个体固定效应回归模型是针对不同的个体，截距项不同的模型，具体形式为：

$$Y_{it}=X_{it}{}^{T}\beta+\alpha_i+e_{it},\ i=1,\ \cdots,\ N;\ t=1,\ \cdots,\ T \tag{2.44}$$

其中，α_i为个体固定效应，不同的个体下α_i的取值不同，且变化与X_{it}有关系；Y_{it}为被解释变量；e_{it}为残差项；X_{it}为$p\times1$维解释变量；β为$p\times1$维回归系数向量，不同个体的回归系数相同。个体固定效应回归模型适合针对不同的个体，解释变量与被解释变量的关系相同，除了解释变量以外的其他因素对被解释变量的影响因为个体的不同而不同。

个体固定效应回归模型也可以表示为：

$$Y_{it}=X_{it}{}^{T}\beta+\alpha_1+\alpha_2D_2+\cdots+\alpha_ND_N+e_{it},\ i=1,\ \cdots,\ N;\ t=1,\ \cdots,\ T \tag{2.45}$$

其中，$D_i=\begin{cases}1,\ i=2,\ \cdots,\ N。\\0,\ 其他\end{cases}$

（2）时点固定效应回归模型。

与个体固定效应回归模型不同的是，时点固定效应回归模型是对不同的截面（时点）有不同截距的模型。在建立面板模型时，如果发现虽然针对不同的截面模型的截距不同，但是针对不同的时间序列，截距是相同的（也就是说，截距的差异不是来自个体），此时不能够建立个体固定效应回归模型，而要建立时点固定效应回归模型。其形式如下：

$$Y_{it}=X_{it}{}^{T}\beta+\lambda_t+e_{it},\ i=1,\ \cdots,\ N;\ t=1,\ \cdots,\ T \tag{2.46}$$

① 白仲林. 面板数据的计量经济分析［M］. 天津：南开大学出版社，2008：22-56.

其中，λ_t为时点固定效应，主要随着时间变化，且变化与X_{it}有一定的关系；Y_{it}为被解释变量；e_{it}为残差项；X_{it}为 $p\times1$ 维解释变量；β 为 $p\times1$ 维回归系数向量。

时点固定效应回归模型也可以表示为：

$$Y_{it}=X_{it}{}^{T}\beta+\lambda_1+\lambda_2W_2+\cdots+\lambda_TW_T+e_{it},\ i=1,\ \cdots,\ N;\ t=1,\ \cdots,\ T \tag{2.47}$$

其中，$W_t=\begin{cases}1,\ t=2,\ \cdots,\ T。\\0,\ 其他\end{cases}$

(3) 时点个体固定效应回归模型。

时点个体固定效应回归模型是个体固定效应回归模型和时点固定效应回归模型的综合，即面板模型的截距项会因为个体的差异、时间的变化而均不相同的模型。模型形式为：

$$Y_{it}=X_{it}{}^{T}\beta+\alpha_i+\lambda_t+e_{it},\ i=1,\ \cdots,\ N;\ t=1,\ \cdots,\ T \tag{2.48}$$

其中，α_i为个体固定效应，不同的个体下α_i的取值不同，且变化与X_{it}有关系；λ_t为时点固定效应，主要随着时间变化，且变化与X_{it}有一定的关系；Y_{it}为被解释变量；e_{it}为残差项，满足$E(e_{it}\mid X_{it},\ \alpha_i,\ \lambda_t)=0$；$X_{it}$为 $p\times1$ 维解释变量；β 为 $p\times1$ 维回归系数向量。

时点个体固定效应回归模型也可以表示为：

$$Y_{it}=X_{it}{}^{T}\beta+\alpha_1+\alpha_2D_2+\cdots+\alpha_ND_N+\lambda_1+\lambda_2W_2+\cdots+\lambda_TW_T+e_{it},\ i=1,\ \cdots,\ N;\ t=1,\ \cdots,\ T \tag{2.49}$$

其中，$W_t=\begin{cases}1,\ t=2,\ \cdots,\ T\\0,\ 其他\end{cases}$；　$D_i=\begin{cases}1,\ i=2,\ \cdots,\ N\\0,\ 其他\end{cases}$。

2.3.2 随机效应回归模型

当利用面板数据研究拥有充分数量个体的总体经济特征时，若利用总体数据的固定效应模型就会损失巨大的自由度，使得个体截距项的估计不具有有效性。这时，可以在总体中随机抽取 N 个样本，利用这 N 个样本的个体随机效应回归模型形式如下：

$$Y_{it}=X_{it}{}^{T}\beta+\alpha_i+e_{it},\ i=1,\ \cdots,\ N;\ t=1,\ \cdots,\ T \tag{2.50}$$

如果α_i为随机分量，则它的分布在一定情况下与X_{it}无关；e_{it}为误差项；Y_{it}为被解释变量；X_{it}为 $p\times1$ 维解释变量；β 为 $p\times1$ 维回归系数向量，对于不同个体回归系数相同。我们假设这样的模型满足 $\alpha_i\sim i.i.d.\ (0,\ \sigma_\alpha^2)$，$e_{it}\sim i.i.d.\ (0,\ \sigma_u^2)$，而且为独立同分布，但是要看具体情况来确定模型的具体分布。

与固定效应回归模型相类似，随机效应回归模型也包括时点随机效应回归模型和个体随机效应回归模型以及时点个体随机效应回归模型，其中个体随机效应回归模型是我们经常选用的模型。

对于固定效应回归模型和随机效应回归模型，我们需要根据不同的情况来选择。随机效应回归模型倾向于利用从整体中抽到的样本来推断总体的统计性质，而固定效应回归模型适合建立模型预期来推断整个样本空间的经济关系。

固定效应回归模型和随机效应回归模型有各自的优点，在我们进行经济分析或统计分析时，应根据实际需要选择恰当的模型。固定效应回归模型使我们能够通过截距项的不同很快地分辨出任意个体所对应的因变量与所有个体所对应的因变量之间的差异。当选择随机效应回归模型时，一方面我们能够在很大程度上使模型的自由度减少，另一方面对于时间和截面差异比较大的数据，它又能很好地反映出误差的来源特征。

2.3.3 变截距模型和变系数模型

在前面建立的面板模型中，对于不同的个体或者不同的时间点，解释变量与被解释变量之间的关系被视为是相同的。虽然这一假设存在一定的价值，例如，根据假设固定效应和随机效应区分模型的个体差异与解释变量是否无关，并依靠现实经济问题的研究需要与相关检验结合，对固定效应面板模型和随机效应面板模型进行选择，但是，在对现实经济问题进行分析时，这种假设不一定成立或者不一定能被满足。采用这种分类方式刻画现实问题的时候并不全面。从形式来说，线性面板模型包括斜率部分和截距部分，根据对于这些部分的不同假定，可以将模型分成变截距不变系数模型、变系数不变截距模型、变截距变系数模型等。

第一种，变截距模型。变截距模型分为两种类型：在系数相同的情况下，截距因个体不同而不同的模型和截距因时间变化而变化的模型。

（1）对于不同的个体，截距不同、系数相同，即：

$$Y_{it}=X_{it}^{T}\beta+\alpha_i+e_{it},\ i=1,\ \cdots,\ N;\ t=1,\ \cdots,\ T \tag{2.51}$$

称为变截距面板数据模型。在这里，X_{it}和β分别为解释变量和个体参数向量。

（2）对于不同的时间，截距不同、系数相同，即：

$$Y_{it}=X_{it}^{T}\beta+\lambda_t+e_{it},\ i=1,\ \cdots,\ N;\ t=1,\ \cdots,\ T \tag{2.52}$$

也称为变截距面板数据模型。在这里，X_{it}和β分别为解释变量和个体参数向量。

从形式来看，以上两种模型与个体（时点）固定效应面板模型相同，但是这里没有对α_i和λ_t进行假定。在个体（时点）固定效应面板模型中，假定α_i和λ_t与X_{it}相关。在进行模型选择时，首先判断是否是变截距模型，若是，则再判断是个体（时点）随机效应面板模型还是个体（时点）固定效应面板模型。因此，变截距模型是个体（时点）固定效应面板模型和个体（时点）随机效应面板模型的一般情况。或者说，变截距模型包括个体（时点）固定效应面板模型和个体（时点）随机效应面板模型。

第二种，变系数模型。变系数模型分为两种类型：在模型系数不同的情况下，截距相同或者不同的模型。

（1）对于不同的个体，系数不同、截距相同，即：

$$Y_{it}=X_{it}^T\beta_i+\alpha+e_{it}，i=1，\cdots，N；t=1，\cdots，T \qquad (2.53)$$

称为变系数面板数据模型。在这里，X_{it}和β_i分别为个体解释变量和个体参数向量。

（2）对于不同的个体，截距和系数都不同，即：

$$Y_{it}=X_{it}^T\beta_i+\alpha_i+e_{it}，i=1，\cdots，N；t=1，\cdots，T \qquad (2.54)$$

称为变截距变系数模型。在这里，X_{it}和β_i分别为个体解释变量和个体参数向量。

变系数模型能够反映模型参数变化的特征，当然，在这里还可以进一步细分为：模型参数不同是因为个体不同而不同的模型和因为时间不同而不同的模型；截距不同是因为个体不同而不同的模型和因为时间不同而不同的模型。模型（2.53）和模型（2.54）代表了两种情况。在对经济问题的实证分析中，需结合经济理论选择恰当的模型进行分析，以得出正确的结论。

2.3.4 非参数、半参数面板模型

2.3.4.1 非参数面板模型研究

在实证分析中，变量之间的关系存在不确定性，既可能是线性的也可能是非线性的，对较复杂的数据使用简单的线性面板数据模型分析可能导致不准确甚至错误的推断。因此，越来越多的学者使用非参数方法对非线性面板模型进行了广泛的研究①，包括 Ullah 和 Roy（1998）、Hjellvik、Chen 和 Tjøstheim（2004），Fan 和 Huang（2005），Mammen、Stove 和 Tjostheim（2009），Yao 和 Zhang（2015）的研究。Ruckstuhl、Welsh 和 Carroll（1997）介绍了随机效应下非参数面板数据模型的三种估计方法：局部线性估计、拟似然估计和两步估计。Henderson 和 Ullah（2005）提出了随机效应非参数面板数据模型的局部线性加权最小二乘估计方法，并对估计结果进行了一致性检验。Henderson、Carroll 和 Li（2008）对带有固定效应的非参数面板数据采用了迭

① 王倩莹. 半参数面板数据模型的估计、检验及模型选择［D］. 北京：北京化工大学，2016：2-4,7-14.

代核估计，并引入了模型检验和选择的方法。Gao 和 Li（2013）利用截面最小二乘方法对固定效应非参数面板数据进行了估计，之后证明了估计结果的相合性。Li、Peng 和 Tong（2013）求得固定效应下非参数面板数据的估计，构造了未知函数的非参数置信区间，并对模型是否为线性的假设进行了检验。Su 和 Lu（2013）考察了非参数动态面板数据模型的估计和检验问题。Su 和 Ullah（2011），Sun、Zhang 和 Li（2015）在非参数和半参数面板模型研究中提供了大量的综述。

2.3.4.2 半参数面板模型研究

非参数模型的实际运用因为存在“维数祸根”问题而受到一些限制。半参数面板数据模型因结合了参数和非参数结构而受到国内外学者的重视。Li 和 Stengos（1996）研究了随机效应下部分线性面板数据的半参数回归，利用工具变量的方法进行估计，并论证了估计量的渐近性质。Baltagi 和 Li（2002）利用序列估计方法对带有固定效应的部分线性面板数据进行了估计。Hu、Wang 和 Carroll（2004）对部分线性面板数据模型的截面采用核估计法和后移估计法进行了对比分析。Li 和 Liang（2015）将非参数固定效应面板数据模型的估计方法和渐近性质的研究引申到半参数部分线性模型中。薛留根和朱力行（2007）针对部分线性面板数据模型，研究了回归系数和基准函数的经验似然推断。田萍和薛留根（2008）讨论了半参数面板数据模型下最小二乘和权函数估计方法，并证明了估计量的渐近性和收敛速度。刘强（2010）基于半参数混合效应面板数据模型，采用核权函数法和估计法求得总体效应和个体效应的估计，从而给出了估计的置信区间，并对估计的渐近正态性进行了证明。

2.3.4.3 部分线性面板模型估计方法

我们常用的半参数面板数据模型主要包含部分线性面板数据模型和变系数面板数据模型，本部分将对二者进行介绍。对于模型的估计，目前主要针对随机效应或者固定效应的一种类型展开。Su 和 Ullah（2006）讨论了固定效应下部分线性面板模型的估计。

部分线性面板数据模型如下：

$$y_{it}=x_{it}^T\beta+m(z_{it})+\alpha_i+u_{it},\ i=1,\ 2,\ \cdots,\ N;\ t=1,\ 2,\ \cdots,\ T \tag{2.55}$$

给定观测数据（y_{it}，x_{it}^T，z_{it}^T），y_{it}是被解释变量；x_{it}，z_{it}分别是 $p\times1$，$q\times1$ 维解释变量，$x_{it}=(x_{it,1},\ \cdots,\ x_{it,p})^T$，$z_{it}=(z_{it,1},\ \cdots,\ z_{it,q})^T$，为简单起见，这里假设 x_{it}，z_{it}是严格外生变量；β 是 $p\times1$ 维未知参数；$m(\cdot)$ 是未知光滑函数；误差 u_{it}独立同分布，均值为零，方差 $\sigma_u^2>0$；个体效应 α_i独立同分布，均值为零，方差 $\sigma_\alpha^2>0$。如果 α_i与解释变量 x_{it}或（和）z_{it}存在某种关系，称为个

体固定效应模型；如果 α_i 与 x_{it}，z_{it} 均无关系，则为随机效应模型。假设 a 为任意自然数；$a\times a$ 为单位矩阵，记为 I_a；$a\times 1$ 为分量值均为 1 的矩阵，记为 l_a；$\otimes$表示克罗内克积。

部分线性面板模型的矩阵形式可记为：

$$Y=X\beta+m(Z)+D_0\alpha_0+U \tag{2.56}$$

其中，$Y=(Y_1^T,\ \cdots,\ Y_N^T)^T$ 和 $U=(U_1^T,\ \cdots,\ U_N^T)^T$ 表示（NT）×1 维向量，$Y_i^T=(y_{i1},\ \cdots,\ y_{iT})$，$U_i^T=(u_{i1},\ \cdots,\ u_{iT})$；类似地，$X=(X_1^T,\ \cdots,\ X_N^T)^T$ 和 $Z=(Z_1^T,\ \cdots,\ Z_N^T)^T$ 分别表示（NT）×p 和（NT）×q 维向量，$X_i^T=(x_{i1},\ \cdots,\ x_{iT})$，$Z_i^T=(z_{i1}^T,\ \cdots,\ z_{iT}^T)$，$\alpha_0=(\alpha_1,\ \cdots,\ \alpha_N)^T$；$D_0=I_N\otimes l_T$ 为（NT）×N 维矩阵。$m(Z)=[m(z_{11}),\ \cdots,\ m(z_{1T}),\ m(z_{21}),\ \cdots,\ m(z_{NT})]^T$ 将所有 $m(z_{iT})$ 放到一个（NT）×1 的矩阵中。

（1）随机效应下部分线性面板模型的估计方法

令 $\varepsilon_{it}=\alpha_i+u_{it}$，$\varepsilon=(\varepsilon_{11},\ \cdots\varepsilon_{1T},\ \varepsilon_{21},\ \cdots,\ \varepsilon_{NT})^T$，则 $\varepsilon=\mathrm{D}_0\alpha_0+U$，模型重新写成如下矩阵形式：

$$Y=X\beta+m(Z)+\varepsilon \tag{2.57}$$

① 两步估计（截面最小二乘法）。

利用 $m(z_{iT})$ 在点 $z=(z_1,\ \cdots,\ z_p)^T$ 的一阶泰勒展开 $m(z_{iT})\approx m(z)+\dot{m}(z)(z_{it}-z)$，其中，$\dot{m}(z)$ 是一阶导数，$\dot{m}(z)\overset{\Delta}{=}\left(\frac{\partial m(z)}{\partial z_1},\ \cdots,\ \frac{\partial m(z)}{\partial z_q}\right)$，可得：

$$m(Z)\ \approx\tilde{Z}(z)M(z)$$

$$M(Z)=[m(z),\ (H\dot{m}(z))^T]^T,\ \tilde{Z}(z)=[Z_{11}(z),\ \cdots,\ Z_{1T}(z),\ \cdots,\ Z_{n1}(z),\ \cdots,\ Z_{nT}(z)]^T$$

$Z_{it}(z)\approx\{1,\ [H^{-1}(z_{it}-z)]^T\}^T$。于是，$Y=X\beta+\tilde{Z}(z)M(z)+\varepsilon$。设 K 是 R^q 上的核函数，$H=diag(h_1,\ h_2,\ \cdots,\ h_q)$ 是窗宽矩阵，令 $K_H(z)=K(H^{-1}z)$，定义权函数 $W_H(z)=diag[K_H(z_{11}-z),\ \cdots,\ K_H(z_{1T}-z),\ K_H(z_{21}-z),\ \cdots,\ K_H(z_{NT}-z)]$。

第一步，假设 β 已知，根据最小二乘法对 $M(z)$ 进行估计，则有：

$$\operatorname{argmin}[Y-X\beta-\tilde{Z}(z)M(z)]^T W_H(z)[Y-X\beta-\tilde{Z}(z)M(z)] \tag{2.58}$$

对上述极小化问题求解，得：

$$M_\beta(z)=S(z)(Y-X\beta) \tag{2.59}$$

其中，$S(z)=[\tilde{Z}(z)^T W_H(z)\tilde{Z}(z)]^{-1}\tilde{Z}(z)^T W_H(z)$，进一步可得：

$$m_\beta(z)=s(z)^T(Y-X\beta) \tag{2.60}$$

其中，$s(z)^T=e^TS(z)$，$e=(1, 0, \cdots, 0)^T$是$(q+1)\times1$维矩阵。

第二步，对β进行估计。

$$\operatorname{argmin}[Y-X\beta-m_\beta(Z)]^T[Y-X\beta-m_\beta(Z)] \tag{2.61}$$

其中，$m_\beta(Z)=[m_\beta(z_{11}), \cdots, m_\beta(z_{1T}), m_\beta(z_{21}), \cdots, m_\beta(z_{NT})]^T$ (2.62)

将式（2.60）代入式（2.61），得：

$$\hat{\beta}_{RE}=(X^{*T}X^*)^{-1}X^{*T}Y^* \tag{2.63}$$

其中，$Y^*=(I_{NT}-S)Y$，$X^*=(I_{NT}-S)X$，$S=(s_{11}, \cdots, s_{1T}, s_{21}, \cdots, s_{NT})^T$，$s_{it}=s(z_{it})$。

将式（2.63）代入式（2.61）可得：

$$\hat{m}_\beta(z)=s(z)^T(Y-X\hat{\beta}_{RE})$$

② 一步估计（修正的局部常数最小二乘法）。

截面最小二乘法是两步估计，参数部分和非参数部分为先后两步得到，而修正的局部常数最小二乘法则是将参数和非参数部分看作一个整体，同时估计得到。

记$X=(X, l_{NT})$，模型（2.56）可以近似为：

$$Y=X\beta+l_{NT}m(z)+D_0\alpha_0+U=(X \quad l_{NT})\begin{pmatrix}\beta\\ m(z)\end{pmatrix}+\varepsilon=X\begin{pmatrix}\beta\\ m(z)\end{pmatrix}+\varepsilon \tag{2.64}$$

同时，对参数β和非参数$m(z)$进行估计：

$$\operatorname{argmin}\left[Y-X\begin{pmatrix}\beta\\ m(z)\end{pmatrix}\right]^T W_H(z)\left[Y-X\begin{pmatrix}\beta\\ m(z)\end{pmatrix}\right] \tag{2.65}$$

求得：

$$\hat{\beta}(z)=(I_P \quad 0_P)[X^TW_H(z)X]^{-1}X^TW_H(z)Y$$

$$\hat{\beta}_{M-FE}=\frac{1}{NT}\sum_{i=1}^{N}\sum_{t=1}^{T}\hat{\beta}(z_{it}) \tag{2.66}$$

$$\hat{m}(z)_{M-FE}=(0, \cdots, 0, 1)_{1\times(p+1)}[X^TW_H(z)X]^{-1}X^TW_H(z)Y \tag{2.67}$$

（2）固定效应下部分线性面板模型的估计方法

当α_i表示固定效应时，模型的估计相对复杂一些，Su 和 Ullah（2011）采用差分的方法消除固定效应的影响，然后通过序列方法进行参数、非参数估计。

这里的估计方法仍然采用截面最小二乘法和修正的局部常数最小二乘法。与随机效应模型相类似，为了使得模型可识别，我们假设$\sum_{i=1}^{N}\alpha_i=0$，同时定义$\alpha=(\alpha_2, \cdots, \alpha_N)^T$，模型（2.56）可重新表示为$Y=X\beta+m(Z)+D\alpha+U$，其中$D=[-l_{N-1}\quad I_{N-1}]^T\otimes l_T$是一个$(NT)\times(N-1)$维矩阵。

① 两步估计（截面最小二乘法）。

令$\theta=(\alpha^T,\ \beta^T)$，第一步假设$\theta$已知，求解最优化问题：

$$\operatorname{argmin}[Y-X\beta-D\alpha-\tilde{Z}(z)M(z)]^TW_H(z)[Y-X\beta-D\alpha-\tilde{Z}(z)M(z)] \quad (2.68)$$

求得：

$$M_\theta(z)=S(z)(Y-X\beta-D\alpha) \quad (2.69)$$

$$m_\theta(z)=s(z)^T(Y-X\beta-D\alpha) \quad (2.70)$$

$S(z)$，$s(z)$ 定义同上。

第二步，对θ进行估计：

$$\operatorname{argmin}[Y-X\beta-D\alpha-m_\theta(Z)]^T[Y-X\beta-D\alpha-m_\theta(Z)] \quad (2.71)$$

其中，$m_\theta(Z)=[m_\theta(z_{11}),\ \cdots,\ m_\theta(z_{1T}),\ m_\theta(z_{21}),\ \cdots,\ m_\theta(z_{NT})]^T$，将式（2.70）代入可得：

$$\hat{\beta}_{FE}=(X^{*T}M^*X^*)^{-1}X^{*T}M^*Y^* \quad (2.72)$$

$$\hat{\alpha}_{FE}=(D^{*T}D^*)^{-1}D^{*T}(Y^*-X^*\hat{\beta}_{FE}) \quad (2.73)$$

其中，$M^*=I_{NT}-D^*(D^{*T}D^*)^{-1}D^{*T}$，$D^*=(I_{NT}-S)D$。

同时，α_1的估计值为$\hat{\alpha}_1=-\sum_{i=2}^{N}\hat{\alpha}_i$。

非参数估计量为：

$$\hat{m}_{\hat{\theta}}(z)=s(z)^T(Y-X\hat{\beta}_{FE}-D\hat{\alpha}_{FE}) \quad (2.74)$$

② 一步估计（修正的局部常数最小二乘法）。

固定效应下，模型（2.56）可近似为：

$$Y=X\beta+l_{NT}m(z)+D_0\alpha_0+U=X\begin{pmatrix}\beta\\ m(z)\end{pmatrix}+D\alpha+U \quad (2.75)$$

首先，解得α的估计值：

$$\hat{\alpha}=(D^TD)^{-1}D^T\left[Y-X\begin{pmatrix}\beta\\ m(z)\end{pmatrix}\right] \quad (2.76)$$

其次，将式（2.76）代入，得到参数β和非参数$m(z)$的估计值：

$$\hat{\beta}(z)=(I_P\quad 0_P)[X^TW(z)X]^{-1}X^TW(z)Y,\ \hat{\beta}_{M-FE}=\frac{1}{NT}\sum_{i=1}^{N}\sum_{t=1}^{T}\hat{\beta}(z_{it})$$

$$\hat{m}(z)_{M-FE}=(0,\ \cdots,\ 0,\ 1)_{1\times(p+1)}[X^TW(z)X]^{-1}X^TW(z)Y$$

2.3.4.4 变系数面板模型研究

过去的20年里，变系数面板模型在理论和应用方面都引起了学者广泛的关注。Huang、Wu和Zhou（2004）研究了不包含参数和固定效应的变系数面板板模型。Sun 和 Wu（2005）讨论了半参数变系数面板数据模型。Wang 和 Xia（2009）指出伪回归降低了估计的有效性。对变系数面板模型的研究存在处理固定效应的难题，Sun、Carroll 和 Li（2009）通过对固定效应的某种严格的假定来解决这个难题，比如假定固定效应求和为 0。这类文章还包括 Su 和 Ullah（2011）以及 Chen、Gao 和 Li（2013）。Rodriguez-Poo 和 Soberon（2014）在 N 趋近无穷的时候，对于固定的 T，提出应用一阶差分来消除固定效应。对于后两种研究，协变量被假定是连续的，相应的渐进性定理得到证明。Feng 等（2017）将 Chen、Gao 和 Li（2013）的截面变系数模型推广到面板变系数模型中。

2.3.4.5 变系数面板模型估计方法

（1）随机效应下变系数面板模型估计方法

变系数面板模型如下：

$$y_{it}=x_{it}^{T}\theta(z_{it})+\alpha_i+u_{it},\ i=1,2,\cdots,N;\ t=1,2,\cdots,T \tag{2.77}$$

x_{it}，z_{it}，α_i，u_{it}的定义与部分线性面板模型相同，$\theta(\cdot)=[\theta_1(\cdot),\cdots,\theta_p(\cdot)]^T$包含 p 个未知光滑函数。同样地，α_i与解释变量 x_{it}或（和）z_{it}存在某种关系，称为个体固定效应模型；如果 α_i与 x_{it}，z_{it}均无关系，则称为随机效应模型。

变系数面板模型的矩阵形式可记为：

$$Y=\beta\{X,\ \theta(Z)\}+D_0\alpha_0+U \tag{2.78}$$

其中，Y，D_0，α_0，U 的定义与部分线性面板模型一致。

$\beta\{X,\theta(Z)\}=[x_{11}^{T}\theta(z_{11}),\cdots,x_{1T}^{T}\theta(z_{1T}),x_{21}^{T}\theta(z_{21}),\cdots,x_{NT}^{T}\theta(z_{NT})]^T$ 将所有的 $x_{it}^{T}\theta(z_{it})$ 放到一个$(NT)\times 1$ 的矩阵中。

令 $\varepsilon_{it}=\alpha_i+u_{it}$，$\varepsilon=(\varepsilon_{11},\cdots,\varepsilon_{1T},\varepsilon_{21},\cdots,\varepsilon_{NT})^T$，则模型（2.78）可重新写为：

$$Y=\beta\{X,\ \theta(Z)\}+\varepsilon$$

利用 $x_{it}^{T}\theta(z_{it})$ 在点 $z=(z_1,\cdots,z_q)^T$的一阶泰勒展开：

$x_{it}^{T}\theta(z_{it})\approx x_{it}^{T}\{\theta(z)+[\dot{\theta}(z)](z_{it}-z)\}$，$\dot{\theta}(z)$ 是一阶导数：

$$\dot{\theta}_l(z)\stackrel{\Delta}{=}\left(\frac{\partial\theta_l(z)}{\partial z_1},\cdots,\frac{\partial\theta_l(z)}{\partial z_q}\right),l=1,2,\cdots,q$$

可得：

$$\beta\{X,\theta(Z)\}\approx\tilde{X}(z)\delta(z)$$

其中，$\tilde{X}(z)=[X_{11}(z),\cdots,X_{1T}(z),\cdots,X_{N1}(z),\cdots,X_{NT}(z)]^T$，$X_{it}(z)=$

$[x_{it}^T, (z_{it}-z)x_{it}^T]^T$，$\delta(z)=[\theta(z), (\dot{\theta}_1(z))^T, \cdots, (\dot{\theta}_p(z))^T]^T$。

模型（2.78）可变为 $Y=\tilde{X}(z)\delta(z)+\varepsilon$。

采用截面最小二乘法，对 $\delta(z)$ 进行估计：

$$\operatorname{argmin}[Y-\tilde{X}(z)\delta(z)]^T W_H(z)[Y-\tilde{X}(z)\delta(z)] \tag{2.79}$$

可得：

$$\hat{\delta}_{RE}(z)=\tilde{S}(z)Y \tag{2.80}$$

其中，$\tilde{S}(z)=[\tilde{X}(z)^T W_H(z)\tilde{X}(z)^T]^{-1}\tilde{X}^T W_H(z)$，进一步可得：

$$\hat{\theta}_{RE}(z)=\tilde{s}(z)^T Y \tag{2.81}$$

其中，$\tilde{s}(z)^T=(I_P \quad 0_{P\times pq})\ \tilde{S}(z)$。

（2）固定效应下变系数面板模型估计方法

当变系数模型为固定效应时，同样假设 $\sum_{i=1}^{N}\alpha_i=0$，$\alpha=(\alpha_2, \cdots, \alpha_N)^T$，将模型（2.78）表示为 $Y=\beta\{X, \theta(Z)\}+D\alpha+U$。

同样，利用 $x_{it}^T\theta(z_{iT})$ 在点 $z=(z_1, \cdots, z_q)^T$ 的一阶泰勒展开，近似表示上述模型为：

$$Y=\tilde{X}(z)\delta(z)+D\alpha+U$$

假设 α 已知，对 $\delta(z)$ 进行估计：

$$\operatorname{argmin}[Y-\tilde{X}(z)\delta(z)-D\alpha]^T W_H(z)[Y-\tilde{X}(z)\delta(z)-D\alpha] \tag{2.82}$$

对式（2.82）求解，得：

$$\hat{\delta}_{FE}(z)=\tilde{S}(z)(Y-D\alpha) \tag{2.83}$$

$$\theta_{FE}(z)=\tilde{s}(z)^T(Y-D\alpha) \tag{2.84}$$

将 $\theta_{FE}(z)$ 代入模型，估计 α：

$$\operatorname{argmin}\{Y-\beta[X, \theta_{FE}(Z)]-D\alpha\}^T W_H(Z)\{Y-B[X, \theta_{FE}(Z)]-D\alpha\} \tag{2.85}$$

其中，$\beta\{X,\theta_{FE}(Z)\}=[x_{11}^T\theta_{FE}(z_{11}),\cdots,x_{1T}^T\theta_{FE}(z_{1T}),x_{21}^T\theta_{FE}(z_{21}),\cdots,x_{NT}^T\theta_{FE}(z_{NT})]^T$。

求得：

$$\hat{\alpha}=(D^{*T}D^*)^{-1}D^{*T}Y^* \tag{2.86}$$

其中，$D^* = (I_{NT} - \tilde{S})D$，$Y^* = (I_{NT} - \tilde{S})Y$，$\tilde{S} = (\tilde{s}_{11}, \cdots, \tilde{s}_{1T}, \tilde{s}_{21}, \cdots, \tilde{s}_{NT})^T$，$\tilde{s}_{it} = \tilde{s}(z_{it})$。

最后，我们得到固定效应下 $\theta(z)$ 的估计：

$$\hat{\theta}_{FE}(z) = \tilde{s}(z)^T(Y - D\alpha_{FE}) \tag{2.87}$$

2.4 本章小结

本章主要介绍了半参数和非参数理论、广义线性模型一般理论、面板数据模型理论。其中，半参数和非参数理论中包括半参数模型的产生、半参数模型的种类、半参数模型的估计方法及非参数核密度估计方法；广义线性模型一般理论由广义线性模型的概念、广义线性模型的构成、广义线性模型的估计三个部分组成；在面板数据模型理论部分介绍了面板模型的种类，主要按照两种方式对面板模型进行分类，一种分为固定效应面板模型和随机效应面板模型，另一种分为变系数或变截距模型；最后介绍了非参数和半参数面板模型。

以上理论为本书以后各章节的研究（半参数趋势面板模型的扩展及其在能源领域的应用）提供了分析框架和理论支持。

3 半参数趋势面板模型与非参数时变系数面板模型对比分析

3.1 半参数趋势面板模型及非参数时变系数面板模型研究现状

半参数模型是自 20 世纪 80 年代发展起来的一种重要的统计模型，该模型介于参数回归模型和非参数回归模型之间。在很多实际问题中，半参数回归模型可能更接近真实情况，更能充分利用数据提供的信息。现实经济变量中，很多数据往往因包含确定的时间趋势而显示出不平稳的特征，对这类数据的建模，引起了广大学者的关注，其中 White 和 Granger（2011）给出了不同类型时间趋势的定义。研究表明，参数方法对于时间趋势的研究不太实用，学者们开始采用非参数方法对时间趋势进行研究，比如 Robinson（1989）。Phillips（2010）也回顾了最近的时间序列趋势函数的研究发展情况。与此同时，很多学者开始用非参数和半参数方法对包含时间趋势的时间序列进行研究。Gao 和 Hawthorne（2006）对温度数据进行建模的时候，考虑用部分线性模型分析包含时间趋势的温度时间序列，其中参数部分是影响温度变化的解释变量。Atak、Linton 和 Xiao（2011）考虑了面板数据中季节调整和时间趋势的设定，提出用半参数面板模型研究美国的气候变化问题。Chen、Gao 和 Li（2012）将 Robinson（2012）首次提出的截面相关条件下面板数据的非参数时变系数面板模型，被推广到截面相关条件下面板数据的半参数趋势面板模型中。Zhang、Su 和 Phillips（2012）提出了半参数面板数据模型中常见趋势的检验。Kneip、Sickles 和 Song（2012）认为时间变量是非参数协变量中主要的变量之一。夏慧珠、章红霞和章永辉（2012）提出了一种具有异质性非参数时间趋势面板数据模型的简单直观的估计方法。

模型系数变化的原因可能是某种因素，如年龄、时间等。Li 等（2002）

提出了截面的协变量为连续型变量的截面半参数变系数模型。Li 和 Racine（2010）将 Li 等（2002）的模型推广至更一般的情况，协变量不仅包括定量变量也包括定性变量。Cai、Li 和 Park（2009）研究了非平稳变量的变系数模型。Li、Ouyang 和 Racine（2013）考虑了分类协变量的半参数变系数模型，推广了现有截面变系数模型。相对截面的变系数模型，非参数时变系数模型是古典线性模型的一个有用的推广，自 Hastie 和 Tibshirani（1993）以后，时变系数模型得到了广泛的研究（Chen and Tsay，1993；Fan and Zhang，1999；Cai，Fan and Yao，2000），Cai、Fan 和 Li（2000）及 Fan、Yao 和 Cai（2003）则将函数系数推广到一般的非线性时间序列模型中。Ai 和 Chen（2003）在非参数部分中考虑了外生变量。时间序列数据包含平稳和非平稳数据，Cai（2007）研究了包含时间趋势的、存在序列相关的非平稳变量的时变系数时间序列模型。Gao 和 Phillips（2013）研究了非平稳变量的变系数模型。Silvapulle（2017）采用局部线性估计方法研究了带有时间趋势函数的时变系数模型。Phillips、Li 和 Gao（2017）采用非参数核密度估计方法估计了非线性协整模型的时变系数函数。

非参数时变系数模型被广泛应用于面板数据（Hoover et al.，1997）分析中，Malikov 等（2016）提出了半参数变系数模型的两阶段估计。对面板光滑结构变化检验的研究很少，Gonzalez 和 Teravirta（2005）发展了一个时变面板模型的 Lagrange Multiplier（LM）检验。Feng 等（2017）提出了半参数变系数种类模型，此模型影响参数的协变量情况是分种类的。Chen 和 Huang（2018）使用非参数局部光滑方法估计面板模型的光滑参数，并开发了两个 Hausman 型检验用于光滑结构变化和结构突变检验。非参数时变系数模型具有广泛的应用，Hong 和 Lee（2003）采用非参数时变系数模型对汇率进行了推理和预测，Li 等（2002）采用制造业数据对生产边界进行了建模分析。

本书研究的是 Chen、Gao 和 Li（2012）提出的半参数趋势面板模型，模型中包含确定的非线性时间趋势，以此反映政策、法律、法规等因素对被解释变量的影响，同时由于时间变量的非参数设定，增强了模型参数估计的有效性；而对于非参数时变系数模型的选择，本书参考的是 Li、Chen 和 Gao（2011）的研究，他们提出的模型参数是时间的未知函数，以此反映模型参数随着时间发生改变的特征。对于包含时间趋势的非平稳变量，本章通过模型设定、估计方法、蒙特卡罗模拟三个环节，分别分析半参数趋势面板模型及非参数时变系数面板模型的参数估计效果。

3.2 半参数趋势面板模型的设定及其估计方法

3.2.1 半参数趋势面板模型

本书借鉴 Chen、Gao 和 Li（2012）提出的半参数趋势面板模型，该模型考虑了面板数据的非线性时间趋势，并且允许解释变量和残差向量存在截面相关性，具体形式为：

$$Y_{it}=X_{it}\beta+f_t+\alpha_i+e_{it} \tag{3.1}$$

$$X_{it}=g_t+x_i+v_{it} \tag{3.2}$$

其中，Y_{it}为被解释变量；X_{it}为解释变量；$\beta(\beta_1, \cdots, \beta_d)^T$为 d 维未知参数向量；$f_t=f(t/T)$，$g_t=g(t/T)$ 为未知时间趋势函数；α_i，x_i为个体效应；$\{e_{it}\}$，$\{v_{it}\}$ 为平稳的残差序列，允许存在截面相关。α_i与 X_{it}相关，被称作固定效应，这里假定：

$$\sum_{i=1}^{N}\alpha_i=0 \tag{3.3}$$

$$\sum_{i=1}^{N}x_i=0_d \tag{3.4}$$

其中，0_d表示 d 维零向量。

与以往模型相比，模型（3.1）和模型（3.2）具有以下优点：

第一，模型具有一般性。当 $\beta=0$ 时，模型（3.1）可简化为 Robinson（2012）提出的非参数时间趋势面板模型；当 $N=1$ 时，模型（3.1）可简化为 Gao 和 Hawthorne（2006）提出的半参数时间序列模型；当对于所有的 i，$f(\cdot)$是常数时，模型（3.1）可变为固定效应面板模型。

第二，模型设定具有稳健性。模型（3.2）中允许解释变量是包含趋势函数的非平稳序列，这样的假设使得模型（3.1）和模型（3.2）比 Li、Chen 和 Gao（2011）假定 X_{it}是平稳序列的模型更符合现实。进一步放松了对解释变量和残差序列的独立性要求，使得面板数据更符合实际情况。

3.2.2 半参数趋势面板模型的估计方法

目前有很多种半参数方法可用于估计参数向量 β 和时间趋势函数 $f(\cdot)$，PLE（Profile Likelihood Estimation）方法是其中比较常用的方法。本书使用 PPLE 方法估计参数向量 β 和时间趋势函数 $f(\cdot)$。Chen、Gao 和 Li（2012）已经验证了 PPLE 方法比 APLE（Averaged Profile Likelihood Estimation）方法更有效。

给出方法之前，先介绍变量的表达方式。

$$\tilde{Y} = (Y_{11}, \cdots, Y_{1T}, Y_{21}, \cdots, Y_{2T}, \cdots, Y_{N1}, \cdots, Y_{NT})^T$$

$$\tilde{X} = (X_{11}, \cdots, X_{1T}, X_{21}, \cdots, X_{2T}, \cdots, X_{N1}, \cdots, X_{NT})^T$$

$$\alpha = (\alpha_1, \cdots, \alpha_N)^T, \ D = (-i_{N-1}, I_{N-1})^T \otimes i_T$$

$$\tilde{f} = i_N \otimes (f_1, \cdots, f_T)^T, \ e = (e_{11}, \cdots, e_{1T}, e_{21}, \cdots, e_{2T}, \cdots, e_{N1}, \cdots, e_{NT})^T$$

其中，$\otimes$表示克罗内克积；i_k表示每一个元素都为 1 的 $k\times1$ 维的向量；I_k表示 $k\times k$ 维单位矩阵，因为 $\sum_{i=1}^{N}\alpha_i = 0$，所以模型（3.1）可变为：

$$\tilde{Y} = \tilde{X}\beta + \tilde{f} + D\alpha + \tilde{e} \tag{3.5}$$

令 $K(\cdot)$ 表示核函数，h 表示带宽，定义 $Z(\tau) = \begin{pmatrix} 1 & \frac{1-\tau T}{Th} \\ \vdots & \vdots \\ 1 & \frac{T-\tau T}{Th} \end{pmatrix}$，$\tilde{Z}(\tau) = i_N \otimes Z(\tau)$，泰勒展开得 $\tilde{f} = \tilde{Z}(\tau)\begin{pmatrix} f(\tau) \\ hf'(\tau) \end{pmatrix}$；定义 $W(\tau) = diag\left(K\left(\frac{1-\tau T}{Th}\right), \cdots, K\left(\frac{T-\tau T}{Th}\right)\right)$，$\tilde{W}(\tau) = I_N \otimes W(\tau)$。则 PPLE 方法如下：

首先定义损失函数：

$$L(a, b) = [\tilde{Y} - \tilde{X}\beta - D\alpha - \tilde{Z}(\tau)(a, b)^T]^T \tilde{W}(\tau) [\tilde{Y} - \tilde{X}\beta - D\alpha - \tilde{Z}(\tau)(a, b)^T]$$

其中，$(a, b) = (f(\tau), hf'(\tau))$。

假设 α，β 已知，利用损失函数的一阶条件，可以估计 $f(\tau)$。

$$\hat{f}_{\alpha,\beta} = (1, 0)S(\tau)(\tilde{Y} - \tilde{X}\beta - D\alpha) = s(\tau)(\tilde{Y} - \tilde{X}\beta - D\alpha) \tag{3.6}$$

其中，$S(\tau) = [\tilde{Z}^T(\tau)W(\tau)\tilde{Z}(\tau)]^{-1}\tilde{Z}^T(\tau)W(\tau)$，$s(\tau) = (1, 0)S(\tau)$。

定义：

$$\tilde{f}_{\alpha,\beta} = i_N \otimes \left(\hat{f}_{\alpha,\beta}\left(\frac{1}{T}\right), \cdots, \hat{f}_{\alpha,\beta}\left(\frac{T}{T}\right)\right)^T = \tilde{S}(\tilde{Y} - \tilde{X}\beta - D\alpha)$$

其中，$\tilde{S} = i_N \otimes \left(s^T\left(\frac{1}{T}\right), \cdots, s^T\left(\frac{T}{T}\right)\right)^T$。

将 $\tilde{f}_{\alpha,\beta}$ 代入损失函数，求其一阶条件，得到参数的估计量和固定效应估计量如下：

$$\hat{\beta}=(\tilde{X}^{*T}M^{*}\tilde{X}^{*})^{-1}\tilde{X}^{*T}M^{*}\tilde{Y}^{*} \tag{3.7}$$

$$\hat{\alpha}=(D^{*T}D^{*})^{-1}D^{*T}(\tilde{Y}^{*}-\tilde{X}^{*}\hat{\beta}) \tag{3.8}$$

其中，$\tilde{Y}=(I_{NT}-\tilde{S})\tilde{E}$，$\tilde{X}^{*}=(I_{NT}-\tilde{S})\tilde{X}$，$\tilde{D}^{*}=(I_{NT}-\tilde{S})D$，$M^{*}=I_{NT}-D^{*}(D^{*T}D^{*})^{-1}D^{*T}$。

将式（3.7）和式（3.8）代入式（3.6）得到时间趋势的估计量：

$$\hat{f}(\tau)=s(\tau)(\tilde{Y}-\tilde{X}\hat{\beta}-D\hat{\alpha}) \tag{3.9}$$

半参数趋势面板模型允许变量因包含时间趋势而不平稳，并且PPLE估计方法能够得到参数向量和时间趋势函数一致的有效估计量，所以应用比较广泛，但在使用时需要保证模型残差序列的平稳性。此外，对模型估计使用了核密度估计方法，因为核函数和带宽的选择比较容易。核函数需要满足紧集上连续的、对称的概率密度函数，本书选择的是Epanechnikov核函数。带宽h的选择不仅依赖于核函数的选择，也依赖于样本的大小，即满足当$T\to\infty$和$N\to\infty$时，式（3.10）成立：

$$NTh^{8}\to 0,\ \frac{\sqrt{NT}h}{\log(NT)}\to\infty,\ \frac{T^{1-\frac{2}{\delta}h}}{\log(NT)}\to\infty$$

$$\frac{N^{2}}{T^{\delta}}=o(1),\ \delta>2\text{[①]} \tag{3.10}$$

半参数趋势面板模型估计（PPLE）方法是利用核函数构造权函数，将非线性时间趋势用一阶线性拟合表示，进而构造损失函数（加权最小二乘的形式）对其求最优解，得到对模型的参数和非参数估计量。半参数趋势面板模型通过分离出变量的非线性时间趋势，增强了模型参数的估计效果。

3.2.3 半参数趋势面板模型的蒙特卡罗数值模拟

使用半参数趋势面板模型处理含有非线性时间趋势的非平稳数据是有效的，本部分采用蒙特卡罗模拟方法验证半参数趋势面板模型的参数估计效果。为了使研究具有一般性，在此设定的半参数趋势面板模型分为单变量模型和多变量模型两种，并且分别在两种模型中假定模型的参数为正数、负数、正负混合的情况下，验证半参数趋势面板模型估计方法的有效性。同时，由于本书的半参数趋势面板模型允许残差序列存在截面相关，基于此，本书在单变量半参数趋势面板模型中分析了在截面相关性从强变弱的情况下，模型参

① $o(1)$表示高阶无穷小量。

数的估计情况。

3.2.3.1 数据生成过程

面板数据的半参数趋势面板模型形式为：

$$Y_{it}=X_{it}\beta+f_t+\alpha_i+e_{it},\ 1\leqslant i\leqslant N,\ 1\leqslant t\leqslant T$$

为了使研究具有代表性，假设 β 是一维向量或三维向量来生成数据，即假设模型是单变量模型（一个解释变量）或多变量模型（三个解释变量）进行研究。当 β 是一维向量时，数据生成过程如下：

（1）非线性时间趋势。解释变量和被解释变量都是含有非线性时间趋势的非平稳变量，其中 $f(u)=2u^3+u$，$g(u)=2\sin(\pi u)$，反映了政策、法律、法规等随机因素对变量的影响。

（2）固定效应。在面板数据中，对于特定的个体而言，不随时间发生改变的影响因素与 X_{it} 相关，其中 $\alpha_i=\frac{1}{T}\sum_{t=1}^{T}X_{it}$，$i=1,\cdots,N-1$，$\alpha_N=-\sum_{i=1}^{N-1}\alpha_i$；$x_i\sim U(-0.2,\ 0.2)$，$x_N=-\sum_{i=1}^{N-1}x_i$。

（3）残差项。e_{ij}的生成方式如下：对于 $1\leqslant t\leqslant T$，令 $\tilde{e}_{.t}=(e_{1t},\ e_{2t},\ \cdots,\ e_{Nt})$ 是 N 维向量，令 $c_{ij}=0.8^{|j-i|}$，$1\leqslant i,\ j\leqslant N$，$\{e_{.t}\}$（$1\leqslant t\leqslant T$）是独立的 n 维向量，来自以 0 为均值、c_{ij}为方差—协方差矩阵的高斯分布。从 e_{ij}的分布来看，我们会发现 $E(e_{it},\ e_{js})=0$，$1\leqslant i,\ j\leqslant N$，$t\neq s$；$E(e_{it},\ e_{jt})=0.8^{|j-i|}$，$1\leqslant i,\ j\leqslant N$，$1\leqslant t\leqslant T$。表明 e_{it}是截面相关的、序列独立的序列。$E(e_{it},\ e_{jt})=0.6^{|j-i|}$表示 e_{it}的相关性弱于 $E(e_{it},\ e_{jt})=0.8^{|j-i|}$的情况；同样地，$E(e_{it},\ e_{jt})=0.4^{|j-i|}$、$E(e_{it},\ e_{jt})=0.2^{|j-i|}$也表示 e_{it}的相关性弱于 $E(e_{it},\ e_{jt})=0.8^{|j-i|}$的情况。在接下来的模拟中，会用 $E(e_{it},\ e_{jt})$ 表示 e_{it}的相关性来检验模型的估计方法的有效性。$\{v_{it}\}$ 独立于 $\{e_{it}\}$，按照如下方式生成：$v_{it}=0.6v_{it-1}+\zeta_{it}$，其中 ζ_{it}是序列独立、截面相关的高斯随机变量，生成方式和 e_{it}一样，只是方差—协方差矩阵是 $d_{ij}=0.5^{|j-i|}$，$1\leqslant i,\ j\leqslant N$，$v_{it}$是序列和截面都独立的残差序列。

（4）解释变量与被解释变量。解释变量和被解释变量分别按照下面的形式生成：$X_{it}=g_t+x_i+v_{it}$，$Y_{it}=X_{it}\beta+f_t+\alpha_i+e_{it}$，$1\leqslant i\leqslant N$，$1\leqslant t\leqslant T$。

当 β 是三维向量时，数据生成过程如下：

（1）非线性时间趋势。解释变量和被解释变量都是含有非线性时间趋势的非平稳变量，其中 $f(u)=1+2\sin(\pi u)$，$g(u)=[2(u-1/2)^2,\ u,\ -2u]^T$。

（2）固定效应。在面板数据中，对于特定的个体而言，不随时间发生改变的影响因素与 X_{it} 相关，其中 $\alpha_i=\max\left\{\frac{1}{T}\sum_{t=1}^{T}X_{it,\ 1},\ \frac{1}{T}\sum_{t=1}^{T}X_{it,\ 2},\ \frac{1}{T}\sum_{t=1}^{T}X_{it,\ 3}\right\}$，

$i=1, \cdots, N-1$，$\alpha_N=-\sum_{i=1}^{N-1}\alpha_i$。$x_i=0.5(0, I_3)$，$x_N=-\sum_{i=1}^{N-1}x_i$。

（3）残差项。$\tilde{e}_{.t}=(e_{1t}, e_{2t}, \cdots, e_{Nt})$，而 $\{\tilde{e}_{.t}, 1\leqslant t\leqslant T\}$ 是以 0 为均值、$(c_{ij}^*)_{N\times N}$为方差—协方差矩阵的 n 维高斯变量，其中 $c_{ij}^*=\frac{1}{(i-j)^2+1}$。$\{v_{it}=(v_{it,1}, v_{it,2}, v_{it,3})^T: 1\leqslant i, j\leqslant N, 1\leqslant t\leqslant T\}$，满足 $Ev_{it}=0$，$E(v_{it}v_{jt})=\frac{1}{(j-1)^2+1}\begin{pmatrix}1 & 0 & 0\\ 0 & 2 & 0\\ 0 & 0 & 1\end{pmatrix}$，$1\leqslant i, j\leqslant N$，$1\leqslant t\leqslant T$，$E(v_{it}v_{js})=0$，$1\leqslant i, j\leqslant N$，$s\neq t$。

（4）解释变量与被解释变量。解释变量和被解释变量分别按照下面的形式生成：$X_{it}=(X_{it,1}, X_{it,2}, X_{it,3})^T$，$X_{it,d}=g_t+x_i+v_{it}$，$d=1, 2, 3$；$Y_{it}=X_{it}\beta+f_t+\alpha_i+e_{it}$，$1\leqslant i\leqslant N$，$1\leqslant t\leqslant T$。

3.2.3.2　半参数趋势面板模型的蒙特卡罗模拟结果

对于模型的参数估计效果是否随着模型形式的改变而变化，仍是未知，本部分将分情况对此进行验证。当假设模型变量含有一个解释变量或者多个解释变量时，模型被称作单变量模型或多变量模型，在这里针对这两种模型分情况进行研究。

模型为单变量模型时，即 β 是一维向量，验证半参数趋势面板模型的参数估计效果。

（1）假设模型变量参数真值为正数或负数时，观察参数估计效果

对于 $N=10, 20, 30$，$T=10, 20, 30$，分别根据上述数据生成过程生成解释变量和被解释变量，然后根据 PPLE 方法估计半参数趋势面板模型，并针对不同的参数值，计算 500 次模拟参数估计值的平均值和标准差。表 3-1 表示假设模型参数为正数时模型的参数估计情况，表 3-2 表示假设模型参数为负数时模型的参数估计情况。

表 3-1　单变量的半参数趋势面板模型的估计结果（参数真值为正）

参数真值	$N\backslash T$	10	20	30
$\beta=0.1$	10	0.0972 (0.2057)	0.0988 (0.1300)	0.1037 (0.0998)
	20	0.1020 (0.1344)	0.0998 (0.0855)	0.1003 (0.0619)
	30	0.1012 (0.1087)	0.1008 (0.0684)	0.1006 (0.0540)

续表

参数真值	N\ T	10	20	30
β=1.0	10	1.0018 (0.0922)	0.9924 (0.0645)	0.9991 (0.0514)
	20	1.0010 (0.0663)	0.9997 (0.0449)	1.0008 (0.0357)
	30	0.9980 (0.0551)	0.9994 (0.0366)	0.9995 (0.0289)
β=2.0	10	1.9992 (0.2262)	1.9953 (0.1394)	2.0015 (0.1078)
	20	1.9957 (0.1472)	2.0010 (0.0936)	2.0005 (0.0726)
	30	2.0003 (0.1184)	1.9950 (0.0746)	1.9979 (0.0588)

注：括号内为估计值的标准差。

表 3-2　单变量的半参数趋势面板模型的估计结果（参数真值为负）

参数真值	N\ T	10	20	30
β=−1	10	−1.0042 (0.1034)	−1.0093 (0.0822)	−1.0053 (0.0689)
	20	−0.9949 (0.1004)	−1.0041 (0.0687)	−0.9928 (0.0473)
	30	−1.0055 (0.0686)	−1.0033 (0.0544)	−1.0028 (0.0393)
β=−2	10	−1.9996 (0.1214)	−1.9989 (0.1072)	−2.0043 (0.0597)
	20	−1.9991 (0.1036)	−1.9963 (0.0547)	−1.9832 (0.0481)
	30	−1.9982 (0.0731)	−1.9934 (0.0438)	−1.9925 (0.0401)
β=−3	10	−2.9973 (0.1209)	−3.0025 (0.0905)	−3.0002 (0.0557)
	20	−3.0054 (0.1088)	−2.9999 (0.0604)	−2.9948 (0.0524)
	30	−3.0056 (0.0834)	−2.9873 (0.0484)	−2.9990 (0.0413)

注：括号内为估计值的标准差。

表 3-1 的模拟结果表明，对于含有非线性时间趋势的非平稳数据，当假

设模型参数真值为正数时，半参数趋势面板模型（PPLE）估计法的参数估计结果较好。第一，随着样本数量的变化，参数估计值变化比较稳定。第二，增加面板数据的个体或时期数均可降低估计值的标准差。如在参数真值（$\beta=2$）、面板数据的时期数（$T=30$）不变的情况下，增加个体数量（$N=10$，$N=20$，$N=30$），参数估计值的标准差在逐渐减小；同样，在参数真值（$\beta=2$）、面板数据的个体数（$N=10$）不变的情况下，增加时期数（$T=10$，$T=20$，$T=30$），参数估计值的标准差也在逐渐减小。

表 3-2 的模拟结果表明，对于含有非线性时间趋势的非平稳数据，当假设模型参数真值为负数时，半参数趋势面板模型（PPLE）估计法的参数估计结果较好。第一，随着样本数量的变化，参数估计值变化比较稳定。第二，增加面板数据的个体或时期数均可降低估计值的标准差。如在参数真值（$\beta=-1$）、面板数据的时期数（$T=30$）不变的情况下，增加个体数量（$N=10$，$N=20$，$N=30$），参数估计值的标准差在逐渐减小；同样，在参数真值（$\beta=-2$）、面板数据的个体数（$N=10$）不变的情况下，增加时期数（$T=10$，$T=20$，$T=30$），参数估计值的标准差也在逐渐减小。

（2）残差的相关性强或弱

考虑到残差的相关性强弱可能影响估计方法的估计效果，表 3-3 列出了当模型具有不同程度的相关性残差时，估计方法的参数估计情况。

表 3-3　单变量的半参数趋势面板模型的估计结果（截面相关性减弱）

参数真值	N	截面相关性	$T=10$	$T=20$	$T=30$
$\beta=2.0$	$N=10$	$E(e_{it}, e_{jt})=0.8^{\|j-i\|}$	1.9992 (0.2262)	1.9953 (0.1394)	2.0015 (0.1078)
		$E(e_{it}, e_{jt})=0.6^{\|j-i\|}$	1.9988 (0.2212)	1.9997 (0.1136)	2.0022 (0.0972)
		$E(e_{it}, e_{jt})=0.4^{\|j-i\|}$	2.0063 (0.1783)	1.9971 (0.1370)	2.0002 (0.1131)
	$N=20$	$E(e_{it}, e_{jt})=0.8^{\|j-i\|}$	1.9957 (0.1472)	2.0010 (0.0936)	2.0005 (0.0726)
		$E(e_{it}, e_{jt})=0.6^{\|j-i\|}$	2.0022 (0.1130)	2.0000 (0.0924)	1.9991 (0.0784)
		$E(e_{it}, e_{jt})=0.4^{\|j-i\|}$	1.9942 (0.1638)	1.9939 (0.0965)	2.0015 (0.0965)
	$N=30$	$E(e_{it}, e_{jt})=0.8^{\|j-i\|}$	2.0003 (0.1184)	1.9950 (0.0746)	1.9979 (0.0588)
		$E(e_{it}, e_{jt})=0.6^{\|j-i\|}$	1.9974 (0.1183)	2.0044 (0.0745)	1.9988 (0.0617)
		$E(e_{it}, e_{jt})=0.4^{\|j-i\|}$	2.0002 (0.1205)	2.0022 (0.0889)	2.0017 (0.0652)

注：括号内为估计值的标准差。

从表 3-3 的估计结果来看，残差项的相关性变化对半参数趋势面板模型的参数估计影响不大。当保持样本容量 N、T 不变时，随着残差项的相关性减弱，参数的估计值均值变化比较稳定，标准差变化也较稳定。

模型为多变量模型时，假设 β 是三维向量，验证半参数趋势面板模型的参数估计效果。

假设模型参数为正数、负数或正负混合时，观察参数估计效果。

对于 $N=10$，20，30，$T=10$，20，30，分别根据上述数据生成过程生成被解释变量和解释变量，然后根据 PPLE 方法估计半参数趋势面板模型。为了表示一般性，本部分设计参数为正数、负数、正负混合的情况，并针对不同的参数值计算 500 次模拟参数估计值的平均值和标准差。模拟结果如表 3-4［假定参数真值 $\beta=(0.5,1,2)^T$］、表 3-5［假定参数真值 $\beta=(-1,-2,-3)^T$］、表 3-6［假定参数真值 $\beta=(1,2,-3)^T$］所示。

表 3-4　多变量的半参数趋势面板模型的估计结果（参数真值为正）

参数真值	$N\backslash T$	10	20	30
$\beta_1=0.5$	10	0.4952 (0.9434)	0.4996 (0.4891)	0.5007 (0.3009)
$\beta_2=1$		1.0061 (0.6549)	1.0201 (0.3353)	1.0001 (0.2035)
$\beta_3=2$		1.9469 (0.88504)	2.0018 (0.4507)	1.9996 (0.3097)
$\beta_1=0.5$	20	0.4967 (0.6855)	0.5013 (0.3053)	0.4996 (0.2195)
$\beta_2=1$		1.0008 (0.4766)	0.9998 (0.2225)	0.9999 (0.1536)
$\beta_3=2$		1.9979 (0.6532)	1.9998 (0.3072)	2.0001 (0.2200)
$\beta_1=0.5$	30	0.5007 (0.4968)	0.49945 (0.2720)	0.4999 (0.1788)
$\beta_2=1$		1.0008 (0.3899)	0.9998 (0.1894)	0.9997 (0.1327)
$\beta_3=2$		2.0007 (0.5687)	1.9997 (0.2661)	1.9996 (0.1702)

注：括号内为估计值的标准差。

表 3-5 多变量的半参数趋势面板模型的估计结果（参数真值为负）

参数真值	N\ T	10	20	30
$\beta_1=-1$	10	-1.0002 (0.9227)	-0.9998 (0.4738)	-0.9990 (0.3024)
$\beta_2=-2$		-2.0009 (0.6435)	-2.0002 (0.3250)	-1.9995 (0.2255)
$\beta_3=-3$		-2.9998 (0.9721)	-2.9998 (0.4671)	-3.0000 (0.3238)
$\beta_1=-1$	20	-1.0021 (0.6577)	-1.0004 (0.3249)	-0.9959 (0.2159)
$\beta_2=-2$		-2.0007 (0.4570)	-2.0002 (0.2356)	-2.0004 (0.1579)
$\beta_3=-3$		-3.0005 (0.6644)	-3.0006 (0.3343)	-3.0000 (0.2074)
$\beta_1=-1$	30	-1.0000 (0.5554)	-0.9999 (0.2670)	-1.0004 (0.17685)
$\beta_2=-2$		-2.0009 (0.3851)	-2.0001 (0.19243)	-1.9998 (0.12254)
$\beta_3=-3$		-3.002 (0.5565)	-2.9996 (0.26486)	-2.9998 (0.1812)

注：括号内为估计值的标准差。

表 3-6 多变量的半参数趋势面板模型的估计结果（参数真值为正负混合）

参数真值	N\ T	10	20	30
$\beta_1=1$	10	0.9997 (0.9227)	1.0001 (0.4738)	1.0009 (0.3024)
$\beta_2=2$		1.9991 (0.6435)	1.9998 (0.3250)	2.0005 (0.2255)
$\beta_3=-3$		-2.9998 (0.9792)	-2.9998 (0.4671)	-3.0000 (0.3238)
$\beta_1=1$	20	0.9979 (0.6577)	0.99961 (0.3249)	1.0004 (0.21595)
$\beta_2=2$		1.9993 (0.4570)	1.9998 (0.2356)	1.9996 (0.1579)
$\beta_3=-3$		-3.0005 (0.6644)	-3.0006 (0.3343)	-3.0000 (0.2074)
$\beta_1=1$	30	1.0012 (0.5568)	1.0000 (0.2697)	0.99993 (0.1819)

续表

参数真值	N\ T	10	20	30
$\beta_2=2$	30	2.0003 (0.3825)	1.9989 (0.1958)	2.0000 (0.1232)
$\beta_3=-3$		−2.9999 (0.5285)	−3.0005 (0.2678)	−2.9998 (0.1702)

注：括号内为估计值的标准差。

表 3-4 的模拟结果表明，对于含有非线性时间趋势的非平稳数据，当假设模型包含多个变量（本书选择 3 个变量），并且模型所有参数真值为正数时，半参数趋势面板模型（PPLE）估计方法的参数估计结果较好。第一，随着样本数量的变化，参数估计值变化比较稳定。第二，增加面板数据的个体或时期数均可降低估计值的标准差。如在参数真值（$\beta_2=1$）、面板数据的时期数（$T=30$）不变的情况下，增加个体数量（$N=10$，$N=20$，$N=30$），参数估计值的标准差在逐渐减小；同样，在参数真值（$\beta_3=2$）、面板数据的个体数（$N=10$）不变的情况下，增加时期数（$T=10$，$T=20$，$T=30$），参数估计值的标准差也在逐渐减小。

表 3-5 的模拟结果表明，对于含有非线性时间趋势的非平稳数据，当假设模型包含多个变量（本书选择 3 个变量），并且模型所有参数真值为负数时，半参数趋势面板模型（PPLE）估计方法的参数估计结果较好。第一，随着样本数量的变化，参数估计值变化比较稳定。第二，增加面板数据的个体或时期数均可降低估计值的标准差。如在参数真值（$\beta_2=-2$）、面板数据的时期数（$T=30$）不变的情况下，增加个体数量（$N=10$，$N=20$，$N=30$），参数估计值的标准差在逐渐减小；同样，在参数真值（$\beta_3=-3$）、面板数据的个体数（$N=10$）不变的情况下，增加时期数（$T=10$，$T=20$，$T=30$），参数估计值的标准差也在逐渐减小。

表 3-6 的模拟结果表明，对于含有非线性时间趋势的非平稳数据，当假设模型参数真值正负混合时，半参数趋势面板模型（PPLE）估计方法的参数估计结果较好。第一，随着样本数量的变化，参数估计值变化比较稳定。第二，增加面板数据的个体或时期数均可降低估计值的标准差。如在参数真值（$\beta_2=2$）、面板数据的时期数（$T=30$）不变的情况下，增加个体数量（$N=10$，$N=20$，$N=30$），参数估计值的标准差在逐渐减小；同样，在参数真值（$\beta_3=-3$）、面板数据的个体数（$N=10$）不变的情况下，增加时期数（$T=10$，$T=20$，$T=30$），参数估计值的标准差也在逐渐减小。

基于此，本书选用半参数趋势面板模型对能源消费影响因素进行分析。

半参数趋势面板模型能够分离出变量的非线性时间趋势，一方面可以反映政策、法律、法规等因素对被解释变量的影响；另一方面改善了模型参数的估计结果。仿真实验是基于单变量模型和多变量模型不同参数真值的设定，对模型参数进行估计。以上实验结果表明，PPLE 方法对于包含确定性时间趋势的非平稳变量的参数估计效果较好。

3.3 非参数时变系数面板模型的设定及其估计方法

3.3.1 非参数时变系数面板模型

本书参考的模型是 Li、Chen 和 Gao（2011）提出的非参数时变系数固定效应面板模型，形式如下：

$$Y_{it}=X_{it}\beta_t+f_t+\alpha_i+e_{it},\ i=1,\ \cdots,\ N,\ t=1,\ \cdots,\ T \tag{3.11}$$

$$X_{it}=g_t+x_i+v_{it} \tag{3.12}$$

其中，$i=1$，…，N，$t=1$，…，T 表示横截面单元和时间维度；Y_{it}表示被解释变量；$X_{it}=(X_{it,1},\ \cdots,\ X_{it,d})^T$表示多元解释变量；$\beta_t=(\beta_{t,1},\ \cdots,\ \beta_{t,d})^T$表示未知参数向量；$f_t=f(t/T)$，$\beta_{t,j}=\beta_j(t/T)$，$t=1$，…，$T$；$f(\cdot)$ 和 $\beta_j(\cdot)$ 为未知光滑函数；α_i为不可观测的个体效应；e_{it}为平稳的残差序列，允许和 X_{it}，α_i 弱相关。

当 α_i与 X_{it}相关时，模型（3.11）被称作固定效应面板模型，否则被称作随机效应面板模型。本书进一步假定：

$$\sum_{i=1}^{N}\alpha_i=0 \tag{3.13}$$

模型（3.11）具有很强的一般性，当 β_t为常数时，模型可简化为 Chen、Gao 和 Li（2012）提出的半参数趋势固定效应面板模型；当 $\beta_t=0_d$时（0_d为 d 维零向量），模型可简化为 Robinson（2012）提出的非参数趋势面板模型。

非参数时变系数模型是假设模型的参数可以用未知的时间函数表示，即模型的参数随着时间的改变而时刻发生改变。对于时间序列数据或者面板数据模型而言，模型能够反映被解释变量与解释变量之间的关系随着时间发生改变的特征，具有广泛的应用前景。

3.3.2 非参数时变系数面板模型的估计方法

本部分参考了非参数时变系数面板模型，假定模型的参数随着时间发生改变，是时间的光滑函数，结合模型自身包含的非线性时间趋势，采用非参数的方法——核密度估计对模型进行拟合。

在给出方法之前，先介绍变量的表达方式如下：

$$\tilde{Y}=(Y_1^T,\ \cdots,\ Y_N^T)^T,\ Y_i=(Y_{i1},\ \cdots,\ Y_{iT})^T$$

$$\tilde{e}=(e_1^T,\ \cdots,\ e_N^T)^T,\ e_i=(e_{i1},\ \cdots,\ e_{iT})^T$$

$$\tilde{f}=i_N\otimes(f_1,\ \cdots,\ f_T)^T=i_N\otimes f$$

$$\tilde{B}(X\beta)=(X_{11}^T\beta_1,\ \cdots,\ X_{1T}^T\beta_T,\ X_{21}^T\beta_1,\ \cdots,\ X_{2T}^T\beta_T,\ \cdots,\ X_{N1}^T\beta_1,\ \cdots,\ X_{NT}^T\beta_T)^T$$

$$\alpha=(\alpha_1,\ \cdots,\ \alpha_N)^T,\quad D=(-i_{N-1},\ I_{N-1})^T\otimes i_T$$

基于以上表达方式，模型（3.11）可变为：

$$\tilde{Y}=\tilde{B}(X,\ \beta)+\tilde{f}+D\alpha^*+\tilde{e} \tag{3.14}$$

其中，$\alpha^*=(\alpha_2,\ \cdots,\ \alpha_N)^T$，泰勒展开后有：

$$\tilde{B}(X,\ \beta)+\tilde{f}\approx\tilde{M}(\tau)\{\beta_*^T(\tau),\ h[\beta_*^T(\tau)]^T\}^T$$

其中，$\beta_*=[f(\cdot),\ \beta_1(\cdot),\ \cdots,\ \beta_d(\cdot)]^T$，$\tilde{M}^T(\tau)=[M_1^T(\tau),\ \cdots,\ M_N^T(\tau)]$，

$$M_i^T(\tau)=\begin{pmatrix} 1 & X_{i1}^T & \frac{1-\tau T}{Th} & \frac{1-\tau T}{Th}X_{iT}^T \\ \vdots & \vdots & \vdots & \vdots \\ 1 & X_{iT}^T & \frac{T-\tau T}{Th} & \frac{T-\tau T}{Th}X_{i1}^T \end{pmatrix}。$$

对模型（3.14）的估计采用局部线性虚拟变量法：

首先，定义 $\tilde{W}(\tau)=i_N\otimes W(\tau)$，给定 $0<\tau<1$，构造一个最优化函数：

$$\{\tilde{Y}-\tilde{M}(\tau)[\beta_*^T(\tau),\ h(\beta'_*(\tau))^T]^T-D\alpha^*\}^T\tilde{W}(\tau)\{\tilde{Y}-\tilde{M}(\tau)[\beta_*^T(\tau),\ h(\beta'_*(\tau))^T]^T-D\alpha^*\} \tag{3.15}$$

最优化函数（3.15）的最优解为模型（3.14）的参数估计量。

在 α^* 处取一阶条件得：

$$\tilde{\alpha}^*=\hat{\alpha}^*(\tau)=[D^T\tilde{W}(\tau)D]^{-1}D^T\tilde{W}(\tau)\{\tilde{Y}-\tilde{M}(\tau)[\beta_*^T(\tau),\ h(\beta'_*(\tau))^T]^T\} \tag{3.16}$$

其次，将式（3.16）代入最优化函数（3.15）中，得：

$$\{\tilde{Y}-\tilde{M}(\tau)[\beta_*^T(\tau),\ h(\beta'_*(\tau))^T]^T\}^T\tilde{W}^*(\tau)\{\tilde{Y}-\tilde{M}(\tau)[\beta_*^T(\tau),\ h(\beta'_*(\tau))^T]^T\} \tag{3.17}$$

其中，$\tilde{W}^*(\tau)=\tilde{K}^T(\tau)\tilde{W}(\tau)\tilde{K}(\tau)$，$\tilde{K}(\tau)=i_{NT}-D[D^T\tilde{W}(\tau)D]^{-1}D^T\tilde{W}(\tau)$，

$\tilde{K}(\tau)\tilde{D}\alpha^*=0$。

最后，在$\beta_*^T(\tau)$，$h(\beta_*'(\tau))^T$处取式（3.17）的一阶条件，得到模型（3.14）的最优解为非参数时变系数模型的非参数估计量：

$$\tilde{\beta}^*(\tau)=[i_{d+1},\ 0_{d+1}][\tilde{M}^T(\tau)\tilde{W}^*(\tau)\tilde{M}(\tau)]^{-1}\tilde{M}^T(\tau)\tilde{W}^*(\tau)\tilde{Y} \tag{3.18}$$

非参数时变系数模型假定模型的参数是时间的光滑函数，随着时间发生改变，将其与时间趋势结合，用非参数部分表示。非参数时变系数模型不仅考虑了时间趋势的非线性特征，也考虑了模型参数随着时间发生改变的特点，是对半参数趋势面板模型的扩展。其构造了最优化函数（加权最小二乘形式），与半参数趋势面板模型优化函数的形式不同而思想相同，对其求最优解，即可得到非参数估计量。

接下来，本章采用蒙特卡罗模拟办法，在不同的数据生成过程中，验证半参数趋势面板模型和非参数时变系数模型各自的优缺点。主要分两种情况进行分析：第一种的数据按照半参数趋势面板模型生成，分别采用半参数趋势面板模型和非参数时变系数面板模型对数据进行分析，对比模型参数估计结果；第二种的数据按照非参数时变系数模型生成，分别采用半参数趋势面板模型和非参数时变系数面板模型对数据进行分析，对比模型参数估计结果。

3.3.3 非参数时变系数面板模型的蒙特卡罗数值模拟

非参数时变系数模型是对半参数趋势面板模型的推广，由于它能够用未知函数表示模型的未知参数并反映模型参数随着时间变化的情况，应用较为广泛。面对现实中的经济问题，如何选择正确的模型反映现实情况是一个难题。在此根据不同的数据生成过程，采用数值模拟的办法比较非参数时变系数固定效应模型和半参数趋势面板模型的参数估计情况。

3.3.3.1 数据生成过程

基于面板数据的半参数趋势面板模型为：

$$Y_{it}=X_{it}\beta_t+f_t+\alpha_i+e_{it},\ 1\leqslant i\leqslant N,\ 1\leqslant t\leqslant T \tag{3.19}$$

为了研究方便，本书假定只含有一个解释变量，即设β是T维向量来生成数据。

设X_{it}是一维向量，数据生成过程中的非线性时间趋势、固定效应、残差项、解释变量和被解释变量与半参数趋势面板模型模拟的数据生成过程一样。

本书主要针对不同的数据类型（包括：不发生结构变化的数据，即真实模型采用不变系数模型；参数随着时间而改变的数据，即真实模型为时变系数模型)，采用半参数趋势面板模型和非参数时变系数模型对数据进行建模估计，并观察参数估计效果。因此，参数β_t在具体的模拟中被设定为不同的形式。

3.3.3.2 蒙特卡罗模拟结果

(1) 考虑被解释变量的数据按照半参数趋势面板模型生成，即随着时间的变化，被解释变量和解释变量之间的线性关系的参数保持不变，对于 N=10，20，30，40，50，T=5，分别假设参数为正数（β=0.1，β=1，β=2）和参数为负数（β=-0.1，β=-1，β=-2），按照上述数据生成过程生成解释变量和被解释变量。其中被解释变量为：

$$Y_{it}=X_{it}\beta+f_t+\alpha_i+e_{it} \tag{3.20}$$

然后利用时变系数面板模型和半参数趋势面板模型对上述数据进行建模，估计参数，并针对不同的参数值，计算 500 次模拟参数估计值的平均值和标准差。时变系数模型估计结果如表 3-7 和表 3-8 所示，半参数趋势面板模型估计结果如表 3-9 所示。因为半参数趋势面板模型的参数估计情况在 3.2 节已经详细介绍，所以在这里只给出部分结果与时变系数模型估计结果进行对比。

表 3-7 非参数时变模型估计结果（参数真值为正）

参数真值	$N\backslash\beta$	β_1	β_2	β_3	β_4	β_5
β=0.1	10	0.0686 (3.4785)	0.0642 (1.9163)	0.0597 (0.8610)	0.0552 (0.3125)	0.0508 (0.2708)
	20	0.0424 (1.6033)	0.0648 (0.8607)	0.0785 (0.3723)	0.0965 (0.1379)	0.1146 (0.1576)
	30	0.0578 (1.4289)	0.0753 (0.7820)	0.0928 (0.3504)	0.1104 (0.1341)	0.1279 (0.1331)
	40	0.1240 (1.0098)	0.1246 (0.5625)	0.1252 (0.2593)	0.1258 (0.1002)	0.1264 (0.0851)
	50	0.0708 (0.8235)	0.0839 (0.4521)	0.0970 (0.2043)	0.1101 (0.0803)	0.1232 (0.0799)
β=1.0	10	1.0753 (3.4789)	1.0438 (1.9909)	1.0123 (0.9657)	0.9809 (0.4032)	0.9494 (0.3036)
	20	0.9935 (2.1615)	0.9961 (1.1522)	0.9987 (0.4892)	1.0013 (0.1726)	1.0039 (0.2024)
	30	0.7625 (1.3208)	0.8072 (0.7261)	0.8518 (0.3331)	0.8965 (0.1418)	0.9411 (0.1523)
	40	0.8286 (0.8377)	0.8727 (0.4818)	0.9169 (0.2348)	0.9610 (0.0968)	1.0052 (0.0679)
	50	1.2425 (0.7728)	1.1957 (0.3861)	1.1489 (0.1444)	1.1021 (0.0477)	1.0554 (0.0961)

续表

参数真值	$N\backslash\beta$	β_1	β_2	β_3	β_4	β_5
$\beta=2.0$	10	2.0531 (3.5169)	2.0366 (1.9478)	2.0201 (0.8878)	2.0036 (0.3369)	1.9871 (0.2953)
	20	1.9661 (1.9549)	1.9704 (1.0796)	1.9746 (0.4911)	1.9789 (0.1893)	1.9831 (0.1744)
	30	1.9901 (1.2099)	1.9868 (0.6612)	1.9836 (0.2958)	1.9803 (0.1135)	1.9771 (0.1144)
	40	2.0328 (1.0569)	2.0261 (0.5749)	2.0193 (0.2551)	2.0126 (0.0974)	2.0059 (0.1020)
	50	2.0583 (0.8585)	2.0410 (0.4739)	2.0238 (0.2159)	2.0066 (0.0845)	1.9893 (0.0797)

注：括号内为估计值的标准差。

表 3-8 非参数时变模型估计结果（参数真值为负）

参数真值	$N\backslash\beta$	β_1	β_2	β_3	β_4	β_5
$\beta=-0.1$	10	−0.1021 (3.1490)	−0.1063 (1.7267)	−0.1104 (0.7688)	−0.11045 (0.2755)	−0.1187 (0.2467)
	20	−0.1043 (1.7915)	−0.1074 (0.9872)	−0.1105 (0.4453)	−0.1136 (0.1658)	−0.1168 (0.1487)
	30	−0.0854 (1.3637)	−0.0850 (0.75018)	−0.0847 (0.3365)	−0.0844 (0.1227)	−0.0840 (0.1089)
	40	−0.0821 (1.1172)	−0.0841 (0.6111)	−0.0861 (0.2727)	−0.088 (0.1018)	−0.0901 (0.0985)
	50	−0.1081 (0.8212)	−0.1108 (0.4463)	−0.1136 (0.1974)	−0.1163 (0.0745)	−0.1191 (0.0775)
$\beta=-1.0$	10	−1.0120 (2.5787)	−1.0063 (1.4076)	−1.0006 (0.6349)	−0.99493 (0.6349)	−0.9892 (0.2851)
	20	−0.9794 (1.8093)	−0.9808 (0.9914)	−0.9822 (0.4444)	−0.9836 (0.1681)	−0.9850 (0.1627)
	30	−0.9763 (1.4344)	−0.9797 (0.7932)	−0.9832 (0.3573)	−0.9866 (0.1267)	−0.9900 (0.1013)
	40	−1.0077 (1.0432)	−1.0065 (0.5644)	−1.0052 (0.2512)	−1.0040 (0.1035)	−1.0027 (0.12142)
	50	−1.0766 (0.84233)	−1.0520 (0.4665)	−1.0275 (0.2161)	−1.0030 (0.0910)	−0.9784 (0.0913)
$\beta=-2.0$	10	−1.9587 (3.3324)	−1.9738 (1.8796)	−1.9889 (0.8834)	−2.0039 (0.3439)	−2.0190 (0.2610)

续表

参数真值	$N \backslash \beta$	β_1	β_2	β_3	β_4	β_5
$\beta=-2.0$	20	-2.0522 (1.9105)	-2.044 (1.0393)	-2.0357 (0.4581)	-2.0275 (0.1670)	-2.0193 (0.1659)
	30	-1.9661 (1.4714)	-1.9798 (0.8001)	-1.9935 (0.3520)	-2.0072 (0.1270)	-2.0209 (0.1250)
	40	-2.0231 (1.0433)	-2.0174 (0.5613)	-2.0117 (0.2427)	-2.0059 (0.0875)	-2.0002 (0.0956)
	50	-2.0023 (0.8260)	-1.9998 (0.4584)	-1.9973 (0.2116)	-1.9948 (0.0858)	-1.9923 (0.0808)

注：括号内为估计值的标准差。

表 3-9　半参数趋势面板模型估计结果（参数真值为正）

参数真值	$N \backslash T$	5	10	20	30
$\beta=0.1$	10	0.1007 (0.3672)	0.0972 (0.2057)	0.0988 (0.1300)	0.1037 (0.0998)
	20	0.1011 (0.2047)	0.1020 (0.1344)	0.0998 (0.0855)	0.1003 (0.0619)
	30	0.0966 (0.2006)	0.1012 (0.1087)	0.1008 (0.0684)	0.1006 (0.0540)
	40	0.1027 (0.1421)	0.0996 (0.1089)	0.0999 (0.0570)	0.10053 (0.0505)
	50	0.0961 (0.1338)	0.1009 (0.0877)	0.1010 (0.0315)	0.0999 (0.0430)
$\beta=1.0$	10	1.0070 (0.1869)	1.0018 (0.0922)	0.9924 (0.0645)	0.9991 (0.0514)
	20	1.0075 (0.1429)	1.0010 (0.0663)	0.9997 (0.0449)	1.0008 (0.0357)
	30	0.9962 (0.0960)	0.9980 (0.0551)	0.9994 (0.0366)	0.9995 (0.0289)
	40	0.9980 (0.0910)	0.9952 (0.0535)	0.9989 (0.0325)	0.9996 (0.0243)
	50	0.9981 (0.0816)	0.9969 (0.0425)	0.9959 (0.0298)	1.0018 (0.0207)
$\beta=2.0$	10	2.0043 (0.3778)	1.9992 (0.2262)	1.9953 (0.1394)	2.0015 (0.1078)
	20	2.0104 (0.23697)	1.9957 (0.1472)	2.0010 (0.0936)	2.0005 (0.0726)

续表

参数真值	N\ T	5	10	20	30
β=2.0	30	2.0034 (0.1566)	2.0003 (0.1184)	1.9950 (0.0746)	1.9979 (0.0588)
	40	2.001 (0.2350)	2.0055 (0.1096)	1.9999 (0.0554)	2.0016 (0.0490)
	50	1.9963 (0.1771)	2.0009 (0.0732)	1.9986 (0.0542)	2.0008 (0.0460)

注：括号内为估计值的标准差。

表3-7和表3-8的模拟结果表明，尽管非参数时变系数面板模型的参数是时时发生改变的，但对于系数不随时间变化的模型数据，非参数时变系数模型（NPLE）的参数估计结果较好。第一，随着样本数量变化，参数估计值变化比较稳定。第二，增加面板数据的个体数量可降低估计值的标准差。如在参数真值（$\beta_2=2$）、面板数据的时期数（$T=5$）不变的情况下，增加个体数量（$N=10$，$N=20$，$N=30$，$N=40$，$N=50$），参数估计值的标准差在逐渐减小。第三，与半参数趋势面板模型相比，非参数时变系数面板模型估计不如前者好，在 $T=5$、N 增大的情况（$N=10$，$N=20$，$N=30$，$N=40$，$N=50$）下，半参数趋势面板模型的估计结果更好（见表3-7）。例如，当 $\beta=0.1$ 时，半参数趋势面板模型的估计均值比较接近真值，而且估计值的标准差也相对较小。因此，对于系数不随时间发生改变的模型数据，采用半参数趋势面板模型估计更好。

（2）考虑被解释变量的数据按照时变系数的半参数趋势面板模型生成，即随着时间的变化，被解释变量和解释变量之间的线性关系的参数发生改变。对于 $N=10$，20，30，40，50，$T=5$，假设 $\beta_t=0.5(t/T)$ 是时间 t 的一个函数，按照上述数据生成过程生成解释变量和被解释变量。其中被解释变量为：

$$Y_{it}=X_{it}\beta_t+f_t+\alpha_i+e_{it} \tag{3.21}$$

当 $T=5$ 时，$\beta=(0.1, 0.2, 0.3, 0.4, 0.5)$；当 $T=10$ 时，$\beta=(0.05, 0.1, 0.15, 0.2, 0.25)$。

利用时变系数面板模型和半参数趋势面板模型对上述数据进行建模，估计参数，并针对不同的参数值，计算500次模拟参数估计值的平均值和标准差。时变系数面板模型估计结果如表3-10和表3-11所示，半参数趋势面板模型估计结果如表3-12所示。

表 3-10 非参数时变系数面板模型估计结果（$T=5$）

T	$N\backslash\beta$	$\beta_1=0.1$	$\beta_2=0.2$	$\beta_3=0.3$	$\beta_4=0.4$	$\beta_5=0.5$
$T=5$	10	0.1167 (3.5208)	0.2229 (1.9168)	0.3290 (0.8481)	0.4351 (0.3145)	0.5412 (0.3162)
	20	0.1274 (1.7534)	0.2259 (0.9598)	0.3245 (0.4293)	0.4230 (0.1618)	0.5216 (0.1572)
	30	0.0985 (1.3339)	0.1947 (0.7216)	0.2909 (0.3163)	0.3872 (0.1178)	0.4835 (0.1263)
	40	0.1114 (1.0528)	0.2023 (0.5792)	0.2931 (0.2622)	0.3840 (0.1018)	0.4749 (0.0981)
	50	0.1087 (0.8599)	0.2078 (0.5050)	0.3069 (0.4729)	0.4059 (0.4729)	0.5050 (0.0782)

注：括号内为估计值的标准差。

表 3-11 非参数时变系数面板模型估计结果（$T=10$）

T	$N\backslash\beta$	$\beta_1=0.05$	$\beta_2=0.1$	$\beta_3=0.15$	$\beta_4=0.2$	$\beta_5=0.25$
$T=10$	10	0.0789 (16.578)	0.1268 (12.987)	0.1747 (9.8408)	0.2226 (7.1386)	0.2705 (4.8808)
	20	0.0578 (9.0476)	0.1106 (7.0714)	0.1633 (5.3428)	0.2160 (3.8617)	0.2688 (2.6282)
	30	0.0391 (7.1717)	0.0932 (5.6228)	0.1474 (4.2651)	0.2015 (3.0987)	0.2556 (2.1236)
	40	0.0650 (5.6246)	0.1113 (4.3857)	0.1575 (3.3032)	0.2038 (2.3769)	0.2501 (1.607)
	50	0.0463 (4.9589)	0.0973 (3.8741)	0.1482 (2.9249)	0.1992 (2.1110)	0.2502 (1.4326)

注：括号内为估计值的标准差。

表 3-12 半参数趋势面板模型估计结果（数据为时变模型）

$N\backslash T$	$T=5$	$T=10$	$T=20$	$T=30$	$T=40$
$N=10$	0.3376 (0.2328)	0.3004 (0.2013)	0.2718 (0.1058)	0.2580 (0.0960)	0.2595 (0.0891)
$N=20$	0.3073 (0.1723)	0.2860 (0.1180)	0.2739 (0.0763)	0.2624 (0.0654)	0.2603 (0.0529)
$N=30$	0.3321 (0.1454)	0.2830 (0.0980)	0.2696 (0.0455)	0.2620 (0.0390)	0.2600 (0.0408)

续表

$N \backslash T$	$T=5$	$T=10$	$T=20$	$T=30$	$T=40$
$N=40$	0.3110 (0.1720)	0.2843 (0.0917)	0.2710 (0.0476)	0.2634 (0.0343)	0.2608 (0.0371)
$N=50$	0.3228 (0.1331)	0.2909 (0.0680)	0.2700 (0.0491)	0.2602 (0.0355)	0.2589 (0.0330)

注：括号内为估计值的标准差。

表 3-10 和表 3-11 表明，模型参数随着时间发生变化时，采用时变系数面板模型建模估计得到的估计结果较好。表 3-10 和表 3-11 的模拟结果表明，对于时变系数面板模型数据，非参数时变系数模型（NPLE）的参数估计结果较好。第一，随着样本数量的变化，参数估计值变化比较稳定。第二，增加面板数据的个体数量可降低估计值的标准差。如面板数据的时期数（$T=5$）不变的情况下，增加个体数量（$N=10$，$N=20$，$N=30$，$N=40$，$N=50$），参数估计值的标准差在逐渐减小。第三，当保持截面维度不变时，增加时期数，从 $T=5$ 到 $T=10$，随着待估参数的增加，参数估计值虽依然比较稳定，但是其标准差却相应增加；同时，随着样本容量 N 的增加，其标准差也会迅速降低。

表 3-12 给出了半参数趋势面板模型对上述时变系数面板模型的估计，由估计结果可以发现，半参数趋势面板模型估计的参数不能反映参数随着时间变化的特征，其估计值偏大；并且随着样本容量 N 的增加，当接近参数均值时，标准差减小。例如，$T=5$ 时，增加个体数量（$N=10$，$N=20$，$N=30$，$N=40$，$N=50$），参数真值为 $\beta=$（0.1，0.2，0.3，0.4，0.5），参数估计值在 0.3 附近，近似为整体均值水平，而参数估计值的标准差在逐渐减小。但当 $T=10$ 时，增加个体数量（$N=10$，$N=20$，$N=30$，$N=40$，$N=50$），参数真值为 $\beta=$(0.05，0.1，0.15，0.2，0.25)，参数估计值在 0.28 附近，估计值偏大。$T=20$，$T=30$，$T=40$ 的情况与 $T=10$ 的情况相类似。

3.4 本章小结

半参数趋势面板模型是半参数面板模型的一种，模型中的非参数部分为非线性时间趋势。这一方面能够反映政策、法律等因素对被解释变量的影响；另一方面能够通过分离变量的非线性时间趋势，增强模型的参数估计效果。本章通过蒙特卡罗模拟的办法，分析了当模型为单变量模型或多变量模型时，在模型参数为正数、负数、正负混合的情况下，半参数趋势面板模型的参数估计情况。结果表明，对于包含非线性时间趋势的半参数趋势面板模型，用 PPLE 方法估计的结果较好。第一，随着样本数量的变化，参数估计值变化比较稳定。第二，增加面板数据的个体数量或时期数均可降低估计值的标准差。第三，残差项的相关性变化对半参数趋势面板模型的参数估计影响不大。当保持样本容量 N、T 不变时，随着残差项的相关性减弱，参数的估计值均值变化比较稳定，标准差变化也较稳定。

非参数时变系数面板模型是对半参数趋势面板模型的一种推广，假设半参数趋势面板模型的变量参数是时刻发生改变的，可用未知的函数表示。本章采用蒙特卡罗模拟的办法对 Chen、Gao 和 Li（2012）提出的半参数趋势面板模型及 Li、Chen 和 Gao（2010）提出的非参数时变系数面板模型进行对比分析。结果显示，非参数时变系数面板模型估计方法对模型中参数不发生变化的模型进行参数估计时，估计结果虽然不如半参数趋势面板模型效果好，但依然保持了参数估计值均值稳定、估计值的标准差随着样本容量增加而减小的特征；对于模型参数时时发生改变的模型，时变系数面板模型的参数估计结果较好，能够反映模型参数随着时间变化的特征。因此，面对复杂的经济现象，只有结合数据特征、经济理论，才能恰当地选择经济模型分析经济问题，总结经济规律。

4　半参数趋势阈值面板模型及其参数估计

4.1　问题的提出

传统的半参数回归模型既含有参数分量又含有非参数分量，将解释变量中与被解释变量关系比较明确的变量建立为参数模型，把不够明确的变量（如时间因素等）建立为非参数模型，以揭示被解释变量与解释变量之间关系的线性部分和非线性部分。Chen、Gao 和 Li（2012）在半参数趋势面板模型中考虑时间因素的非线性，借此来反映政策、法律、法规等因素对被解释变量的影响。在实证分析中，尤其是对宏观经济序列的实证分析普遍存在变量因包含时间趋势而显示不平稳的特征，使得半参数趋势面板模型的应用日趋广泛。但是，数据因包含确定的时间趋势而不平稳的原因是外生冲击（体制变迁、技术升级、经济危机等），使得数据的生成过程发生了改变（结构突变）。当对这类数据进行建模时，变量之间的关系是否随着时间发生改变的问题，引起了广大学者的关注。Lucas（1976）对将计量经济学用于政策分析提出批判，隐含了结构变化问题是经典计量经济模型产生不精确预测的重要原因。如果我们假定结构不稳定的时间序列模型是稳定的，将导致错误的推断和预测（Fu and Hong，2019）。所以本书将结构变化理论引入半参数面板模型中并建立有效的估计量，兼具理论意义和应用价值。

传统的半参数趋势面板模型可以表示为：

$$Y_{it}=X_{it}\beta+f_t+\alpha_i+e_{it} \tag{4.1}$$

$$X_{it}=g_t+x_i+v_{it},\ i=1,\ \cdots,\ N,\ t=1,\ \cdots,\ T \tag{4.2}$$

其中，Y_{it}为被解释变量；X_{it}为影响因素；$\beta=(\beta_1,\ \cdots,\ \beta_d)^T$为 d 维未知参数向量；$f_t=f(t/T)$，$g_t=g(t/T)$ 为未知时间趋势函数；α_i，x_i为个体效应；$\{e_{it}\}$，$\{v_{it}\}$ 为平稳的残差序列，允许存在截面相关。α_i与 X_{it}相关，被称作固定效应。假定：

$$\sum_{i=1}^{N}\alpha_i=0 \tag{4.3}$$

$$\sum_{i=1}^{N} x_i = 0_d \tag{4.4}$$

其中，0_d表示 d 维零向量。所以模型（4.1）实际上隐含着一个很强的假定——模型参数随着时间的变化并不发生改变，这样的约束在现实社会经济体系中不一定成立，比如经济危机、技术改革等重大事件对宏观经济变量之间关系的影响是不可忽视的。笔者为了反映模型参数的变化，参照王成勇、艾春荣、王少平（2010）的研究，在半参数面板模型中引入阈值变量，得到：

$$Y_i = I(i \leqslant k) X_{i1}\beta + I(i>k)(X_{i1}\varphi) + X_{i2}r + f_i + \varepsilon_i, \quad i=1, \cdots, N \tag{4.5}$$

其中，$i=1, \cdots, N$，k 为阈值变量，Y_i为被解释变量，X_i为解释变量，$f_i = f(t/T)$为未知时间函数，ε_i为独立同分布的随机误差项。这里的 Y_i，X_i既可以是截面数据，也可以是时间序列数据。

模型（4.5）是考虑结构变化的半参数趋势模型。国内外对结构变化的研究主要从两个方向开展。

一是理论研究，研究结构突变的检验、突变点的识别等问题（Perron and Zhu, 2005；Broemeling, 1974；王维国、王霞，2009；欧阳志刚，2008）。Bai（1994, 1997）研究了平稳或者趋势平稳回归中的单个突变点的最小二乘估计；Bai 和 Perron（1998, 2003）将检验和估计分析推广到多个结构变化的情况，并给出有效的算法。在实际应用中，我们发现存在多个突变点的情况，而且突变点的个数和位置通常是未知的（Chiou，Chen and Chen，2018）。Hansen（1992）以及 Kejriwal 和 Perron（2008）考虑了整体变量的回归。Andrews（1993）以及 Hall 和 Sen（1999）通过广义矩方法估计非线性模型。Bai（1995，1998）研究了最小二乘绝对偏差回归中的结构变化问题。Qu（2008）、Su 和 Xiao（2008）以及 Oka 和 Qu（2011）研究了分位数回归的结构变化问题，Hall、Han 和 Boldea（2012）以及 Perron 和 Yamamoto（2014，2015）研究了包含内生性解释变量的线性回归模型的结构变化问题。阈值效应检验是运用阈值模型分析具体问题的前提，Cai、Wang 和 Wang（2015）对模型的参数稳定性进行了检验；Chen（2015）在阈值未知的情况下提出光滑变化和结构突变的非参数检验；Seoa 和 Shin（2016）发展了阈值效应和阈值变量外生性的检验程序；Hong、Wang 和 Wang（2017）通过随时间变化的联合特征函数的非参数光滑对结构的平稳性进行检验；Hidalgo、Lee 和 Seo（2019）在阈值未知情况下给出了似然比统计量的渐近分布；Bergamelli 等（2019）提出了协整模型的平稳性检验；杨利雄、张春丽（2014）提出利用低频的傅里叶近似捕捉协整回归中确定性趋势的结构突变；李仲达、林建浩、王美今（2017）将传统的阈值模型扩展成具有高维稀疏特征的形式；韩猛、白仲林、缪言（2018）利用主成分估计的伪因子序列构建累积平方和统计量检验因子载荷矩阵的结构突变性；刘玉、唐礼智（2018）提出时空动态半参数变系数随机效应面板模型；王维国、杜重华、薛景（2019）对平滑转移模型展开研究。

二是应用研究，王少平（2003）、张凌翔（2011）、Nelson 和 Plosser（1982）的应用研究具有深远的影响。他们采用标准单位根检验理论对美国的宏观经济变量进行分析，研究证实，美国的大多数宏观经济变量的时间序列为 I（1）过程。Perron（1989）将结构突变理论与单位根检验相结合，采用含有结构突变的单位根检验方法。检验表明，多数美国宏观经济变量是包括确定性时间趋势的非平稳变量。周弘、李启航、高志（2017）运用横截面门限回归分析法，发现不同居民的金融需求层级结构呈现出显著的异质性特征和结构化差异。

然而，对于面板模型，考虑含有结构突变的研究则很少，包括：Kim（2011）等，Feng、Kao 和 Lazarova（2009）对面板模型的单个突变点进行检验和估计。Bai（2010），Baltagi、Feng 和 Kao（2016）研究了包含多个突变点的面板数据。Baltagi、Kao 和 Liu（2017）将 Feng、Kao 和 Lazarová（2009）的研究推广到非平稳变量中。Qian 和 Su（2016）考虑了面板模型的某些突变进行压缩估计。Cheng、Liao 和 Schorfheide（2016），Corradi 和 Swanson（2014），Han 和 Inoue（2015）以及 Yamamoto 和 Tanaka（2015）研究了因子模型的结构变化问题。万建香、汪寿阳（2016）采用非线性面板门限等方法对资源问题展开研究。

在面板模型中考虑含有确定性时间趋势的非平稳变量时，我们可以通过半参数趋势面板模型的 PPLE 方法对其进行估计。但是，当结构突变引起模型参数变化时，由于模型参数随着时间发生了改变，半参数趋势面板模型无法应用于估计参数的变化。当我们在面板模型中引入结构突变时，半参数趋势面板模型的参数估计量不再准确。本书基于结构突变理论及 Chen、Gao 和 Li（2012）提出的截面相关条件下半参数趋势面板模型，建立了截面相关条件下含有结构突变的半参数趋势阈值面板模型及其有效估计量。

4.2 半参数趋势阈值面板模型及其估计

宏观经济序列数据中包含大量的因包含不确定的时间趋势而显示不平稳的数据，即包含由于体制变迁、技术升级、经济危机等外生冲击引起的数据生成过程发生变化的数据。对于这类数据的建模，需要考虑数据生成过程中发生变化是否会引起模型结构发生变化的问题。经典模型的预测精度不高的原因是结构变化问题最早由 Chow（1960）提出，他将结构变化点作为已知，利用经典模型的 OLS 残差构造 F 统计量，以此识别结构突变点。与此同时，Quandt（1960）将结构变化点作为未知亦提出了检验统计量。此时的结构变化问题是为经典计量模型提高预测精度服务的。

半参数趋势阈值面板模型既可以估计变量自身包含的非线性时间趋势，以反映政策、法律、法规等对被解释变量的影响，又可以通过引入阈值变量来反映因政策等因素引起模型参数发生变化的情况。模型不仅结合了参数模型和非参数模型的优点，合理利用样本信息提高了模型参数估计的准确性，而且由于模型的设定更符合实际，因此为宏观经济问题模型的建立提供了理论基础。进一步根据模型参数的变化特点，掌握变量影响程度的变化情况，为合理地制定相关政策也提供了科学保障。

4.2.1 半参数趋势阈值面板模型

我们基于式（4.1）、式（4.2）和式（4.5）将半参数趋势阈值面板模型表述为：

$$Y_{it}=I(t\leqslant t_1)X_{it}\beta+I(t>t_1)(X_{it}\varphi)+f_t+\alpha_i+e_{it} \tag{4.6}$$

$$X_{it}=g_t+x_i+v_{it} \tag{4.7}$$

其中，$i=1,\cdots,N$，$t=1,\cdots,T$ 表示横截面单元和时间维度；Y_{it}为被解释变量；X_{it}为解释变量。本书考虑由于政策变化引起结构突变，因此以时间变量 t 作为阈值变量。t_1表示阈值，若 t_1已知，则表示结构突变的位置已知；若 t_1未知，则表示结构突变的位置未知。本书在 t_1未知的情况下，使用核密度估计的方法确定 t_1的取值范围，然后使用扩展的 PPLE 方法估计 $\hat{t}_1$及半参数阈值面板模型的参数。$I(\cdot)$ 表示指示函数；$\beta(\beta_1,\cdots,\beta_d)^T$为 $t\leqslant t_1$时的 d 维未知参数向量；$\varphi(\varphi_1,\cdots,\varphi_d)^T$表示 $t>t_1$时的未知参数向量；$f_t=f(t/T)$，$g_t=g(t/T)$为未知时间趋势函数；α_i，x_i为个体效应；$\{e_{it}\}$，$\{v_{it}\}$ 为平稳的残差序列，允许存在截面相关。α_i与 X_{it}相关，被称作固定效应。这里假定：

$$\sum_{i=1}^{N}\alpha_i=0 \tag{4.8}$$

$$\sum_{i=1}^{N}x_i=0_d \tag{4.9}$$

其中，0_d表示 d 维零向量。

与半参数趋势面板模型相比，模型（4.6）和模型（4.7）考虑了现实经济变量本身存在的非线性时间趋势以及可能含有结构突变的情况，将非平稳和非线性结合起来，研究实际经济问题中的结构突变问题。考虑模型具有结构突变是一个很常见的约束，在现实社会经济体系中通常是成立的。Lee 和

Chang（2005）认为，能源消费、能源价格的时间序列数据具有非线性调整的特征。能源政策调整和经济体制改革以及能源制度变迁等因素会引起经济结构的变化，导致能源消费结构突变，从而影响能源与经济增长之间的关系。隋建利和刘金全（2011）指出我国通货膨胀率序列在1983年1月至2010年9月存在一个显著的结构突变点，而且该结构突变点发生在1996年4月，这与我国在1996年成功实现经济“软着陆”的事实相一致。宋锋华、泰来提·木明（2016）使用门限回归模型发现，能源消费与经济增长虽存在长期的协整关系，但地区间差异较大，并且存在以能源强度为门槛变量的非线性转化关系。柴建等（2019）指出，能源消费结构及转型过程存在区域差异性。所以说，在模型中考虑结构突变的约束，在现实经济问题的分析中通常是成立的。另外，保留Chen、Gao和Li（2012）的假设，即放松解释变量和残差序列的独立性，使得面板数据更符合实际情况。在实际经济问题研究中，各种因素（如全球化趋势的加强，使得各个经济体之间存在显著的相关性）的影响导致面板数据截面相关。总之，半参数趋势阈值面板模型结合了半参数趋势面板模型、阈值面板模型的优点，为实际经济问题的建模提供了一个较好的选择。

4.2.2 半参数趋势阈值面板模型的估计方法

结合Chen、Gao和Li（2012）提出的PPLE方法和Hansen（1999）提出的阈值面板模型的突变点识别办法，本书提出了半参数趋势阈值面板模型的估计方法（Extended Pool Profile Likelihood dummy varialble Estimation，EPPLE），具体如下：

根据阈值 t_1，样本可以按 $t\leq t_1$，$t>t_1$，$t=T$ 进行分类，下面主要估计 $t\leq t_1$，$t>t_1$时的半参数趋势面板模型的参数。当 $t=T$ 时，即不存在阈值，EPPLE可简化为PPLE方法（Chen、Gao和Li，2012）。在给出方法之前，先介绍变量的表达方式：

$$i=1, \cdots, N, t=1, \cdots, T$$

$$\widetilde{Y}=(Y_{11}, \cdots, Y_{1t_1}, \cdots, Y_{1T}, \cdots, Y_{N1}, \cdots, Y_{Nt_1}, \cdots, Y_{NT})^T$$

$$\widetilde{X}=(X_{11}, \cdots, X_{1t_1}, \cdots, X_{1T}, \cdots, X_{N1}, \cdots, X_{Nt_1}, \cdots, X_{NT})^T$$

$$\alpha=(\alpha_1, \cdots, \alpha_N)^T, D=(-i_{N-1}, I_{N-1})^T\otimes i_T, \widetilde{f}=i_N\otimes(f_1, \cdots, f_{t_1}, \cdots, f_T)^T$$

$$\widetilde{f}_1=i_N\otimes(f_1, \cdots, f_{t_1})^T, \widetilde{f}_2=i_N\otimes(f_{t_1+1}, \cdots, f_T)^T$$

$$\widetilde{e}=(e_{11}, \cdots, e_{1t_1}, \cdots, e_{1T}, \cdots, e_{N1}, \cdots, e_{Nt_1}, \cdots, e_{NT})^T$$

$$\widetilde{e}_1=(e_{11}, \cdots, e_{1t_1}\cdots, e_{N1}, \cdots, e_{Nt_1})^T, \widetilde{e}_2=(e_{1t_1+1}, \cdots, e_{1T}, \cdots, e_{Nt_1+1}, \cdots, e_{NT})^T$$

其中，⊗表示克罗内克积；i_k表示 $k\times1$ 维向量，其中元素为 1；I_k表示 $k\times k$ 维单位矩阵。假定 $\sum_{i=1}^{N}\alpha_i=0$，根据半参数趋势阈值面板模型，我们得到：

$$\tilde{Y}=I\ (t\leqslant t_1)\ \tilde{X}\beta+I\ (t>t_1)\ \tilde{X}\varphi+\tilde{f}+D\alpha+\tilde{e} \tag{4.10}$$

这是一个含有结构变化的半参数趋势面板模型，因为样本截取的阈值 t_1 是未知的，还需要估计，因此为了方便进行模型表示，我们暂时假定阈值 t_1 已知，K（·）表示核函数，h 表示带宽，则定义：

$$Z_1\ (\tau)\ =\begin{pmatrix}1 & \dfrac{1-\tau t_1}{t_1h}\\ \vdots & \vdots\\ 1 & \dfrac{t_1-\tau t_1}{t_1h}\end{pmatrix}$$

$$Z_2\ (\tau)\ =\begin{pmatrix}1 & \dfrac{1-\tau(T-t_1)}{(T-t_1)h}\\ \vdots & \vdots\\ 1 & \dfrac{(T-t_1)-\tau(T-t_1)}{(T-t_1)h}\end{pmatrix}$$

$$\tilde{Z}_1(\tau)=i_N\otimes Z_1(\tau),\ \tilde{Z}_2(\tau)=i_N\otimes Z_2(\tau),\ \tilde{Z}(\tau)=\begin{cases}\tilde{Z}_1(\tau),\ t\leqslant t_1\\ \tilde{Z}_2(\tau),\ t>t_1\end{cases}$$

由于时间趋势函数是非线性的，我们这里对时间趋势函数在 τ 处进行一阶泰勒展开得 $\tilde{f}=\tilde{Z}(\tau)\begin{pmatrix}f(\tau)\\ hf'(\tau)\end{pmatrix}$。

本书利用核函数作为权函数构造损失函数，对其求最优解，得到 β，φ，α 和时间趋势函数 f_t 的一致估计量。令：

$$W_1(\tau)=diag\left(K\left(\frac{1-\tau t_1}{t_1h}\right),\ \cdots,\ K\left(\frac{t_1-\tau t_1}{t_1h}\right)\right)$$

$$W_2(\tau)=diag\left(K\left(\frac{1-\tau(T-t_1)}{(T-t_1)\ h}\right),\ \cdots,\ K\left(\frac{(T-t_1)-\tau(T-t_1)}{(T-t_1)\ h}\right)\right)$$

$$W(\tau)=\begin{cases}W_1(\tau),\ t\leqslant t_1\\ W_2(\tau),\ t>t_1\end{cases}$$

$$\widetilde{W}_1(\tau)=I_N\otimes W_1(\tau),\ \widetilde{W}_2(\tau)=I_N\otimes W_2(\tau),\ \widetilde{W}(\tau)=\begin{cases}\widetilde{W}_1(\tau),\ t\leqslant t_1\\ \widetilde{W}_2(\tau),\ t>t_1\end{cases}$$

则 EPPLE 估计量为损失函数的最小值点。

损失函数为：

$$L(a,\ b)=\ [\widetilde{Y}-I(t\leqslant t_1)\widetilde{X}\beta-I(t>t_1)\widetilde{X}\varphi-D\alpha-\widetilde{Z}(\tau)(a,\ b)^T]^T\widetilde{W}(\tau)$$

$$[\widetilde{Y}-I(t\leqslant t_1)\widetilde{X}\beta-I(t>t_1)\widetilde{X}\varphi-D\alpha-\widetilde{Z}(\tau)(a,\ b)^T]$$

其中，$(a,\ b)=[f(\tau),\ hf'(\tau)]$。

现在假设 α，β，φ 已知，利用损失函数的一阶条件可以估计 $f(\tau)$，即用 α，β，φ 表示 $f(\tau)$。

$$\begin{aligned}\hat{f}_{\alpha,\beta,\varphi}&=(1,\ 0)S(\tau)(\widetilde{Y}-I(t\leqslant t_1)\widetilde{X}\beta-I(t>t_1)\widetilde{X}\varphi-D\alpha)\\&=s(\tau)(\widetilde{Y}-I(t\leqslant t_1)\widetilde{X}\beta-I(t>t_1)\widetilde{X}\varphi-D\alpha)\end{aligned}\tag{4.11}$$

其中，$S(\tau)=[\widetilde{Z}^T(\tau)\widetilde{W}(\tau)\widetilde{Z}(\tau)]^{-1}\widetilde{Z}^T(\tau)\widetilde{W}(\tau)$，$s(\tau)=(1,\ 0)S(\tau)$。

定义：

$$\begin{aligned}\tilde{f}_{\alpha,\beta,\varphi}&=i_N\otimes\left(\hat{f}_{\alpha,\beta,\varphi}\left(\frac{1}{t_1}\right),\ \cdots,\ \hat{f}_{\alpha,\beta,\varphi}\left(\frac{t_1}{t_1}\right),\ \hat{f}_{\alpha,\beta,\varphi}\left(\frac{1}{T-t_1}\right),\ \cdots,\ \hat{f}_{\alpha,\beta,\varphi}\left(\frac{T-t_1}{T-t_1}\right)\right)^T\\&=\widetilde{S}(\widetilde{Y}-I(t\leqslant t_1)\widetilde{X}\beta-I(t>t_1)\widetilde{X}\varphi-D\alpha)\end{aligned}$$

其中，$\widetilde{S}=i_N\otimes(s^T(\tau))^T$。

为了求参数的估计量 $\hat{\alpha}$，$\hat{\beta}$，$\hat{\varphi}$，令 $\widetilde{Y}_1=(Y_{11},\ \cdots,\ Y_{1t},\ \cdots,\ Y_{N1},\ \cdots,\ Y_{Nt_1})^T$，$\widetilde{Y}_2=(Y_{1t_1+1},\ \cdots,\ Y_{1T},\ \cdots,\ Y_{Nt_1+1},\ \cdots,\ Y_{NT})^T$，$\widetilde{X}_1=(X_{11},\ \cdots,\ X_{1t_1},\ \cdots,\ X_{N1},\ \cdots,\ X_{Nt_1})^T$，$\widetilde{X}_2=(X_{1t_1+1},\ \cdots,\ X_{1T},\ \cdots,\ X_{Nt_1+1},\ \cdots,\ X_{NT})^T$，$D_1=(-i_{N-1},\ I_{N-1})^T\otimes i_{t_1}$，$D_2=(-i_{N-1},\ I_{N-1})^T\otimes i_{T-t_1}$，$D_1{}^*=(I_{Nt_1}-\widetilde{S})\ D_1$，$D_2{}^*=(I_{N(T-t_1)}-\widetilde{S})\ D_2$，$D^*=\begin{cases}D_1^*,\ t\leqslant t_1\\ D_2^*,\ t>t_1\end{cases}$。

将 $\tilde{f}_{\alpha,\beta,\varphi}$代入损失函数，求其一阶条件，得到参数的估计量和固定效应估计量：

$$\hat{\beta}=(\tilde{X}_1{}^{*T}M_1{}^{*}\tilde{X}_1{}^{*})^{-1}\tilde{X}_1{}^{*T}M_1{}^{*}\tilde{Y}_1{}^{*} \tag{4.12}$$

$$\hat{\varphi}=(\tilde{X}_2{}^{*T}M_2{}^{*}\tilde{X}_2{}^{*})^{-1}\tilde{X}_2{}^{*T}M_2{}^{*}\tilde{Y}_2{}^{*} \tag{4.13}$$

$$\hat{\alpha}=(D^{*T}D^{*})^{-1}D^{*T}(\tilde{Y}^{*}-\tilde{X}_1{}^{*}\hat{\beta}-\tilde{X}_2{}^{*}\hat{\varphi}) \tag{4.14}$$

其中，$\tilde{Y}_1{}^{*}=(I_{Nt_1}-\tilde{S})\tilde{Y}_1$，$\tilde{Y}_2{}^{*}=(I_{N(T-t_1)}-\tilde{S})\tilde{Y}_2$，$\tilde{Y}^{*}=\begin{cases}\tilde{Y}_1{}^{*},\ t\leqslant t_1\\ \tilde{Y}_2{}^{*},\ t>t_1\end{cases}$，$\tilde{X}_1{}^{*}=(I_{Nt_1}-\tilde{S})\tilde{X}_1$，$\tilde{X}_2{}^{*}=(I_{N(T-t_1)}-\tilde{S})\tilde{X}_2$，$\tilde{X}^{*}=\begin{cases}\tilde{X}_1{}^{*},\ t\leqslant t_1\\ \tilde{X}_2{}^{*},\ t>t_1\end{cases}$，$M_1{}^{*}=I_{Nt_1}-D_1{}^{*}(D_1{}^{*T}D_1{}^{*})^{-1}D_1{}^{*T}$，$M_2{}^{*}=I_{N(T-t_1)}-D_2{}^{*}(D_2{}^{*T}D_2{}^{*})^{-1}D_2{}^{*T}$。

将式（4.12）、式（4.13）代入式（4.11）得到时间趋势的估计量：

$$\hat{f}(\tau)=s(\tau)[\tilde{Y}-I(t\leqslant t_1)\tilde{X}\hat{\beta}-I(t>t_1)\tilde{X}\hat{\varphi}-D\hat{\alpha}] \tag{4.15}$$

显然，这些估计量中都包含有未知参数 t_1。若 t_1 已知，则可直接估计出未知参数向量 $\hat{\beta}=\hat{\beta}_{t_1}$，$\hat{\varphi}=\hat{\varphi}_{t_1}$，$\hat{f}=\hat{f}_{t_1}$。若 t_1 未知，则只有估计出了参数 t_1，模型（4.1）的估计问题才能得到彻底解决。

本书结合 Hansen（1999）提出的阈值面板模型突变点的识别方法，并考虑到个体效应可能影响模型结构变化的情况，通过对面板数据按截面取平均值得到的数据进行估计来识别突变点。因为 $\sum_{i=1}^{N}\alpha_i=0$，所以这样做可以消除个体效应对结构变化的可能影响，得到估计模型：

$$\bar{Y}_t=I(t\leqslant t_1)\bar{X}_t\beta+I(t>t_1)(\bar{X}_t\varphi)+f_t+\bar{e}_t \tag{4.16}$$

$$\bar{X}_t=g_t+\bar{v}_t \tag{4.17}$$

其中，$\bar{Y}_t=\frac{1}{N}\sum_{i=1}^{N}Y_{it}$，$\bar{X}_t=\frac{1}{N}\sum_{i=1}^{N}X_{it}$，$\bar{e}_t=\frac{1}{N}\sum_{i=1}^{N}e_{it}$，上述模型的估计即为模型（4.6）的 $N=1$ 的情况。参考上述方法，将估计量代回模型（4.16）得到拟合残差：

$$\hat{e}_t(t_1)=\bar{Y}_t-\bar{X}_t^TI(t\leqslant t_1)\hat{\beta}-\bar{X}_t^TI(t>t_1)\hat{\varphi}-\hat{f}(t_1) \tag{4.18}$$

记为 $R(t_1)=\hat{e}(t_1)^T\hat{e}(t_1)$，于是 t_1 的估计为：

$$\hat{t}_1=\underset{t_1\in\Phi}{\operatorname{argmin}}R(t_1) \tag{4.19}$$

此时t_1的范围可初步确定为$t_1 \subset \Phi \subset [n\pi]$，可以限定$\pi \in \Pi = [\pi_L, \pi_U] \subset (0, 1)$，通常$[\pi_L, \pi_U] = [0.15, 0.85]$。把模型（4.17）中得到的估计$t_1$代回式（4.12）~式（4.14），得到最终估计$\hat{\beta} = \hat{\beta}_{t_1}$，$\hat{\varphi} = \hat{\varphi}_{t_1}$，$\hat{\alpha} = \hat{\alpha}_{t_1}$，从而模型（4.1）的估计问题得到彻底解决。

通过以上方法虽使得模型（4.1）的估计问题得到了解决，但是从模型的形式和建立过程来看，由于结构突变点t_1和非参数部分$f(t_1)$的存在，我们不能在线性模型的框架下讨论这些估计量的性质。CsÄorgo 和 Horvah（1997）比较全面地分析了含未知突变点的结构变化模型的参数估计量的性质，但当我们在半参数趋势面板模型中引入阈值变量后，其每一个分段在形式上都是一个半参数回归模型。我们结合文献（CsÄorgo and Horvah，1997）和半参数回归模型估计量性质的讨论方法得到下面的定理，即得到新模型参数估计量的大样本性质，从而为该模型在实际中的应用提供理论上的保证。

4.3　估计方法的大样本性质

在本部分中，在得到大样本性质之前，我们首先给出一些假设，然后在定理中给出$\hat{\beta}$和$\hat{\varphi}$的相合性、渐近正态性，并且提出渐近方差的相合性估计量。

4.3.1　假设条件

假设1：要求核函数是紧集上的连续、对称的概率密度函数。

假设2：

（1）$v_t = (v_{1t}, \cdots, v_{Nt})^T$，$1 \leqslant t \leqslant T$，$\{v_t, t \geqslant 1\}$是平稳序列，是一个$N \times d$维$\alpha$混合矩阵，满足均值是0，并且：

$$\alpha(t) \leqslant C_\alpha \rho^t, \ 0<C_\alpha<\infty, \ 0<\rho<1; \quad E(\| v_{it} \|^{\delta_*})<\infty, \ \delta_*>\delta>2$$

（2）存在一个$d \times d$维正定矩阵$\sum_v$满足当$N \to \infty$时：

$$\frac{1}{N}\sum_{i=1}^{N} E(v_{it}v_{it}^T) \to \sum\nolimits_v, \quad \sum_{i=1}^{N}\sum_{j=1}^{N}\sigma_v(i, j) = O(N), \ E\left\| \sum_{i=1}^{N} E(v_{it}) \right\|^{\delta} = O(N^{\delta/2})$$

其中，$\sigma_v(i, j) = E(v_{i1}v_{j1}^T) + 2\sum_{t=2}^{\infty} E(v_{i1}v_{jt}^T)$，$\| \cdot \|$表示欧几里得范数。

（3）固定效应x_i满足：

$$\sum_{i=1}^{N} \| x_i \| = O_P(N), \qquad \sum_{i=1}^{N} x_i x_i^T = O_P(N)$$

假设3：时间趋势函数$f_t = f(t/T)$，$g_t = g(t/T)$含有连续的二阶导数。

假设4：

(1) $e_t=(e_{1t}, \cdots, e_{Nt})^T$，$1\leqslant t\leqslant T$，$\{e_t, t\geqslant 1\}$ 是平稳序列，满足：$E[e_t \mid \varepsilon_{t-1,N}]=0_N$

其中，$\varepsilon_{t,N}=\sigma\{(e_{s_1}, v_{is_2}): 1\leqslant s_1\leqslant t, 1\leqslant s_2\leqslant t+1, 1\leqslant i\leqslant N\}$ 是 $\{(e_{s_1}, v_{is_2}): 1\leqslant s_1\leqslant t, 1\leqslant s_2\leqslant t+1, 1\leqslant i\leqslant N\}$ 产生的 σ 邻域。

(2) 存在一个 $d\times d$ 维正定矩阵 $\sum_{v,e}$ 满足当 $N\to\infty$ 时：

$$\frac{1}{N}\sum_{i=1}^{N}\sum_{j=1}^{N}E(v_{i1}v_{j1}^T)\sigma(i, j)\to\sum_{v,e}$$

其中，$\sigma(i, j)$ 是一个独立于 t 的常数，使得：

$$E[e_{it}e_{jt} \mid \varepsilon_{t-1,N}]=\sigma_e(i, j)$$

进一步，使得当 $N\to\infty$ 时存在 $0<\sigma_e^2<\infty$，满足：

$$\frac{1}{N}\sum_{i=1}^{N}\sum_{i=1}^{N}\sigma_e(i, j)\to\sigma_e^2,\ E\left|\sum_{i=1}^{N}\right|=0(N^{\delta/2}),\ \delta>2$$

假设5：带宽 h 满足 $T\to\infty$ 和 $N\to\infty$ 时，下式成立：

$$NTh\to 0,\ \frac{\sqrt{NT}h}{\log(NT)}\to\infty,\ \frac{T^{1-\frac{2}{\delta}}h}{\log(NT)}\to\infty$$

进一步有：$N^2/T^\delta=o(1)$，$\delta>2$。

假设1是一个对核函数提出的比较温和的要求，很多核函数均可以使用。假设2提出对 v_{it} 的条件，允许截面相关、序列相关，我们假定 v_{it} 是平稳的，是 α 混合相关的，这一点在线性和非线性时间序列中得到了证实（Fan and Yao, 2003）。假设3的条件在局部线性拟合中比较常用。在假设4中我们假设 e_t 是平稳的序列，满足鞅条件，弱于独立的假设。假设5得到的渐近理论不需要太多的技术，A5包含 $N/T\to\lambda$，$0\leqslant\lambda\leqslant\infty$。

4.3.2 $\hat{\beta}$ 和 $\hat{\varphi}$ 的渐近分布

定理1：在假设1至假设5成立的前提下，当 $N\to\infty$，$T\to\infty$，阈值 t_1 已知时：

(1) $\sqrt{Nt_1}(\hat{\beta}-\beta)\xrightarrow{d}N\left(0_d,\ \sum_v^{-1}\sum_{v,e}\sum_v^{-1}\right)$。

(2) $\sqrt{N(T-t_1)}(\hat{\varphi}-\varphi)\xrightarrow{d}N\left(0_d,\ \sum_v^{-1}\sum_{v,e}\sum_v^{-1}\right)$。

证明：

(1) $\hat{\beta}-\beta=(\tilde{X}_1^{*T}M_1^*\tilde{X}_1^*)^{-1}\tilde{X}_1^{*T}M_1^*\tilde{Y}_1^*-\beta$

$$=(\tilde{X}_1^{*T}M_1^*\tilde{X}_1^*)^{-1}\tilde{X}_1^{*T}M_1^*(I_{Nt_1}-\tilde{S})\times(\tilde{X}_1\beta+\tilde{f}_1+D_1\alpha+\tilde{e}_1)-\beta$$

$$=(\tilde{X}_1^{*T}M_1^*\tilde{X}_1^*)^{-1}\tilde{X}_1^{*T}M_1^*\tilde{f}_1^*+(\tilde{X}_1^{*T}M_1^*\tilde{X}_1^*)^{-1}\tilde{X}_1^{*T}M_1^*D_1^*\alpha+$$

$$(\tilde{X}_1^{*T}M_1^*\tilde{X}_1^*)^{-1}\tilde{X}_1^{*T}M_1^*\tilde{e}_1^*$$

$$=A_1+A_2+A_3$$

其中，$\tilde{f}_1^*=(I_{Nt_1}-\tilde{S})\tilde{f}_1$，$\tilde{e}_1^*=(I_{Nt_1}-\tilde{S})\tilde{e}_1$，因为 $\sum_{i=1}^{N}\alpha_i=0$，我们有 $A_2=0_d$。

即：

$$A_2=(\tilde{X}_1^{*T}M_1^*\tilde{X}_1^*)^{-1}\tilde{X}_1^{*T}M_1^*D_1^*\alpha$$

$$=(\tilde{X}_1^{*T}M_1^*\tilde{X}_1^*)^{-1}\tilde{X}_1^{*T}D_1^*\alpha-(\tilde{X}_1^{*T}M_1^*\tilde{X}_1^*)^{-1}\times\tilde{X}_1^{*T}D_1^*(D_1^{*T}D_1^*)^{-1}D_1^{*T}D_1^*\alpha$$

$$=(\tilde{X}_1^{*T}M_1^*\tilde{X}_1^*)^{-1}\tilde{X}_1^{*T}D_1^*\alpha-(\tilde{X}_1^{*T}M_1^*\tilde{X}_1^*)^{-1}\times\tilde{X}_1^{*T}D_1^*\alpha$$

$$=0_d$$

定理 1 如果成立，则只需证明下面两个命题成立。

命题 1：在假设 1 至假设 3 和假设 5 条件下，$A_1=0_p((Nt_1)^{1/2})$。

命题 2：在假设 1 至假设 5 条件下，$\sqrt{Nt_1}A_3\xrightarrow{d}N\left(0_d,\ \sum_v^{-1}\sum_{v,e}\sum_v^{-1}\right)$。

根据 Chen、Gao 和 Li（2012），命题 1 和命题 2 都成立，故（1）成立。

同理可证（2）成立。

4.4 仿真实验与估计量的有限样本性质

在此部分给出半参数趋势阈值面板模型（EPPLE）估计方法的有限样本性质。因为考虑到阈值位置、时间维度、截面维度的变化会对参数估计产生影响，基于此，本部分首先考虑突变点位置已知的情况下，阈值位置、时间维度、截面维度变化时，EPPLE 方法的参数估计情况。其次考虑突变点位置未知时，采用 4.2 节提出的突变点识别办法对突变点进行识别。最后对参数进行估计。

4.4.1 数据生成过程

为了方便研究，用于仿真实验的半参数趋势阈值面板模型含有 1 个突变点、1 个解释变量，即：

$$Y_{it}=I(t\leqslant t_1)X_{it}\beta+I(t>t_1)(X_{it}\varphi)+f_t+\alpha_i+e_{it},\quad 1\leqslant i\leqslant N,\ 1\leqslant t\leqslant T$$

$$X_{it}=g_t+x_i+v_{it}$$

其中，因为被解释变量发生结构突变，两阶段的参数不同，设 $\beta=1$，$\varphi=2$。

（1）非线性时间趋势。解释变量和被解释变量都是含有非线性时间趋势的非平稳变量，其中 $g(u)=2\sin(\pi u)$，$f(u)=2u^3+u$，反映了政策、法律、法规等随机因素对变量的影响。

（2）个体固定效应。在面板数据中，对于特定的个体而言，个体固定效应表示不随着时间发生改变的影响因素。x_i在（-0.2，0.2）的均匀分布中随机抽取，其中 $i=1$，…，$N-1$，$x_N=-\sum_{i=1}^{N-1}x_i$。$\alpha_i=\frac{1}{T}\sum_{i=1}^{T}X_{it}$，其中，$i=1$，…，$N-1$，$\alpha_N=-\sum_{i=1}^{N-1}\alpha_i$。

（3）残差项。残差序列 $\{e_{ij}\}$ 的生成过程如下：对于 $1\leqslant t\leqslant T$，令 $\tilde{e}_{.t}=(e_{1t}, e_{2t}, \cdots, e_{Nt})$ 是 N 维向量，令 $c_{ij}=0.8^{|j-i|}$，$1\leqslant i$，$j\leqslant N$。$\{e_{.t}\}$（$1\leqslant t\leqslant T$）是独立的 n 维向量，来自以 0 为均值、c_{ij}为方差—协方差矩阵的高斯分布。从 e_{ij}的分布来看，我们会发现 $E(e_{it}, e_{js})=0$，$1\leqslant i$，$j\leqslant N$，$t\neq s$；$E(e_{it}, e_{jt})=0.8^{|j-i|}$，$1\leqslant i$，$j\leqslant N$，$1\leqslant t\leqslant T$。表明 e_{it}是与截面相关的、序列独立的序列。在这里考虑截面相关性可能对半参数趋势面板模型的估计产生影响，所以对于 e_{it}的截面相关性，进一步假设 $E_2(e_{it}, e_{jt})=0.6^{|j-i|}$，$E_3(e_{it}, e_{jt})=0.4^{|j-i|}$，$E_4(e_{it}, e_{jt})=0.2^{|j-i|}$的情况。$\{v_{it}\}$ 独立于 $\{e_{it}\}$，按照如下方式生成：$v_{it}=0.6\ v_{it-1}+\zeta_{it}$，其中 ζ_{it}是序列独立、截面相关的高斯随机变量，生成方式和 e_{it}一样，只是方差—协方差矩阵是 $d_{ij}=0.5^{|j-i|}$，$1\leqslant i$，$j\leqslant N$。v_{it}是序列和截面都独立的残差序列。

4.4.2 其他估计量

为了比较，除了采用 EPPLE 方法得出仿真结果外，我们同时给出了 PPLE 方法的实验结果。其中，PPLE 方法忽略了含有结构突变的情况，即认为两个阶段的参数值一样，对模型直接进行估计。

4.4.3 估计量的有限样本性质

（1）对于含有结构突变的半参数趋势阈值面板模型，当结构突变点已知时，EPPLE 估计方法效果较好。

考虑时间、截面维度及突变点的位置会对参数的估计产生影响，仿真实验基于 500 个仿真样本进行。表 4-1 列出突变点位置 t_1不变（$t_1=10$），即在 $t\leqslant 10$ 时参数真值 $\beta=1$，$t>10$ 时参数真值 $\varphi=2$，样本容量 N、T 发生变化时，参数估计值的平均值及标准差。表 4-2 给出时间维度不变（$T=50$），突变点位置（$t_1=10$，$t_1=20$，$t_1=30$）和截面维度 N 发生变化时，参数估计值的平均值和标准差。表 4-3 给出截面维度不变（$N=10$），时间维度 T 和突变点位置 t_1发生变化时的参数估计值和标准差（$t_1=10$，$t_1=20$，$t_1=30$；对于当 $T=30$ 的情况，第三个阈值取 $t_1=25$，不影响参数估计值的比较）。

表 4-1 半参数趋势阈值面板模型参数估计结果（阈值位置不变）

参数真值	N	T	PPLE	EPPLE	
			$\beta=\varphi$	β	φ
$\beta=1$ $\varphi=2$	$N=10$	$T=20$	1.7219 (0.1191)	1.0050 (0.0939)	1.9775 (0.2142)
		$T=30$	1.6845 (0.0887)	0.9928 (0.0937)	2.0016 (0.1317)
		$T=40$	1.7790 (0.0795)	1.0029 (0.0932)	2.0054 (0.1056)
	$N=20$	$T=20$	1.4907 (0.0698)	1.0912 (0.0829)	1.9682 (0.1279)
		$T=30$	1.6770 (0.0596)	1.0074 (0.0671)	1.9994 (0.0872)
		$T=40$	1.7545 (0.0534)	1.0009 (0.0668)	2.0036 (0.0706)
	$N=30$	$T=20$	1.6402 (0.0644)	1.0332 (0.0527)	2.0055 (0.0949)
		$T=30$	1.6792 (0.0480)	1.0024 (0.0550)	2.0004 (0.0703)
		$T=40$	1.7674 (0.0428)	1.0500 (0.0553)	2.0425 (0.0567)

注：括号内为估计值的标准差。

表 4-2 半参数趋势阈值面板模型参数估计结果（时间维度不变）

参数真值	N	t_1	PPLE	EPPLE	
			$\beta=\varphi$	β	φ
$\beta=1$ $\varphi=2$	$N=10$	$t_1=10$	1.8092 (0.0711)	0.9962 (0.0924)	2.0009 (0.0889)
		$t_1=20$	1.6233 (0.0620)	1.0080 (0.0646)	2.0212 (0.1005)
		$t_1=30$	1.4063 (0.0536)	1.2034 (0.0455)	1.9945 (0.1332)
	$N=20$	$t_1=10$	1.7713 (0.0484)	0.8358 (0.0668)	1.9983 (0.0601)
		$t_1=20$	1.6100 (0.0428)	1.0032 (0.0445)	2.0030 (0.0668)

续表

参数真值	N	t_1	PPLE $\beta=\varphi$	EPPLE β	EPPLE φ
	$N=20$	$t_1=30$	1.4055 (0.0368)	0.9971 (0.0356)	2.0043 (0.0743)
$\beta=1$ $\varphi=2$	$N=30$	$t_1=10$	1.8100 (0.0390)	1.0003 (0.0549)	2.0011 (0.0481)
		$t_1=20$	1.6067 (0.0343)	0.9984 (0.0361)	1.9982 (0.0532)
		$t_1=30$	1.4057 (0.0299)	1.0072 (0.0288)	1.9999 (0.0594)

注：括号内为估计值的标准差。

表 4-3　半参数趋势阈值面板模型参数估计结果（截面维度不变）

参数真值	T	t_1	PPLE $\beta=\varphi$	EPPLE β	EPPLE φ
$\beta=1$ $\varphi=2$	$T=30$	$t_1=10$	1.6845 (0.0887)	0.9928 (0.0937)	2.0016 (0.1317)
		$t_1=20$	1.3489 (0.0687)	0.9961 (0.0649)	2.0026 (0.1648)
		$t_1=25$	1.1713 (0.0589)	1.0011 (0.0562)	2.0001 (0.2270)
	$T=40$	$t_1=10$	1.7790 (0.0795)	1.0029 (0.0932)	2.0054 (0.1056)
		$t_1=20$	1.5516 (0.0654)	1.0026 (0.0654)	2.0014 (0.1208)
		$t_1=30$	1.2529 (0.0537)	0.9964 (0.0512)	1.9958 (0.1446)
	$T=50$	$t_1=10$	1.8092 (0.0711)	0.9962 (0.0924)	2.0009 (0.0889)
		$t_1=20$	1.6233 (0.0620)	1.0080 (0.0646)	2.0212 (0.1005)
		$t_1=30$	1.4063 (0.0536)	1.2034 (0.0455)	1.9945 (0.1332)

注：括号内为估计值的标准差。

就仿真实验结果可以看出：当突变点位置已知时，EPPLE 方法的估计量具有良好的有限样本性质。对于解释变量的系数估计值而言，与 PPLE 方法相比，随着样本容量的变化，EPPLE 方法的估计量均值变化比较稳定，其偏误随着样本容量的增大而迅速下降。

在 3 种不同假定下，即在阈值位置、样本容量发生变化时，EPPLE 方法的参数估计（与 PPLE 方法相比）结果较好。

第一，当阈值位置不变，时间、截面维度发生改变时，EPPLE 方法的参数估计值变化比较稳定。如表 4-1 所示，假定在 $t_1=10$ 时被解释变量数据发生结构突变，EPPLE 方法估计的参数均值为两个阶段的参数估计值，随着样本容量的变化，其变化也比较稳定。另外，EPPLE 估计方法保留了 PPLE 方法的优点，即增加面板数据的个体数量或时期数均可降低估计值的标准差。比如表 4-1 中，当 $t \leqslant t_1$ 即参数真值 $\beta=1$ 时，在面板数据的个体数（$N=10$）不变的情况下，增加时期数量（$T=20$，$T=30$，$T=40$），参数估计值的标准差在逐渐减小；同样，当 $t>t_1$ 即参数真值 $\varphi=2$ 时，在面板数据的时期数（$T=40$）不变的情况下，增加个体数（$N=10$，$N=20$，$N=30$），参数估计值的标准差也在逐渐减小。

第二，当时间维度不变，阈值位置和截面维度发生改变时，EPPLE 方法的参数估计值变化比较稳定。另外，随着阈值数值的变化，EPPLE 方法的参数估计值的标准差发生变化，即随着阈值数值 t_1 的增加，β 的估计值的标准差在逐渐减小，φ 的估计值的标准差在逐渐增加。而随着样本容量 N 的增加，EPPLE 方法的参数估计值的标准差在逐渐减小。如表 4-2 中，当保持时间维度 T 不变时，若在面板数据的个体数（$N=10$）不变的情况下，增加阈值数值时（$t_1=10$，$t_1=20$，$t_1=30$），β 参数估计值的标准差在逐渐减小，φ 参数估计值的标准差在逐渐增大；在面板数据的时期数（$T=50$）不变的情况下，当保持阈值位置不变时，增加个体数（$N=10$，$N=20$，$N=30$），β 和 φ 两个参数估计值的标准差在逐渐减小。

第三，当截面维度不变，阈值位置和时间维度发生改变时，EPPLE 方法的参数估计值变化与时间维度不变的情况相类似。

（2）对于突变点未知的情况，本部分采用 4.2 节提出的方法对突变点进行识别。表 4-4 至表 4-8 给出了在阈值前后，模型参数变化是否明显时，估计方法对突变点的识别情况。

第一，本书选择的数据为面板数据，允许存在截面相关，截面相关性强弱是否影响突变点的识别效果的情况是对突变点识别方法的考验。基于此，此部分选择样本为 $N=10$，$T=50$，扰动项的相关性分别用 $E_2(e_{it},\ e_{jt})=0.8^{|j-i|}$，$E_2(e_{it},\ e_{jt})=0.6^{|j-i|}$，$E_2(e_{it},\ e_{jt})=0.4^{|j-i|}$，$E_2(e_{it},\ e_{jt})=0.2^{|j-i|}$表示的情况进行观察。进行 50 次模拟对估计结果取均值得到结果。估计结果如表 4-4、表 4-5、表 4-6、表 4-7 所示。

第二，关于突变点的识别方法，本书对面板数据进行截面取平均值，虽然消除了个体效应对结构变化的影响，但样本容量 N 的变化是否会影响突变点的识别情况未知，所以本书设计在界面相关性为 $E_2(e_{it}, e_{jt})=0.8^{|j-i|}$ 的情况下，保持 $T=50$ 不变，增加个体数（$N=10$，$N=20$，$N=30$，$N=40$）进行 50 次模拟，对估计结果取均值得到结果，如表 4-8 所示。

表 4-4　突变点的识别结果 [$E_2(e_{it}, e_{jt})=0.8^{|j-i|}$]（一）

样本	参数真值	$t_1=10$	$t_1=15$	$t_1=20$	$t_1=25$	$t_1=30$	$t_1=35$	$t_1=40$
$N=10$ $T=50$	$\beta=1$，$\varphi=10$	10	15	20	25	30	35	40
	$\beta=1$，$\varphi=5$	10	15	20	25	30	35	40
	$\beta=1$，$\varphi=2$	10	17	22	23	27	31	34
	$\beta=1$，$\varphi=1.5$	7	19	24	27	31	31	43

表 4-5　突变点的识别结果 [$E_2(e_{it}, e_{jt})=0.6^{|j-i|}$]

样本	参数真值	$t_1=10$	$t_1=15$	$t_1=20$	$t_1=25$	$t_1=30$	$t_1=35$	$t_1=40$
$N=10$ $T=50$	$\beta=1$，$\varphi=10$	10	15	20	25	30	35	40
	$\beta=1$，$\varphi=5$	10	15	20	25	30	35	40
	$\beta=1$，$\varphi=2$	17	21	22	24	29	32	34
	$\beta=1$，$\varphi=1.5$	20	24	24	24	26	27	29

表 4-6　突变点的识别结果 [$E_2(e_{it}, e_{jt})=0.4^{|j-i|}$]

样本	参数真值	$t_1=10$	$t_1=15$	$t_1=20$	$t_1=25$	$t_1=30$	$t_1=35$	$t_1=40$
$N=10$ $T=50$	$\beta=1$，$\varphi=10$	10	15	20	25	30	35	40
	$\beta=1$，$\varphi=5$	10	15	20	25	30	35	40
	$\beta=1$，$\varphi=2$	17	19	22	24	30	32	34
	$\beta=1$，$\varphi=1.5$	19	21	25	24	26	29	30

表 4-7　突变点的识别结果 [$E_2(e_{it}, e_{jt})=0.2^{|j-i|}$]

样本	参数真值	$t_1=10$	$t_1=15$	$t_1=20$	$t_1=25$	$t_1=30$	$t_1=35$	$t_1=40$
$N=10$ $T=50$	$\beta=1$，$\varphi=10$	10	15	20	25	30	35	40
	$\beta=1$，$\varphi=5$	10	15	20	25	30	35	40
	$\beta=1$，$\varphi=2$	15	16	20	25	30	34	37
	$\beta=1$，$\varphi=1.5$	17	20	21	25	28	31	43

从表 4-4 到表 4-7 可以看出，阈值前后，当模型参数变化明显时（$\beta=1$，$\varphi=10$；$\beta=1$，$\varphi=5$）突变点估计的效果较好，截面相关性的大小对突变点的估

计影响不大。然而，当模型参数变化不明显时（$\beta=1$，$\varphi=2$；$\beta=1$，$\varphi=1.5$），突变点的估计有偏差，在数据初始（$t_1=10$，$t_1=15$）和末尾部分（$t_1=35$，$t_1=40$）发生突变时，突变点的识别不准确，在数据中间位置（$t_1=20$，$t_1=25$，$t_1=30$）发生突变时，突变点的识别比较准确；同样地，截面相关性的大小对突变点的估计影响不大。

表 4-8　突变点的识别结果 [$E_2(e_{it}, e_{jt})=0.8^{|j-i|}$]（二）

样本	参数真值	N	$t_1=10$	$t_1=15$	$t_1=20$	$t_1=25$	$t_1=30$	$t_1=35$	$t_1=40$
$T=50$	$\beta=1$，$\varphi=10$	$N=10$	10	15	20	25	30	35	40
		$N=20$	10	15	20	25	30	35	40
		$N=30$	10	15	20	25	30	35	40
		$N=40$	10	15	20	25	30	35	40
	$\beta=1$，$\varphi=5$	$N=10$	10	15	20	25	30	35	40
		$N=20$	10	15	20	25	30	35	40
		$N=30$	10	15	20	25	30	35	40
		$N=40$	10	15	20	25	30	35	40
	$\beta=1$，$\varphi=2$	$N=10$	10	17	22	23	27	31	34
		$N=20$	10	15	20	25	30	35	40
		$N=30$	10	15	20	25	30	35	40
		$N=40$	10	15	20	25	30	35	40
	$\beta=1$，$\varphi=1.5$	$N=10$	7	19	24	27	31	31	43
		$N=20$	22	24	23	25	29	27	28
		$N=30$	22	26	23	26	27	29	26
		$N=40$	21	26	23	25	26	25	28

从表 4-8 的估计结果中可以看出，当阈值前后模型参数变化明显时（$\beta=1$，$\varphi=10$；$\beta=1$，$\varphi=5$），无论样本容量 N 怎样变化，突变点的估计都很准确。然而，当阈值前后模型参数变化不明显时，突变点的估计情况发生了变化，对于（$\beta=1$，$\varphi=2$）的情况，随着样本容量的变化，突变点的识别都很准确；而对于（$\beta=1$，$\varphi=1.5$）的情况，突变点的识别情况未随着样本容量的变化有所改善，识别效果不是很好。

第三，当突变点未知时，突变点的识别情况因为阈值前后参数变化是否明显而产生了差异。阈值前后参数变化明显时，突变点的识别效果很好；然而阈值前后参数变化不明显时，突变点的识别有偏差。根据（1）中模拟，假定阈值已知时，参数估计结果如表 4-1 至表 4-3 所示，本书提出的参数估计方法较好；然而，在阈值前后参数变化不明显时，在突变点识别不是很准确的情况下，本书提出的参数估计方法是否有效，则是必须考虑的问题。

下面采用样本容量 N 的变化以及阈值位置的变化来反映本书提出的估计方法的估计效果。本部分选择样本为 $N=10$，$N=20$，$N=30$，$N=40$，$T=50$ 的情况进行观察。进行 50 次模拟，对估计结果取均值得到结果。参数估计结果如表 4-9 至表 4-12 所示。

表 4-9　突变点未知时半参数趋势阈值面板模型参数估计结果（$N=10$）

样本	参数真值	$t_1=10$	$t_1=20$	$t_1=30$	$t_1=40$
$N=10$ $T=50$	$\beta=1$	$\hat{\beta}=0.9037$ (0.0423)	$\hat{\beta}=1.0323$ (0.0546)	$\hat{\beta}=1.0081$ (0.0587)	$\hat{\beta}=1.1285$ (0.0836)
	$\varphi=2$	$\hat{\varphi}=2.1569$ (0.1396)	$\hat{\varphi}=1.8189$ (0.0858)	$\hat{\varphi}=2.1041$ (0.1091)	$\hat{\varphi}=2.0174$ (0.0747)
	$\beta=1$	$\hat{\beta}=0.9499$ (0.0372)	$\hat{\beta}=0.9963$ (0.0582)	$\hat{\beta}=1.0389$ (0.0795)	$\hat{\beta}=1.0408$ (0.0938)
	$\varphi=1.5$	$\hat{\varphi}=1.4584$ (0.1420)	$\hat{\varphi}=1.5313$ (0.0902)	$\hat{\varphi}=1.4864$ (0.0565)	$\hat{\varphi}=1.4271$ (0.0472)

注：括号内为估计值的标准差。

表 4-10　突变点未知时半参数趋势阈值面板模型参数估计结果（$N=20$）

样本	参数真值	$t_1=10$	$t_1=20$	$t_1=30$	$t_1=40$
$N=20$ $T=50$	$\beta=1$ $\varphi=2$	$\hat{\beta}=1.0139$ (0.0309) $\hat{\varphi}=1.8743$ (0.1082)	$\hat{\beta}=0.9835$ (0.0386) $\hat{\varphi}=2.0409$ (0.0709)	$\hat{\beta}=1.0104$ (0.0453) $\hat{\varphi}=2.0370$ (0.0708)	$\hat{\beta}=1.0664$ (0.0892) $\hat{\varphi}=2.0327$ (0.0593)
	$\beta=1$ $\varphi=1.5$	$\hat{\beta}=1.0053$ (0.0283) $\hat{\varphi}=1.3351$ (0.1295)	$\hat{\beta}=1.0049$ (0.0397) $\hat{\varphi}=1.4960$ (0.0475)	$\hat{\beta}=1.0738$ (0.0408) $\hat{\varphi}=1.4956$ (0.0459)	$\hat{\beta}=0.9488$ (0.0440) $\hat{\varphi}=1.4718$ (0.0375)

注：括号内为估计值的标准差。

表 4-11　突变点未知时半参数趋势阈值面板模型参数估计结果（$N=30$）

样本	参数真值	$t_1=10$	$t_1=20$	$t_1=30$	$t_1=40$
$N=30$ $T=50$	$\beta=1$ $\varphi=2$	$\hat{\beta}=1.0077$ (0.0253) $\hat{\varphi}=1.9715$ (0.0592)	$\hat{\beta}=1.0532$ (0.0288) $\hat{\varphi}=2.0209$ (0.0546)	$\hat{\beta}=0.9667$ (0.0321) $\hat{\varphi}=1.9486$ (0.0481)	$\hat{\beta}=0.9256$ (0.0407) $\hat{\varphi}=1.9509$ (0.0458)
	$\beta=1$ $\varphi=1.5$	$\hat{\beta}=0.9534$ (0.0228) $\hat{\varphi}=1.4998$ (0.0612)	$\hat{\beta}=0.9919$ (0.0286) $\hat{\varphi}=1.5278$ (0.0383)	$\hat{\beta}=1.0442$ (0.0315) $\hat{\varphi}=1.5250$ (0.0368)	$\hat{\beta}=1.0185$ (0.0385) $\hat{\varphi}=1.5200$ (0.0316)

注：括号内为估计值的标准差。

表 4-12 突变点未知时半参数趋势阈值面板模型参数估计结果（$N=40$）

样本	参数真值	$t_1=10$	$t_1=20$	$t_1=30$	$t_1=40$
$N=40$ $T=50$	$\beta=1$ $\varphi=2$	$\hat{\beta}=1.0352$ (0.0211) $\hat{\varphi}=2.0013$ (0.0539)	$\hat{\beta}=1.0019$ (0.0254) $\hat{\varphi}=1.9744$ (0.0534)	$\hat{\beta}=0.9612$ (0.0291) $\hat{\varphi}=1.9602$ (0.0457)	$\hat{\beta}=1.0139$ (0.0382) $\hat{\varphi}=1.9344$ (0.0394)
	$\beta=1$ $\varphi=1.5$	$\hat{\beta}=1.0243$ (0.0202) $\hat{\varphi}=1.4159$ (0.0679)	$\hat{\beta}=1.1356$ (0.0280) $\hat{\varphi}=1.5038$ (0.0328)	$\hat{\beta}=0.9456$ (0.0329) $\hat{\varphi}=1.4719$ (0.0308)	$\hat{\beta}=1.0115$ (0.0385) $\hat{\varphi}=1.4980$ (0.0284)

注：括号内为估计值的标准差。

从表 4-9 至表 4-12 可以看出，阈值前后，当模型参数变化不明显时，在突变点识别有偏差的情况下，模型参数的估计效果依然较好。第一，当阈值位置不发生变化时，随着样本容量 N 的增加，参数均值变化比较稳定，参数估计值的标准差在逐渐减小。例如，$\beta=1$，$\varphi=2$ 的情况，当保持阈值位置 $t_1=10$ 不变时，增加样本容量 N（$N=10$，$N=20$，$N=30$，$N=40$），β，φ 的估计值变化比较稳定，其标准差随着样本容量 N 的增加在逐渐减小。第二，当保持样本容量 N 不变时，随着阈值数值的增加，参数均值变化比较稳定，β 的估计值的标准差在逐渐增大，φ 的估计值的标准差在逐渐减小。例如，$\beta=1$，$\varphi=1.5$ 的情况，当保持样本容量 $N=10$ 不变时，增加阈值数值（$t_1=10$，$t_1=20$，$t_1=30$，$t_1=40$），$\beta=1$，$\varphi=1.5$ 的估计值的均值变化比较稳定，β 的估计值的标准差在逐渐增大，φ 的估计值的标准差在逐渐。

关于反映结构变化的半参数趋势阈值面板模型，本书的模拟结果显示，对于突变点的识别及参数估计，本书提出的 EPPLE 方法具有大样本性质及很好的有限样本性质。

4.5 本章小结

半参数趋势面板模型能够揭示政策、法律、法规等随机因素对变量的影响，所以在社会经济问题的实证分析中具有很强的实用性。但是，半参数趋势面板模型的参数部分是线性的。本章将半参数趋势面板模型引入阈值变量，综合阈值变量及半参数趋势面板模型的 PPLE 方法估计，建立了半参数趋势阈值面板模型的有效估计程序和 EPPLE 方法的估计量，并给出了当阈值变量已知时，参数估计量的大样本性质。

基于不同假定的仿真实验结果显示：EPPLE 估计方法对于含有结构突变

的半参数趋势阈值面板模型有较好的估计效果。对于解释变量的系数估计值而言，与 PPLE 方法相比，随着样本容量的变化，EPPLE 方法的估计量均值变化比较稳定，其偏误随着样本容量的增大而迅速下降。而且，对于模型结构变化比较明显的情况，突变点的识别程序有效。在结构变化不明显的情况下，参数估计结果也较好。

5　广义半参数趋势面板模型及其参数估计

5.1　广义半参数模型的研究现状

经典的计量经济模型是在假设被解释变量的分布为连续型正态分布的情况下建立起来的，在假设正确的前提下，模型的预测精度很高。然而，大量的经济理论和经济实践都表明，被解释变量的分布不可能都是连续型正态分布的，即正态分布并不能描述所有的连续型变量。比如，我们可以用均匀分布描述单位时间内某个站点的客流量，或用指数分布来描述电子元件或动物的寿命。而对于指数分布的研究不如正态分布那么广泛，自从 McCullagh 和 Nelder（1989）关于广义线性模型（GLM）的著作问世以来，人们可以通过变换来研究包括正态分布在内的指数分布族的参数估计。

广义线性混合效应模型（Generalized Linear Mixed Model，GLMM）是对 GLM 的自然推广。GLMM 在面板数据和重复测量模型中得到了广泛的应用，它既可以对非连续型正态变量进行拟合，同时也可以用随机效应部分刻画纵向数据和重复测量模型中内在的相关性。关于广义线性模型的估计方法，McCulloch（1995）描述了蒙特卡罗期望最大值方法（Monte Carlo Expectation Maximization，MCEM），并分析广义线性固定效应及广义线性混合效应模型。

半参数广义线性模型（Semi-parametric Generalized Linear Model，SGLM）又称作广义部分线性模型（Generalized Partial Linear Model，GPLM），是对广义线性模型的推广，也是对半参数模型的推广。其一，此模型假设因变量的条件分布来自指数分布族，为指数分布数据的模型构建提供了较好的理论基础。其二，半参数广义线性模型是对半参数模型的推广，具有半参数模型的结构特征，即把与被解释变量关系比较确定的变量建立为参数部分，把不够确定的变量建立为非参数部分。因此，众多实际问题都可以采用 GPLM 来概括和描述，它是一类具有普遍性和代表性的统计模型。He、Fung 和 Zhu（2005）讨论了 GPLM 的稳健估计。同时，也存在大量的文献采用非参数和半参数的方法对随机效应面板模型进行参数估计（Ullah and Roy，1998；Henderson and Ullah，2005）。然而，如果真实模型是固定效应模型，采用随机效应模型估计则会产生非一致估计量。

本章将广义半参数趋势混合效应面板模型（Lombardia and Sperlich，2008）（解释变量为平稳时间序列）和广义半参数时间模型（Hunsberger，1994）（解释变量为包含时间趋势的时间序列）相结合，构造了解释变量为包含时间趋势的广义半参数趋势混合效应面板模型，并提出修正的加权极大似然估计的有效估计量及识别程序。

仿真实验表明，对于被解释变量为指数分布的广义半参数趋势混合效应面板模型，当解释变量也是包含时间趋势的非平稳变量时，本书提出的估计方法与Lombardia 和 Sperlich（2008）提出的加权极大似然估计方法的估计结果不同。从参数估计值的均值来看，其值比较稳定；从参数估计值的标准差来看，直接采用 Lombardia 和 Sperlich（2008）提出的加权极大似然估计方法进行估计时，其参数估计结果略小于本书提出的估计方法的估计结果；从均方误差来看，本书提出的估计方法的参数估计值的均方误差略小于 Lombardia 和 Sperlich（2008）提出的加权极大似然估计方法。接下来，本书将分广义半参数趋势面板模型及广义半参数趋势面板模型估计方法、最优化算法、蒙特卡罗模拟四个部分来研究广义半参数趋势混合效应面板模型。

5.2 广义半参数趋势混合效应面板模型

广义半参数面板模型不仅是对广义线性模型的推广，也是对半参数模型的延伸。本章提出的广义半参数趋势混合效应面板模型是一个非常有效的能够解决高维变量回归问题的广义半参数模型；同时，通过将未知异质性假定为随机效应来增强模型参数估计的有效性，在假定解释变量也包含非参数部分（非线性时间趋势）的情况下，对广义半参数面板模型进行推广，其形式如下：

$$GE[(Y_{it} \mid X_{it}, t, \alpha_i)] = X_{it}\beta + f_t + \alpha_i \tag{5.1}$$

$$X_{it} = g_t + x_i + v_{it} \tag{5.2}$$

其中，i，t 表示截面单元和时间维度；为了研究方便，本书的 Y_{it} 为一维因变量；X_{it} 为已知自变量；$\beta(\beta_1, \cdots, \beta_d)^T$ 为 d 维未知参数向量；$f_t = f(t)$，$g_t = g(t)$ 为未知时间趋势函数；G 为严格单调、充分光滑的函数，称为联系函数。给定（X，t，α_i）时，Y 的条件密度所对应的 σ 测度被设为指数族形式：

$$f(y, \theta, \varphi) = \exp\left(\frac{y\theta - b(\theta)}{a(\varphi)}\right) + c(y, \varphi) \tag{5.3}$$

α_i，x_i是随机效应，这里假定$\alpha_i \sim N(0, \sigma_u^2)$，$x_i \sim N(0, \sigma_v^2)$；$v_{it}$是平稳的残差序列，$v_{it} \sim N(0, \sigma_\nu^2)$；规定$e_{it}$为模型（5.1）的残差序列。

在广义半参数趋势混合效应面板模型中，矩阵X_{it}以$\eta_{it} = X_{it}^T\beta + f_t + \alpha_i$形式影响$Y_{it}$，$Y_{it}$的数学期望$E(Y_{it} \mid X_{it})$可通过$G$与半参数$X_{it}{}^T\beta + f_t + \alpha_i$相连接，即$E(Y_{it} \mid X_{it}) = G^{-1}(X_{it}{}^T\beta + f_t + \alpha_i)$。当$G^{-1}$为指示函数时，模型（5.1）和模型（5.2）变为半参数趋势随机效应面板模型。

在上面的定义中，我们选择矩阵X_{it}是已知的常数，对于随机回归元，我们可以假定$\{Y_{it}, X_{it}\}$是独立同分布的。

5.3 广义半参数趋势混合效应面板模型的加权似然估计

广义半参数趋势混合效应面板模型的估计问题，主要是研究被解释变量Y_{it}和解释变量X_{it}的关系，因为指数分布族包含多种分布，当被解释变量来自不同的分布时，其极大似然函数不同。本章分两种情况给出其估计方法：其一是被解释变量来自指数分布族；其二是被解释变量服从指数分布和正态分布。

5.3.1 被解释变量来自指数分布族

广义半参数趋势混合效应面板模型的估计，主要是解决被解释变量Y_{it}和解释变量X_{it}与时间t的关系问题。首先考虑一般情况，即被解释变量来自指数分布族的情况。为了研究方便，对变量作如下规定：$Y \in R$，$X \in R^p$，$t \in R^q$。考虑α_i是随机影响因素，假设$\alpha_i \sim N(0, \sigma_u{}^2)$，进一步假设残差项方差为$\sigma_{it}{}^2 = \sigma_e^2$，$i=1, \cdots, N$，$t=1, \cdots, T$。令$\theta = (\sigma_u{}^2, \sigma_e^2)$，$\delta = (\beta, \theta)$，那么对于样本$Y_{it}$，$X_{it}$，$t$（$i=1, \cdots N$，$t=1, \cdots, T$），$Y_{it}$对$X_{it}$和$t$的条件概率密度函数为：

$$f_y(Y \mid \theta) = f_y(Y \mid X, t; q, \delta) = \int f(Y_{it} \mid X_{it}, t, \alpha; q, \delta) p(\alpha \mid \sigma_u^2) \mathrm{d}\alpha$$

$$\alpha = (\alpha_1, \cdots, \alpha_N) \tag{5.4}$$

其中，$\theta_{it} = X_{it}\beta + f_t + \alpha_i$。$X\beta$为参数部分；$f_t = f(t)$为非参数部分，是充分光滑的函数。这里$X_{it} = g_t + x_i + v_{it}$，$g_t = g(t)$也是充分光滑的函数，$E(v_{it}) = 0_p$，$E(v_{it}^2) = \sigma_\nu^2$。

$$\begin{aligned} \theta_{it} &= (g_t + x_i + v_{it})\beta + f_t + \alpha_i = v_{it}\beta + x_i\beta + g_t\beta + f_t + \alpha_i \\ &= (v_{it} + x_i)\beta + q_t + \alpha_i \\ &= \delta(\beta, \alpha_i) + q_t \end{aligned} \tag{5.5}$$

其中，$q_t=g_t\beta+f_t$为依赖于t的非参数部分；$\delta(\beta, \alpha_i)$为依赖于β，α_i的参数部分。模型（5.1）和模型（5.2）的主要结果是通过估计加权极大似然函数得到的β，$q_t=q(t)$ 和α_i。

本书通过两个步骤对广义半参数趋势混合效应面板模型进行估计。

第一步：采用 Robinson（2012）提出的非参数趋势面板模型的估计方法对解释变量X_{it}进行估计，估计出非线性时间趋势$g_t=g(t)$ 及个体效应，即估计模型：

$$X_{it}=g_t+x_i+v_{it} \tag{5.6}$$

此时得到的g_t反映X_{it}随时间变化的情况［因为前文设定$x_i \sim N(0, \sigma_v^2)$，则$E(X_{it})=g_t$］，将其代替$X_{it}$代入$\theta_{it}$中，得到：

$$\begin{aligned}\theta_{it}&=X_{it}\beta+f_t+\alpha_i=g_t\beta+f_t+\alpha_i\\&=\delta(\beta, \alpha_i)+q_t\end{aligned} \tag{5.7}$$

其中，$\delta(\beta, \alpha_i)$为依赖于β，α_i的参数部分；$q_t=f_t$为依赖于t的非参数部分。模型（5.1）和模型（5.2）的主要结果是通过估计加权极大似然函数得到β和$q(t)=f(t)$。

第二步：采用加权极大似然估计方法估计参数和非参数估计量。

在这一部分我们要估计参数部分β和α_i，非参数部分$q_t=f_t$由后验分布可知：

$$f_y(Y \mid X, t; q, \delta)=\int f(Y_{it} \mid X_{it}, t, \alpha; q, \delta)p(\alpha \mid \sigma_u^2)\mathrm{d}\alpha$$

$$f_\varphi(\beta, \alpha \mid Y, X, t; q, \sigma_u^2)=\frac{\prod_{i=1}^{N}\prod_{t=1}^{T}\int f_y(Y_{it} \mid X_{it}, t, \alpha_i; q, \delta)\prod_{i=1}^{N}p(\alpha_i \mid \sigma_u^2)\mathrm{d}\alpha}{\iint\prod_{i=1}^{N}\prod_{t=1}^{T}f(Y_{it} \mid X_{it}, t, \alpha_i; m, q)p(\alpha_i \mid \sigma_u^2)\mathrm{d}\beta\mathrm{d}\alpha} \tag{5.8}$$

根据极大似然估计的思想，待估计的参数β和α_i能使得式（5.8）的值最大，则对其求最大值时，只需保证分子最大即可。定义：

$$L_1(Y; q, \delta)=\sum_i\sum_t \log f(Y_{it} \mid X_{it}, \alpha_i, t; q, \delta) \tag{5.9}$$

$$L_2(\alpha, \sigma_u^2)=\sum_{i=1}^{N}\log p(\alpha_i; \sigma_u^2) \tag{5.10}$$

令$L(Y, \alpha; q, \delta)=L_1(Y; q, \delta)+L_2(\alpha, \sigma_u^2)$。为了估计非参数部分$q_t=f_t$，我们固定$t_0$点，计算$t_0$点$Y$的对数条件密度函数：

$$E(\log f(Y \mid X, \alpha, t; q, \delta)+\log p(\alpha; \sigma_u^2) \mid t=t_0) \tag{5.11}$$

则加权极大似然函数为：

$$WL(Y;\ q,\ \delta) = \sum_{i=1}^{N}\sum_{t=1}^{T} K_h(t-t_0)\log f(Y_{it} \mid X_{it},\ \alpha_i,\ t;\ q(t_0),\ \delta) + L_2(\alpha,\ \sigma_u^2) \tag{5.12}$$

其中，$K_h(t_0)=K(t-t_0/h)$ 表示带宽为 h 的核函数，满足在 [-1，1] 上的 Lipschitz 对称概率密度函数。为了表示方便，计算：

$$WL_1(Y;\ q,\ \delta) = \sum_{i=1}^{N}\sum_{t=1}^{T} K_h(t-t_0)\log f(Y_{it} \mid X_{it},\ \alpha_i,\ t;\ q(t_0),\ \delta) \tag{5.13}$$

式（5.13）称为加权极大似然函数，其解为加权极大似然估计量。

5.3.2　被解释变量服从指数分布和正态分布

根据数据的不同类型，为了研究方便，在此部分给出被解释变量为指数分布和正态分布时模型的加权极大似然估计量。

（1）指数分布情况

当被解释变量服从指数分布时，其概率密度函数为 $\lambda e^{-\lambda y}$，其中 $\lambda = 1/E(Y)$。在给出其加权极大似然估计之前，先给出广义半参数随机效应混合面板模型的形式，令 $E(Y_{it} \mid X_{it})=\mu_{it}$，$\eta_{it}=X_{it}\beta+f_t+\alpha_i$，$G(\mu_{it})=\eta_{it}=X_{it}\beta+f_t+\alpha_i$，其中 G 为严格单调充分光滑的函数。$h=G^{-1}$，即 $\mu_{it}=h(\eta_{it})=1/\eta_{it}$，或$G(\mu_{it})=1/\mu_{it}$。此时模型（5.1）和模型（5.2）变为：

$$E(Y_{it})=\frac{1}{(X_{it}\beta+f_t+\alpha_i)} \tag{5.14}$$

$$X_{it}=g_t+x_i+v_{it} \tag{5.15}$$

参考 5.3.1 小节提出的估计方法，给出服从指数分布时的被解释变量的似然函数，其形式如下：

$$WL(Y;\ q,\ \delta) = \sum_i\sum_t \log(X_{it}\beta+f_t+\alpha_i) - \sum_i\sum_t (X_{it}\beta+f_t+\alpha_i)\cdot Y_{it} + \frac{1}{2\sigma_u^2}\sum_i(\alpha_i^2)\log\left(\frac{1}{\sqrt{2\pi}\sigma_u}\right) \tag{5.16}$$

则其加权似然函数为：

$$WL(Y;\ q,\ \delta) = \sum_i\sum_t K_h(t)[\log(X_{it}\beta+f_t+\alpha_i)] - \sum_i\sum_t K_h(t)[(X_{it}\beta+f_t+\alpha_i)\cdot Y_{it}] + \frac{1}{2\sigma_u^2}\sum_i(\alpha_i^2)\log\left(\frac{1}{\sqrt{2\pi}\sigma_u}\right) \tag{5.17}$$

当解释变量为平稳的变量时，广义半参数趋势混合效应面板模型可简化为 Lombardia 和 Sperlich（2008）提出的模型。若求出函数（5.17）的最优解，则得到模型的参数和非参数估计量。本章考虑的变量（被解释变量和解释变量）是因包含确定的时间趋势而显示出非平稳特征的变量，因此将广义半参数混合效应面板模型扩展成广义半参数趋势混合效应面板模型，参考一般情况中加权极大似然函数，将函数（5.17）转换为：

$$WL(Y;\ q,\ \delta) = \sum_i \sum_t K_h(t)\left[\log(g_t\beta + q_t + \alpha_i)\right] - \sum_i \sum_t K_h(t)\left[(g_t\beta + q_t + \alpha_i)\cdot Y_{it}\right] + \frac{1}{2\sigma_u^2}\sum_i (\alpha_i^2)\log\left(\frac{1}{\sqrt{2\pi}\,\sigma_u}\right) \quad (5.18)$$

其极大似然估计量为 $\partial WL(Y;\ q,\ \delta)/\partial\beta=0$，得到参数估计量和非参数估计量。

（2）正态分布情况

广义半参数模型是对经典线性模型的推广，即假设被解释变量服从指数分布族。然而，正态分布是指数分布族的一种特殊情况，在现实经济分析中，我们一般假定被解释变量服从正态分布，以易于在经典计量框架下分析。本章提出的广义半参数趋势混合效应面板模型同样适用于假设被解释变量服从正态分布的情况。针对 Y_{it} 服从正态分布的情况，本章给出了模型的极大似然估计。此时的广义半参数趋势面板模型可以称为半参数趋势随机效应面板模型，即传统的半参数趋势面板模型的平行推广。

$$Y_{it} = X_{it}\beta + f_t + \alpha_i + e_{it} \quad (5.19)$$

$$X_{it} = g_t + x_i + v_{it} \quad (5.20)$$

其中，α_i 与 X_{it} 无关，称作随机效应，这是与 Chen、Gao 和 Li（2012）提出的半参数趋势面板模型（假定 α_i 与 X_{it} 相关，称作随机效应）不同的地方。

此模型是广义半参数趋势混合效应模型的第二种特殊情况，可以用加权似然估计法进行估计，其加权似然函数为：

$$\begin{aligned} WL(Y;\ q,\ \delta) &= \sum_i \sum_t K_h(t)\log(X_{it}\beta + f_t + \alpha_i) + \frac{1}{2\sigma_u^2}\sum_i (\alpha_i^2)\log\left(\frac{1}{\sqrt{2\pi}\,\sigma_u}\right) \\ &= \sum_i \sum_t K_h(t)\log(g_t\beta + q_t + \alpha_i) + \frac{1}{2\sigma_u^2}\sum_i (\alpha_i^2)\log\left(\frac{1}{\sqrt{2\pi}\,\sigma_u}\right) \end{aligned} \quad (5.21)$$

加权似然函数的最优解为半参数趋势随机效应面板模型的参数和非参数估计量。广义半参数趋势混合效应面板模型的加权极大似然估计量不是显式解，本书参考 Lombardia 和 Sperlich（2008）提出的算法，对其进行估计。

5.4 最优化算法

广义半参数趋势混合面板模型的加权似然估计量是加权似然函数的最优解，无论是一般情况还是特殊情况，其最优解都不是显式解，本章采用三步法求其最优解。

步骤 1：对于固定的 t_0，当给定 δ(β 和 α_i) 时，可以通过下式估计 q（t_0）：

$$\breve{q}_\delta = \arg WL\ (Y,\ q,\ \delta) \tag{5.22}$$

步骤 2：可以通过下式估计 β 和 α_i：

$$\hat{\theta} = \arg L\ (Y,\ \alpha_i;\ \delta,\ \breve{q}_\delta) \tag{5.23}$$

步骤 3：通过步骤 1 和步骤 2，最终可以估计 $\hat{q}=\breve{q}_{\hat{\theta}}$。

5.5 蒙特卡罗数值模拟

本书考虑的被解释变量和解释变量均是包含时间趋势的非平稳变量，这是与 Lombardia 和 Sperlich（2008）不同的地方。由于本章提出的估计方法是结合 Lombardia 和 Sperlich（2008）(解释变量是不包含时间趋势的广义半参数混合效应面板模型）与 Hunsberger（1994）(解释变量是包含时间趋势的广义半参数时间序列模型）而提出的估计方法，如果直接参考 Lombardia 和 Sperlich（2008）提出的估计方法来估计模型的参数和非参数估计量，则解释变量的时间趋势可能对估计方法产生影响。为了验证猜想，本节首先考虑不含时间趋势的解释变量生成数据，采用 Lombardia 和 Sperlich（2008）的估计方法来估计模型参数和非参数估计量。然后，考虑包含时间趋势的解释变量生成数据，采用 Lombardia 和 Sperlich（2008）及本书提出的估计方法来估计参数和非参数估计量。最后对比观察估计效果。

5.5.1 生成数据

广义半参数趋势混合效应面板模型形式为：

$$G[E(Y_{it} \mid X_{it},\ t,\ \alpha_i)] = X_{it}\beta + f_t + \alpha_i,\ 1 \leqslant i \leqslant N,\ 1 \leqslant t \leqslant T$$

其中，Y_{it}来自指数分布族。因为指数分布族中分布的形式过多，本书针对广义半参数趋势混合效应面板模型提出的加权极大似然估计方法，是基于一般指数分布族和指数分布族中的特殊分布给出的，因此，在此部分，选用指数分布作为指数分布族的特殊分布给出数据生成过程。

(1) 非线性时间趋势。解释变量和被解释变量都是含有非线性时间趋势的非平稳变量，其中 $f(u)=2u^3+u$，$g(u)=2\sin(\pi u)$，$k(u)=2\pi u$ 反映了政策、法律、法规等随机因素对变量的影响。

(2) 随机效应。在面板数据中，对于特定的个体而言，随机效应表示不随着时间发生改变的影响因素。α_{it} 在 $N(0,\ 0.25)$ 的正态分布中随机抽取，x_{it} 在 $N(0,\ 1)$ 的正态分布中随机抽取。

(3) 残差项。e_{it} 在 $N(0,\ 0.25)$ 的正态分布中提取。对随机扰动项 e_{it} 也分两种情况考虑：一种是截面独立，另一种是截面相关。按照下面的生成方式生成：$E(e_{it},\ e_{js})=0$，$1\leqslant i,\ j\leqslant N$，$t\neq s$；$E(e_{it},\ e_{jt})=0.8^{|j-i|}$，$1\leqslant i,\ j\leqslant N$，$1\leqslant t\leqslant T$。表明 e_{it} 是截面相关的、序列独立的序列。v_{it} 在 $N(0,\ 0.6)$ 的正态分布中提取。

(4) 解释变量与被解释变量。X_{it} 分两种情况生成：一种来自正态分布 $N(1,\ 0.6)$，不包含个体效应和时间趋势；另一种按照 $X_{it}=v_{it}+x_i+g_t$ 生成。在接下来的蒙特卡罗模拟中，考虑解释变量的时间趋势，加入 $g(u)=2\sin(\pi u)$ 及 $k(u)=2\pi u$。Y_{it} 按照指数分布生成，即：

$$E(Y_{it})=1/X_{it}\beta+\alpha_{it}+f_t \tag{5.24}$$

其中，Y_{it} 是以 $E(Y_{it})=1/X_{it}\beta+\alpha_{it}+f_t$ 为期望的指数分布生成的，f_t 的形式按照 $g(u)$ 及 $k(u)$ 构造。

5.5.2 广义半参数模型的蒙特卡罗数值模拟

在这里分三种情况进行模拟实验，首先验证 Lombardia 和 Sperlich（2008）针对广义半参数混合效应面板模型提出的估计方法，对模型参数和非参数估计量的有限样本性质进行分析。

为了使实验具有一般性，本部分进行了两种假定，即假设解释变量的参数分别为 $\beta=3$ 和 $\beta=5$ 两种情况及随机效应的分布方差分别为 $\sigma_u^2=0.0625$ 和 $\sigma_u^2=0.09$ 两种情况。

(1) 考虑广义半参数趋势混合效应面板模型的参数估计可能受到时间或截面维度的影响，首先取 $T=5$ 保持不变，N 变化（$N=10$，$N=15$，$N=20$，$N=25$，$N=30$）的情况，进行 500 次模拟，计算 500 次模拟参数估计值的平均值和标准差；其次取 $T=10$ 保持不变，N 变化（$N=10$，$N=15$，$N=20$，$N=25$，$N=30$）的情况，进行 500 次模拟，计算 500 次模拟参数估计值的平均值和标准差。结果如表 5-1 和表 5-2 所示。

表 5-1　广义半参数混合效应面板模型参数估计结果（$T=5$）

时间	截面	$\beta=3$	$\sigma_u^2=0.0625$	$\beta=5$	$\sigma_u^2=0.09$
$T=5$	$N=10$	3.0518 (1.9419)	0.0632 (0.0130)	4.6394 (2.0959)	0.0629 (0.0109)
	$N=15$	2.6688 (1.1916)	0.0639 (0.0106)	4.5380 (1.5541)	0.0636 (0.0099)
	$N=20$	2.7355 (1.1185)	0.0642 (0.0087)	4.5699 (1.2053)	0.0650 (0.0108)
	$N=25$	2.5604 (1.1405)	0.0615 (0.0086)	4.4582 (1.3166)	0.0633 (0.0079)
	$N=30$	2.4363 (0.9889)	0.0641 (0.0072)	4.3982 (1.1919)	0.0656 (0.0105)

注：括号内为标准差。

表 5-2　广义半参数混合效应面板模型参数估计结果（$T=10$）

时间	截面	$\beta=3$	$\sigma_u^2=0.0625$	$\beta=5$	$\sigma_u^2=0.09$
$T=10$	$N=10$	2.8238 (1.0541)	0.0640 (0.0074)	5.0581 (1.2187)	0.0712 (0.0124)
	$N=15$	2.9047 (0.8513)	0.0631 (0.0060)	4.8042 (1.0766)	0.0621 (0.0073)
	$N=20$	2.7262 (0.8656)	0.0627 (0.0050)	5.1515 (0.6082)	0.0764 (0.0114)
	$N=25$	2.5154 (0.7685)	0.0630 (0.0061)	4.6963 (0.9791)	0.0647 (0.0098)
	$N=30$	2.5027 (0.7165)	0.0632 (0.0056)	4.4750 (0.7165)	0.0665 (0.0086)

注：括号内为标准差。

表 5-1 和表 5-2 列出了随着样本容量的变化，广义半参数混合效应面板模型的参数估计情况。

表 5-1 和表 5-2 的估计结果显示，当保持时间维度 T 不变时，增加个体数 N，广义半参数趋势混合效应面板模型的估计结果发生了变化。第一，模型的参数估计值的均值变化比较稳定。在 $\beta=3$ 的情况下，保持 $T=10$ 不变，当 $N=15$ 时参数估计值最接近真实值。第二，除个别情况外（如 $T=5$，$N=25$；$T=10$，$N=15$），随着个体数 N 的增加，参数估计值的标准差有逐渐减小

的趋势。比如，在$\beta=5$，$T=5$的情况下，随着个体数N的增加（$N=10$，$N=15$，$N=20$，$N=25$，$N=30$），参数估计值的标准差减小。第三，随机效应分布的方差估计的结果较好，在$\beta=3$和$\beta=5$的假定情况下，其方差估计的结果都比较准确。

表5-1和表5-2的估计结果显示，当保持截面维度N不变时，增加时期数T（从$T=5$到$T=10$）时，广义半参数趋势混合效应面板模型的估计结果发生了变化。第一，模型的参数估计值的均值估计准确性提高。比如在$T=5$的情况下，$\beta=3$的均值变化幅度较大，而在$T=10$的情况下，其均值变化比较稳定。第二，其标准差的整体数值有所下降。在$T=5$的情况下，$\beta=3$的标准差在0.9~2.0，而在$T=10$的情况下，其标准差在0.7~1.1。第三，随机效应分布的方差估计结果较好，在$\beta=3$和$\beta=5$的假定情况下，其方差估计的结果都比较准确。

（2）以上是对广义半参数混合效应面板模型参数估计方法的蒙特卡罗模拟结果，是在假定解释变量不包含时间趋势的情况下得到的结果。下面对广义半参数混合面板模型进行扩展，考虑模型中解释变量是含有时间趋势的非平稳变量时，如果依然按照Lombardia和Sperlich（2008）提出的广义半参数混合效应面板模型估计，模型参数估计是否准确；如果采用Robinson（2012）提出的非参数趋势面板模型估计方法对解释变量的时间趋势进行分离，用时间趋势作为解释变量的均值代替代入广义半参数趋势混合效应面板模型中进行加权似然估计，其估计结果是否有所改善。这些是本书需要研究的问题。经过蒙特卡罗模拟，估计结果如表5-3、表5-4所示。

表5-3　广义半参数趋势混合效应面板模型参数估计结果（$T=5$）

时间	截面	$\beta=3$	$\sigma_u^2=0.0625$	$\beta=5$	$\sigma_u^2=0.09$
$T=5$	$N=10$	2.6103 (0.9995)	0.0622 (0.0111)	4.9831 (1.5146)	0.0832 (0.1330)
	$N=15$	3.7503 (0.9534)	0.0627 (0.0126)	5.1625 (1.4744)	0.0624 (0.0088)
	$N=20$	3.0544 (0.8164)	0.0616 (0.0091)	5.7121 (1.0654)	0.0706 (0.0117)
	$N=25$	3.5191 (0.8992)	0.0699 (0.0128)	4.8494 (0.9248)	0.0645 (0.0098)
	$N=30$	2.8277 (0.7429)	0.0618 (0.0075)	4.6713 (0.8355)	0.0651 (0.0091)

注：括号内为标准差。

表 5-4 广义半参数趋势混合效应面板模型参数估计结果（T=10）

时间	截面	$\beta=3$	$\sigma_u^2=0.0625$	$\beta=5$	$\sigma_u^2=0.09$
$T=10$	$N=10$	3.2057 (0.8916)	0.0640 (0.0107)	4.8205 (1.2124)	0.0627 (0.0096)
	$N=15$	2.5211 (0.6375)	0.0632 (0.0070)	4.7728 (0.8782)	0.0627 (0.0062)
	$N=20$	3.0467 (0.7886)	0.0636 (0.0088)	5.6126 (0.7443)	0.0692 (0.0109)
	$N=25$	3.4084 (0.8836)	0.0710 (0.0098)	4.8791 (0.8896)	0.0650 (0.0070)
	$N=30$	2.8033 (0.4765)	0.0633 (0.0060)	4.9404 (0.4369)	0.0650 (0.0073)

注：括号内为标准差。

从估计结果来看，对解释变量含有时间趋势的广义半参数混合效应模型，直接采用 Lombardia 和 Sperlich（2008）提出的加权极大似然估计方法估计参数，参数估计结果较好。第一，随着样本容量的变化，参数估计值的变化比较稳定。第二，除个别情况外，随着样本容量 N，T 的变化，参数估计值的标准差在逐渐降低。但是，解释变量因包含了时间趋势而变得非平稳，这样是否影响参数估计结果呢？接下来，本书首先采用 Robinson（2012）提出的非参数趋势面板模型估计方法对解释变量的时间趋势进行分离，然后用其代替解释变量代入广义半参数混合效应面板模型中进行加权极大似然估计，观察估计结果。如表 5-5 和表 5-6 所示。

表 5-5 广义半参数趋势混合效应面板模型参数估计结果（T=5 调整）

时间	截面	$\beta=3$	$\sigma_u^2=0.0625$	$\beta=5$	$\sigma_u^2=0.09$
$T=5$	$N=10$	2.9385 (1.6915)	0.0625 (0.0125)	5.1468 (2.9905)	0.0651 (0.0123)
	$N=15$	3.1131 (1.5868)	0.0625 (0.0125)	5.1917 (2.7290)	0.0633 (0.0084)
	$N=20$	3.1447 (1.2468)	0.0636 (0.0088)	4.9878 (1.9701)	0.0599 (0.0092)
	$N=25$	3.1232 (1.4533)	0.0618 (0.0061)	5.1552 (1.6107)	0.0652 (0.0083)
	$N=30$	2.8073 (1.1759)	0.0630 (0.0075)	4.8956 (1.5409)	0.0632 (0.0092)

注：括号内为标准差。

表 5-6 广义半参数趋势混合效应面板模型参数估计结果（$T=10$ 调整）

时间	截面	$\beta=3$	$\sigma_u^2=0.0625$	$\beta=5$	$\sigma_u^2=0.09$
$T=10$	$N=10$	3.1423 (1.7523)	0.0618 (0.0086)	5.2052 (2.1305)	0.0652 (0.0094)
	$N=15$	2.9633 (1.2064)	0.0614 (0.0069)	5.10006 (1.5383)	0.0637 (0.0075)
	$N=20$	3.0249 (0.9249)	0.0621 (0.0056)	5.3496 (1.3067)	0.0642 (0.0088)
	$N=25$	3.1571 (0.8397)	0.0612 (0.0057)	5.1069 (1.1553)	0.0633 (0.0059)
	$N=30$	2.9221 (0.7369)	0.0622 (0.0046)	5.1743 (0.9771)	0.0653 (0.0075)

注：括号内为标准差。

从表 5-5 和表 5-6 的估计结果与表 5-3 和表 5-4 的估计结果对比来看，当解释变量包含时间趋势时，从共同点来看，除个别情况外，两种参数估计结果都保持了参数估计值的均值变化比较稳定、估计值的标准差随着样本容量的增大而减小的特征。从不同点来看，若直接采用广义半参数模型进行分析，采用加权极大似然法估计，则参数均值估计都较稳定；从参数估计值的标准差来看，估计结果好于先对解释变量进行分离再进行加权极大似然估计的估计结果，后者均值的标准差在整体水平上有明显的增大趋势。

从以上两种估计结果来看，参数估计值的均值变化稳定，本书提出的估计方法的参数估计值的标准差虽然在整体水平上略大于 Lombardia 和 Sperlich（2008）提出的方法，但是相差较小（0.1 左右）。仅从估计值的标准差大小来判断两种估计方法哪个更可靠还不够客观，下面计算一下两种估计方法的估计值的均方误差，观察计算结果，进一步比较两种估计方法的优劣。

参数 β 的估计值的均方误差计算公式如下：

$$MSE(\hat{\beta}) = \frac{1}{K}\sum_{t=1}^{K}(\hat{\beta}-\beta)^2 \tag{5.25}$$

为了直观地观察两种方法均方误差的大小，下面列出 $\beta=3$ 时，两种估计方法的参数估计值的均方误差，用 L（2008）表示采用 Lombardia 和 Sperlich（2008）提出的加权极大似然估计方法，用 L&R（2012）表示本书提出的估计方法，即先采用 Robinson（2012）的方法对解释变量 X 的时间趋势进行分离，然后采用加权极大似然法进行估计。计算结果如表 5-7 所示。

表 5-7 参数估计值的均方误差

	方法	$N=10$	$N=15$	$N=20$	$N=25$	$N=30$
$T=10$	L（2008）	0.3423	0.3286	0.3642	0.4911	0.6005
	L&R（2012）	0.2913	0.2989	0.2935	0.4755	0.2328

从表 5-7 的结果可以看出，本书提出的估计方法的参数估计值的均方误差略小于 Lombardia 和 Sperlich（2008）提出的加权极大似然估计方法。均方误差刻画的是估计值的损失函数，均方误差越小，估计效果越好。

5.6 本章小结

本章将广义半参数混合效应面板模型（Lombardia and Sperlich，2008）（解释变量为平稳时间序列）和广义半参数时间模型（Hunsberger，1994）（解释变量为包含时间趋势的时间序列）相结合，构造了解释变量为包含时间趋势的广义半参数趋势混合效应面板模型，并给出加权极大似然估计的有效估计量及识别程序。

在仿真实验部分，当被解释变量服从指数分布时，对于解释变量为非平稳的时间序列，采用了 Lombardia 和 Sperlich（2008）提出的加权极大似然估计方法和本书提出的估计方法进行估计，并对比分析了两种估计方法的估计结果。

两种估计方法得到的参数估计结果较好，保持了参数估计值稳定、估计值的标准差随着样本容量增加而减小的特性。从参数估计值标准差来看，本书提出的估计方法的参数估计值的标准差略大于 Lombardia 和 Sperlich（2008）提出的加权极大似然估计方法；从均方误差来看，本书提出的估计方法的均方误差略小于加权极大似然估计方法。

6　半参数趋势面板模型及其扩展模型在能源消费领域的应用

6.1　半参数趋势面板模型及其扩展模型与能源消费问题背景结合分析

半参数趋势面板模型作为半参数回归模型的一种，有着广泛的应用空间。原因包括：第一，在非参数中考虑时间变量的非线性来反映政策、法律、法规等因素对被解释变量的影响。第二，与线性时间趋势面板模型相比，半参数趋势面板模型的非线性时间趋势的假定更符合现实数据特征，进而增强了模型参数估计的有效性。第三，在现实经济分析中，数据往往因包含确定的时间趋势而显示出不平稳的特征，为半参数趋势面板模型的应用提供了条件。

然而，随着现实经济问题日益复杂，需要对数据进行进一步分析、挖掘。国内外学者的研究表明，数据包含确定性时间趋势是由于结构变迁、技术升级、经济危机等因素引起的数据生成过程发生了改变，也就是我们经常说的结构突变。如果对经济问题进行分析时忽略结构变化，分析结果就会出现偏差，进而导致做出错误的结论，不利于政策的制定。半参数趋势阈值面板模型是在半参数趋势面板模型的基础上，考虑了结构变化建立起来的。一方面，半参数趋势阈值面板模型保留了半参数趋势面板模型能够反映时间趋势非线性的特征。另一方面，它也能够通过阈值结果判断模型发生结构变化的时刻，进一步观察模型参数在阈值前后的变化情况，有利于分析影响被解释变量的因素随时间变化的情况，为政策分析提供理论支持和技术保证。

我们面临全球性气候变暖、生态环境恶化、能源枯竭等日益严峻的局面，如何解决能源过度消耗、二氧化碳排放量过高的问题，已经成为经济学、社会学和统计学等领域和学科研究的主要内容。国内外学者对能源消费总量和二氧化碳排放总量的研究，主要是基于指数分解方法、投入产出法、计量经济方法进行的。指数分解方法在分解过程中存在因影响因素之间的相互作用而无法测度的问题；投入产出表每五年编制一次，且只能用于跨期研究；对于计量经济方法，一般采用线性模型，然而，随着经济活动的复杂化以及能源政策的阶段性变化，采用原有模型研究能源消费问题和二氧化碳排放问题已不能满足实际需求。针对能源消费和二氧化碳排放问题，采用半参数模型对其进行分析是一个有效尝试。

6.2 能源消费问题相关概念界定

在现代社会，能源作为国家的战略性资源之一，是一国经济发展的命脉，在很大程度上，人类对能源的需求体现了社会对经济增长的需求。随着科学技术的进步，能源领域引进了更加高效的能源形式和能源利用手段，促进和主导能源的更替和人类社会经济水平的飞跃式发展。世界经济的发展过程就是由柴草到煤炭，再到石油的能源消费过程。

然而，随着能源资源的开采和利用，人类的生存环境也受到了严重的威胁。大量废气的排放引起了温室效应、臭氧层破坏、酸雨沉降等问题，废水以及固体废弃物的排放严重污染了水循环系统和土壤环境。总之，能源的大量开发和利用促进了经济的高速发展，同时也对环境造成了严重的污染，部分抵消了经济发展的成果。人类在享受经济增长所带来的物质文明的同时，也需承担由环境污染引发的自然灾害所带来的严重后果。

6.2.1 能源消费与能源需求

在现实生活中，我们一般以为能源消费和能源需求是相同的，其实不然。与能源消费属于统计学范畴不同，能源需求属于经济学范畴，在数值上二者未必相等。当能源供给充足时，能源消费将等于能源需求；当能源供给不足时，能源消费将小于能源需求。然而，当研究能源需求时，统计或者估计实际能源需求量是相当不易的。所以，在分析能源需求问题时，一般选用已经发生的能源消费量数据表示能源需求，即认为能源消费量和能源需求量相同。本书也保持这一习惯做法。

6.2.2 能源消费强度与能源效率

能源消费强度（energy intensity）一般是指在一段时间内，某个国家或地区、行业或部门每单位国内生产总值的能源消费总量，它一方面反映了一个国家的能源利用效率，另一方面也反映了一个国家的经济发展对能源消费的依赖程度。从能源消费强度的定义来看，国内生产总值与能源消费量是能源消费强度的决定因素，然而一个国家的经济综合实力、经济体制的改革与创新也会影响能源强度的变化。

能源效率的概念不易界定。目前，专家学者并没有给予其一个统一的可以接受的定义，工程师、经济学家、环保人士对能源效率都有各自的见解。1995 年世界能源委员会对能源效率的定义具有代表性，即减少提供同等能源服务的能源投入。能源效率又可以细分为开采效率、加工和转换效率、储运效率以及终端利用效率，通常所说的能源效率是指后三个环节效率的总和。

能源消费强度与能源效率是两个联系紧密又有所区别的概念。能源消费强度侧重于通过能源的经济效益来分析能源利用水平，为了节约能源，从经济、技术、行政、宣传、法律、教育等方面采取一切有力措施，降低单位国内生产总值能耗，以减少经济增长对能源使用的依赖程度。而能源效率主要是从技术角度考察能源利用问题，即在某项产品或某个生产过程中，通过利用高效的技术手段来提高能源资源的利用效率。

能源效率提高终将导致能源消费强度降低，然而能源消费强度降低却不一定是因为能源效率提高，二者是单向的因果关系。能源消费强度和能源效率都刻画了投入较少的能源获得较多产出的意义，因此在实际应用中二者经常混淆，能源效率也通常用能源消费强度的倒数来表示。本书为了表述方便，同时又要区分能源强度和能源效率这两个概念，将能源消费强度的倒数称为能源利用效率，能源强度降低意味着能源利用效率提高。

6.2.3 温室气体中二氧化碳的界定

20 世纪中叶以来，人类和地球上其他生物的生存和发展环境面临着严峻的挑战，出现了气候异常、冰川退缩、海平面升高、冻土融化、部分动植物数量急剧减少，甚至濒临灭绝等很多严重问题。大气中温室气体浓度的增加是引发这些问题的主要原因。温室气体是能够吸收地面反射的太阳辐射，并重新发射辐射的气体。它一方面允许太阳光进入，另一方面阻止其反射，进而实现对地球表面保温、升温的作用。地球大气中最主要的几种温室气体包括水汽（H_2O）、二氧化碳（CO_2）、二氧化氮（NO_2）、甲烷（CH_4）和臭氧（O_3）。由于大气中二氧化碳的含量远远多于其他几种温室气体，对全球升温的贡献最大。19 世纪工业革命以来，自然界的调节能力不能够缓解由于人类活动产生的二氧化碳等温室气体增加的压力。二氧化碳排放量的急剧增加，导致了全球平均气温的普遍升高。

6.3 能源消费总量、能源消费强度及二氧化碳排放量研究现状分析

2011年年底，中国的GDP总量已达到47.15万亿元人民币，首次超过日本成为世界第二大经济体。但是，中国的经济增长是建立在大量能源消费基础上的。2011年，中国的能源消费量占到了全球能源消费总量的20.3%，超过了美国（19%）成为世界上最大的能源消费国。我国在“十二五”规划中对节能减排的相应指标作了规定①。但我国正处于工业化、城市化进程加快阶段，居民消费结构也处于升级之中，经济依然呈粗放型增长，能源利用效率偏低、能源消费量过高，使得能源供给不足的矛盾日益突出，提高能源效率和保护环境已经成为一个非常紧迫的问题。中国能源领域正处于转型变革的关键时期，尽管万元国内生产总值能耗呈持续下降的趋势，然而受制于经济体量较大，能源消费总量和人均能源消费量仍然在不断上升并处于高位（韩君、张慧楠，2019）。

有关能源消费总量的影响因素研究，国内外学者主要从单因素和多因素两个角度进行了具体的分析和论证。单因素影响研究中，分析能源消费和经济增长之间的关系是一个重要视角，这种关系在能源经济学文献中一直是争论的焦点。在这种背景下，我们面对的是四种不同的假设：中立假说、保护假说、生长假说和反馈假说。中立假说认为能源消费与经济增长之间没有任何因果关系；保护假说认为从经济增长到能源消耗单向因果关系；增长假说认为从能源消费到经济增长单向因果关系；反馈假说认为经济增长与能源消耗之间存在双向因果关系。每一种假说都有其在政策含义上的重要性（Zhang and Yang，2013）。不同学者得到的结论依时间和地域呈现出较大差异。Kraft和Kraft（1978）发现1947—1974年美国的经济增长影响能源消费总量，但后者对前者的影响不显著。Akraca和Long（1980）与Kraft和Kraft（1978）的做法不同，选用了较短的样本区间，但却得出了相似的结论。而Ghali和El-Sakka（2004）发现与美国不同，加拿大的能源消费对经济增长具有单向影响。Karanfil（2009）和Ozturk（2010）研究发现能源消费对经济增长有促进作用，因为经济的增长依赖于能源的消耗。Yang（2000）、Squalli（2007）、Belloumi（2009）、Payne（2009）、Tiba和Omri（2017）等文献表明能源勘测政策应优先能源保护政策，因为能源保护政策会阻碍经济的发展。Hwang和Gum（1992）以及Wang等（2011）研究表明中国台湾地区国民生产总值与

① 到“十二五”时期末非化石能源占一次能源消费比重达到11.4%，单位国内生产总值能源消耗降低16%，单位国内生产总值二氧化碳量排放降低17%。

能源消费量之间是互为因果的。Belke 等（2011）利用 1981—2007 年 25 个经合组织国家的小组数据表明，能源消费与经济增长之间存在双向因果关系。从上述研究中可以看出，面对不同的时间序列数据及不同的截面数据，不同学者在针对能源消费总量和经济增长的关系进行研究时得出的结论不同，因为当时的计量经济方法还不能解决非平稳时间序列的建模问题，而且当时的经济变量很可能是非平稳的数据。随后出现的协整理论能够处理非平稳序列之间的关系，可以分析变量之间的短期和长期行为特征（Engle and Granger，1987）。Soytas（2003）运用协整分析及格兰杰因果分析方法验证了阿根廷的经济增长和能源消费之间相互影响、相互制约的关系。在对韩国的能源相关数据进行建模时，Wankeun 和 Kihoon（2004）选用误差修正模型，得出 GDP 对能源消费存在单向长期因果关系，反过来则并不成立；从长期来看，经济的发展不会受到节能政策的影响。Lee（2005）对 18 个发展中国家的能源消费与 GDP 的关系进行了研究，基于完全修正的 OLS 模型结果，发现能源对 GDP 的增加产生了积极正向的影响，控制能源消费量会对经济的增长产生抑制作用。张明慧、李永峰（2004）对中国的能源消费与经济增长的关系进行了研究，检验了能源与经济增长的 Granger 因果关系，论证了经济增长与能源发展是相互影响的，同时提出了保持经济增长与能源发展良好循环的措施建议。韩智勇、魏一鸣、范英（2004）分析了中国的能源经济问题，表明能源消费与经济增长之间不存在长期的协整性。马超群等（2004）则发现 1954—2003 年我国的 GDP 与石油、水电和天然气之间不存在协整关系，而 GDP 与能源消费总量、煤炭消费总量之间却存在协整关系。张炎涛、李伟（2007）提出了中国应该采取其他措施而不是限制煤炭的使用来促进经济的增长，因为煤炭消费量对经济增长的影响是正向的。黄飞（2001）采用灰色关联分析方法进行分析，认为石油是对国民经济发展影响最大的资源，其次是电力，然后是煤气，最后是煤炭，正面验证了用油、电、气代替煤炭的能源结构调整政策的演进过程的正向性。

在计量研究方面，也有学者使用非线性模型研究能源消费与经济发展之间的关系，Grossman 和 Kruger（1991，1995）提出的 EKC 假说，描述了环境污染与经济发展之间的倒“U”形关系。在经济发展的早期阶段，随着经济的发展，环境污染会先增加，然后开始下降。赵进文（2007）用 STAR 模型对经济增长和能源消费的内在依存关系进行了研究，发现在不同的阶段二者之间的关系表现出了不同的特征。比如在 1956—1976 年二者呈现出明显的非线性特征，在 1977—2005 年则呈现出明显的线性特征。刘长生、郭晓冬、简玉峰（2009）应用阈值回归模型发现了能源消费与经济增长之间关系的非线性特征，即能源消费对经济增长的影响为倒“U”形：当能源消费处于较低水平时，对经济增长的影响是正面积极的；当能源消费水平较高时，对经济增长的影响是负面消极的。徐斌、陈宇芳、沈小波（2019）指出在不同发展阶段，清洁能源的发展对东、中、西三大区域二氧化碳排放和经济增长的影响差异明显。不同区域环境治理的迫切性及强度不同，导致中国煤炭消费峰值和二氧化碳排放峰值的实现路径具有“分区域实现峰值”的特点（林伯强、李江龙，2015）。因此，有必要在估计中捕捉到一种可能的非线性关系（Ang，2007；Apergis and Payne，2009；Lean and Smyth，2010；Suri and Chapman，1998；Luzzati and Orsini，2009；Yoo and Lee，2010）。

探索能耗与经济增长的内在联系，也可以使用时间序列数据。然而，时间序列过短会使传统单元根和协整检验的功效大大降低。为了克服这些问题，研究人员已经开始使用面板单位根和面板协整检验研究能源消费与经济增长之间的关系（Lau et al.，2011；Lee，2005；Lee and Chang，2007；Lee et al.，2008；Huang et al.，2008；Lee and Chang，2008；Lee and Chien，2010；Mohammad and Parvaresh，2014）。

另外，诸多学者也从其他视角进行单因素影响分析，如刘耀彬（2007）、史丹（1999）、张传国等（2009）、Zhang 等（2016）、Fan 等（2017）分别论证了城市化水平、产业结构调整、出口贸易波动、占地面积对能源消费总量的影响。Li 等（2015）指出城市居民和农村居民的居住会影响能源消费的水平，中国城市和农村的消费曲线不同，城市消费比农村消费增长快。Antweiler 等（2001）指出国际贸易的增加提高了发展中国家的收入水平，鼓励消费者使用进口先进技术减少污染。

单因素分析方法便于抓住事物的主要矛盾来解决问题，但是由于忽略其他因素直接或间接的影响，估计结果可能存在偏差。

在多因素影响分析中，Naryan（2008）和 Idrissa（2010）运用协整理论分析了经济增长、能源（电力）消费、资本形成之间的关系。陈诗一（2009）、林伯强（2001）通过建立能源需求模型，分析了能源消费、能源价格与工业结构间的长期均衡关系，发现我国利用产业结构升级（如技术创新等）调整能源消费的空间很大，而能源价格的变动对能源消费的影响较弱。钱永坤、王艳丽（2003）建立了能源需求函数，并计算了能源需求量对资本价格、能源价格、工资和产出水平的弹性系数，以及各个因素的变化对能源需求变化的贡献率，研究结果表明，GDP 增长和工资变动是能源需求量变动的主要原因。郭菊娥、柴建、吕振东（2008）采用通径分析法验证了全国总人口、经济增长、能源消费结构是决定能源消费需求的主要因素。Ozturk 和 Acaravci（2013）研究了经济增长、能源消费、金融发展、贸易开放度等之间的关系。Shahbaz 等（2013）研究了中国的能源消费、经济增长、国际贸易对能源消费的影响。还有一些学者采用投入产出结构分解法（SDA）(Garbaccio and Ho，1999）和指数分解法（IDA）(Ang，2004；王维国和范丹，2012；Achao and Schaeffer，2009；Rogan et al.，2012；Miao，2017）以及 LMDI 方法（Hubacek et al.，2012；Wang et al.，2015；Zha et al.，2010）对能源消费或碳减排的影响因素进行了分析。投入产出表每五年编制一次，且只能用于跨期研究；指数分解方法能够确定能源消费的影响因素，但对于因素间的相互作用无法测量，使得结论与实际情况有差异。对于能源消费的研究，非参数、半参数方法具有显著的优越性（Awad and Abugamos，2017）。梁经纬等（2013）使用非参数回归法得出经济增长对能源消费的影响具有非线性特征。王磊等（2012）采用半参数面板模型分析了能源经济学中经济增长、能源消费及结构变化之间的关系，发现了产业结构等因素的非线性特点。

能源强度的影响因素分析是能源经济学研究的一个热点问题，国内外学者主要采用定性分析法和定量分析法进行研究。定量分析法主要有以下三种：

第一，因素分解法。20 世纪后期，对国际能源问题的研究主要选用因素分解法，早期主要采用拉氏（Laspeyres）指数法，如 Jenne 和 Cattell（1983）采用因素分解法对英国工业的能源使用进行了分析。由于该方法存在较大的残差，Boyd 等（1988）提出用迪氏（Divisia）指数法对能源问题进行分析。周勇、李廉水（2006）基于 1980—2003 年的数据采用适用性加权迪氏因素分解法（Adaptive Weighing Division，AWD）分析了六大产业部门能源效率变化的原因。分析结果显示，部门结构变化和技术进步是能源效率提高的主要因素，但不同阶段的作用不同。刘静华、贾仁安、涂国平（2010）选用对数平均迪氏指数法（Log Mean Divisial Index method，LMDI），建立了中国三大产业能源消费强度的因素分解模型。

第二，投入产出法。Lin 和 Polenske（1995）、Garbaccio 等（1999）分别在 1981—1987 年、1987—1997 年以及 1978—1995 年采用投入产出法对中国的能源消费强度进行了分析。结果显示，技术进步、产业结构变化是能源消费强度下降的主要原因。此方面的代表性研究还有王玉潜（2003）、刘起运等（2007）、柴建等（2009）、夏炎等（2010）。投入产出表每五年编制一次，且只能用于跨期研究。

第三，能源强度变动的经济计量分析。近年来，协整理论被广泛运用到能源需求与经济增长关系研究领域。史丹（2006）、齐少洲和罗威（2007）、张贤和周勇（2007）利用横截面数据研究了我国各地区能源效率问题，分析了经济增长、外商直接投资和能源强度之间的长期均衡关系。王少平和杨继生（2006）基于1985—2002年中国工业12个主要行业的能源数据建立了面板协整模型。研究表明，中国工业各主要行业的能源消费、能源效率、行业增长之间存在长期均衡关系，且长期均衡具有显著的短期调整效应。

二氧化碳排放主要来源于人类燃烧的化石燃料。这些化石燃料被用于能源、交通和工业领域。中国政府已经宣布发展低碳经济的计划，并制定了一个目标，即到2020年将非化石能源占总能源消耗的比例提高到15%。

当城市经济发展达到一定水平时，人们对环境的质量提高有一定的要求，二氧化碳的排放量无疑会对空气的质量产生负面影响。有关二氧化碳排放量增长的影响因素研究，国内外学者主要采用以下三种方法进行：

第一，指数分解法（Index Decomposition Analysis，IDA）。其中，Shrestha和Timilsina（1996）首次运用该方法研究了中国的二氧化碳排放问题。Ang等（1998）运用对数平均Divisia指数（LMDI）分解法，对中国工业部门排放的二氧化碳进行了研究。指数分解方法很多，得到了广泛的应用（Zhang et al.，2009；Wang et al.，2005；Wu et al.，2005；Feng et al.，2009；查冬兰，2007；陈诗一，2010；宋德勇等，2009；王锋等，2010）。但是，该方法仍然具有一定的局限性，很多因素难以被纳入分析，例如技术进步的影响、所有制的影响等。

第二，投入产出分析法。Fan等（2007）和Liang等（2007）分析了技术进步、城市化、人口规模对中国能源需求和碳排放量的影响。朱启荣（2010）分析了国际贸易对我国碳排放的影响。认为运用投入产出分析法可以进行详细的部门分析，使其具有较好的应用背景，然而作为这种方法应用基础的投入产出表，我国每隔五年才会更新一次，在数据上会存在一定的滞后性。Lin等（2017）指出二氧化碳的排放量与城市化有关，台湾西南部城市台南的城市空间和统计数据被用于探索城市二氧化碳系统，并估算道路交通的二氧化碳排放量。结果显示，二氧化碳排放集中在过度城市化地区，那里的人口密度高于5000人/平方公里。

第三，计量经济分析法。目前国内外学者（Cole，2003；Galeotti，2006；Wagner，2008；陆虹，2000；林伯强等，2009）采用环境库兹涅兹曲线（Environmental Kuznets Curve，EKC）研究人均二氧化碳排放量和人均收入之间的关系，发现二者是否存在倒“U”形关系、倒“U”形状以及拐点时刻存在很大争议。二氧化碳库兹涅茨曲线存在明显差异的主要原因是除了人均收入外，人均二氧化碳排放也受能源强度等因素的影响。国内学者魏巍贤等（2010）、李小平（2010）、杜立民（2011）分别将内生增长理论与环境污染模型相结合，将环境投入产出模型和净出口消费指数相比较，对静态和动态面板模型进行对比分析，发现中国二氧化碳排放总量的上升与经济总量的扩大、工业化水平的提高以及贸易自由化进程的加快等因素正相关，自主研发、技术引进对我国的二氧化碳减排具有显著的积极作用，重工业比重、城市化水平和煤炭消费比重都对中国的二氧化碳排放具有显著正向影响。

以上分析表明，国内外学者从定性和定量的角度分析了影响能源消费总量、能源强度及二氧化碳排放量变化的因素，采用指数分解方法、投入产出法、计量经济法研究了各个影响因素的影响程度。能源消费总量、能源强度及二氧化碳排放量变化与国家宏观政策的调节息息相关，然而，关于节能减排政策等随机因素对三者影响的研究尚不多见。时间趋势是直接反映能源政策及相关法律、法规对能源消费总量影响的一个重要指标，考虑时间趋势对三者进行分析，一方面能够通过时间趋势反映节能减排政策的干预效果；另一方面，加入了政策变量的分析更符合现实经济情况，提高了模型的参数估计效果。并且，现实时间序列数据往往因包含确定的时间趋势而显示出不平稳特征，因此考虑时间趋势对能源消费总量、能源强度及二氧化碳排放量建模是恰当的。

研究时间趋势的传统分析方法很多，Phillips（2010）回顾了时间趋势模型的发展和改进过程，主要原因在于参数模型的限制和不适用。例如，如果参数模型假设有误，则会导致整个求解过程失败。因此，学者们发展了很多新的模型估计技术，非参数方法就是其中的一种。由于非参数方法性能更稳健、使用过程更简单，应用比较广泛。如 Gao 和 Hawthorne（2006）提出使用半参数趋势时间序列模型对全球的温度序列进行建模。然而，对估计时间趋势的面板数据模型的研究却很少。Atak 等（2011）提供了一个半参数面板模型来研究美国的气候变化。Chen、Gao 和 Li（2012）将 Robinson（2012）首次提出的截面相关条件下面板数据的非参数时变系数模型推广到截面相关条件下面板数据的半参数趋势面板模型中。

在本书的研究中，首先，根据能源经济学理论及指数分解方法对能源消费总量进行分解，然后运用核密度估计方法研究中国能源消费的关键影响因素。研究结果表明：采用 Chen、Gao 和 Li（2012）提出的能够体现地区异质性的半参数趋势面板模型，估计能源消费总量及其影响因素之间的长期均衡关系，以及能源消费总量内部的非线性时间趋势，不仅能够测度我国近年来出台的节能减排政策效应，而且可以增强模型估计结果的有效性。与传统的线性时间趋势面板模型对比分析能源消费总量影响因素的影响效应，增强了估计结果的可信性。

其次，根据结构突变理论和半参数趋势面板模型建立半参数趋势阈值面板模型，对能源强度的影响因素进行分析。根据突变点的识别办法，判断出2005 年为我国能源强度模型的结构变化时间，反映了我国能源政策从鼓励能源产业发展到低碳环保的倾向性变化。进一步采用半参数趋势阈值面板模型的参数估计方法，对影响因素的影响程度进行估计。与半参数趋势面板模型进行对比分析，结果表明，半参数趋势阈值面板模型的参数估计有效。

最后，对二氧化碳排放量的影响因素进行研究，同样采用半参数趋势面板模型和半参数趋势阈值面板模型进行对比分析。一方面，分析二氧化碳排放的影响因素的影响程度是否随着时间发生改变；另一方面，通过分析发现，模型参数发生结构变化时，对相应的能源政策的制定起指导作用。本部分采用两个模型进行对比分析，体现了半参数趋势阈值面板模型的优越性。

6.4 基于半参数趋势面板模型能源消费影响因素的实证分析

6.4.1 我国能源消费现状

20 世纪 50 年代以来，随着大规模的工业化建设，在我国工业生产面貌发生改变的同时，国家的能源消费水平也发生了变化。新中国成立以来，中国能源消费量迅速增长，从 1953 年的 5411 万吨标准煤增加到了 2013 年的 37.5 亿吨标准煤，增加 68.3 倍，年均增长率高达 8%。目前，我国已超过美国成为第一能源消费大国。

我国能源消费的高速增长是与我国的工业化战略分不开的，在工业化的不同阶段，能源消费水平的增幅不同。1990 年以前，我国的一次能源消费均保持较快的增长速度。同其他发达国家一样，在工业化初期，我国以能源的高投入来保证经济的高速发展。此后，随着经济结构和能源结构的调整，我国的能源消费水平开始下降，这表明我国工业化发展进入中期阶段。随后能源消费的高速增长则反映了我国工业化的进一步深化和市场内部的需求旺盛。

根据我国各省 1999—2010 年能源消费总量数据，绘制图 6-1。

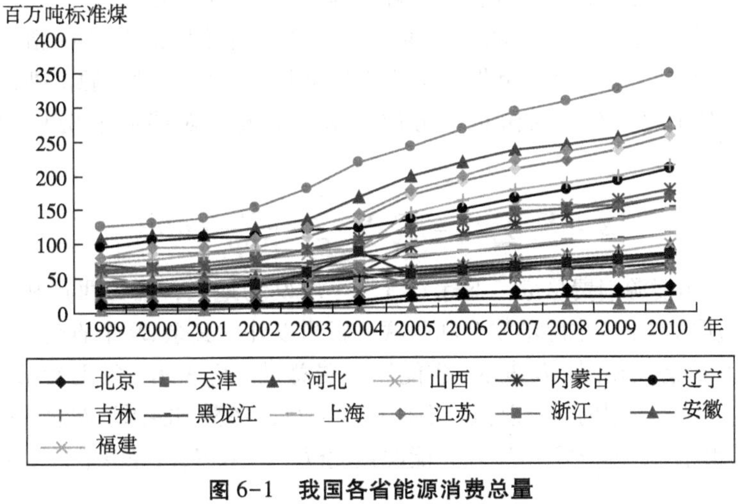

图 6-1 我国各省能源消费总量

如图 6-1 所示，我国各省的能源消费总量基本呈上升的趋势，而且在 2002 年之后增速增加。然而，我国各省能源消费水平不同，其中，河北、江苏、山西的能源消费水平较高，海南、甘肃、青海的能源消费水平较低。

6.4.2 指数分解方法确定能源消费的影响因素

6.4.2.1 影响因素确定

对能源消费影响因素的研究，如前面所述，国内外学者从单因素和多因素两个方向进行，单因素分析虽有利于抓住事物的主要矛盾，但是由于不考虑其他因素的影响，可能不够准确。在多因素分析中，学者多采用指数分解方法和计量模型进行分析，各有优点。在本部分，本书选用指数分解方法确定能源消费的影响因素。

目前，指数分解方法（IDA）是研究能源消费影响因素的主要方法，源自拉氏和帕氏指数。一般地，将 IDA 方法（Ang, 2004）定义为：

$$E = \sum_j E_j = \sum_j x_{1j} x_{2j} \cdots x_{kj} \tag{6.1}$$

其中，E 表示能源消费总量，在一段时间内，有 k 个因素（x_1，…，x_k）对 E 的变化起作用；下标 j 表示用来研究结构分析的次级分类指标，在本书是指能源种类，分别为煤炭、石油、天然气、电力等化石燃料以及水能、核能等其他能源，E_j 表示第 j 种能源消费总量；x_{kj} 表示影响第 j 种能源消费总量的第 k 个影响因素。

不同的 IDA 方法，是对一段时间内能源消费总量的变化进行分解，进而得到其他因素不变时每个影响因素对能源消费总量变化的影响程度。IDA 方法在分解过程中存在影响因素之间的相互作用无法测度的问题，以及某个影响因素的数据是零或者负值将影响整体关系式等问题无法解决。Ang 等（2003）虽提出了一个修正的基于乘法和加法的对数均值 Divisia 指数分解法（LMDI），解决了以上两个问题，但它无法度量随机因素对能源消费总量的影响程度。基于此，本书保留指数分解方法的思想，对能源消费总量进行分解得：

$$E = \sum_i \sum_j E_{ij} = \sum_i \sum_j \frac{E_{ij}}{E_i} \cdot \frac{E_i}{GDP_i} \cdot GDP_i \tag{6.2}$$

其中，E 表示能源消费总量；下标 $i=1$，…，29 为地区，因为西藏和新疆的数据不全，所以本书考虑除港澳台和西藏、新疆以外的其余 29 个省份。下标 j 与式（6.1）的意义相同；E_i 表示 i 省能源消费总量；E_{ij} 表示 i 省消费第 j 种能源数量；G_i 表示 i 省国内生产总值。根据式（6.2），将影响能源消费总量的因素确定为：能源消费结构 $PC_i = E_{ij}/E_i$，能源强度 $EI_i = E_i/GDP_i$，经济增长 $G_i = GDP_i$。

6.4.2.2 指标选取及数据来源

接下来，计量模型涉及的变量是基于1999—2010年我国各省[①]的能源消费结构、能源强度、经济增长的面板数据，所有原始数据都来自历年《中国能源统计年鉴》和《中国统计年鉴》。

(1) 能源消费结构。能源消费结构是相对于总能源消耗而言的，是指每一种能源（如煤炭、石油、天然气、核能和其他可再生能源）消费的百分比。能源消费结构是衡量一国或地区发展水平的最重要指标之一，因各国的能源状况而异。例如，由于中东地区有丰富的石油和天然气资源，中东国家的能源消费结构主要由石油和天然气组成。在亚太地区，中国和印度等国拥有丰富的煤炭资源，煤炭占其能源消费结构很大比例。因此，本书选用煤炭消费比重作为能源消费结构的指标，采用各省份煤炭消费总量与能源消费总量的比值表示能源消费结构。

(2) 能源强度。能源强度是用于对比不同国家和地区能源综合利用效率的最常用指标之一，体现了能源利用的经济效益。最常用的计算能源强度的方法有两种：一种是计算单位国内生产总值所需消耗的能源；另一种是计算单位产值所需消耗的能源。由于后者所用的产值随市场价格变化波动较大，本书采用各省能源消费总量与国内生产总值的比值表示能源强度。

(3) 经济增长。经济增长实质上指的是社会生产力一个特定的构成形态的变化发展，它表现为国民生产总值或国内生产总值或国民收入的增长。

在研究经济增长对能源消费总量的影响时，本书采用国内生产总值作为经济增长的指标，各省的GDP数据由以1999年为基期的GDP指数换算。

6.4.3 能源消费影响因素的半参数趋势面板模型及结果分析

6.4.3.1 能源消费影响因素的半参数趋势面板模型

借鉴Chen、Gao和Li（2012）提出的半参数趋势固定效应面板模型，对能源消费的影响因素进行研究。该模型考虑了面板数据的非线性时间趋势并且允许解释变量和残差向量的截面相关性，具体形式为：

$$E_{it}=\beta_1 PC_{it}+\beta_2 EI_{it}+\beta_3 G_{it}+\alpha_i+f_t+e_{it} \tag{6.3}$$

其中，E_{it}表示第t年i省的能源消费总量；PC_{it}表示煤炭消费比重；EI_{it}为能源强度；G_{it}为国内生产总值；$\beta=(\beta_1, \cdots, \beta_3)^T$为3维未知参数向量；$f_t$为未知

① 鉴于数据的可得性，本书数据选自1999—2010年除新疆、西藏和港澳台以外各省份（包括北京、天津、河北、山西、内蒙古、辽宁、吉林、黑龙江、上海、江苏、浙江、安徽、福建、江西、山东、河南、湖北、湖南、广东、广西、海南、重庆、四川、贵州、云南、陕西、甘肃、青海、宁夏）的能源数据。

时间趋势函数；α_i为个体效应；$\{e_{it}\}$为平稳的残差序列，允许存在截面相关。α_i与PC_{it}，EI_{it}，G_{it}相关，被称作固定效应。同样假定：

$$\sum_{i=1}^{N} \alpha_i = 0 \tag{6.4}$$

$$\sum_{i}^{N} x_i = 0_3 \tag{6.5}$$

其中，0_3表示 3 维零向量。

6.4.3.2 模型的估计结果分析与评价

本书根据 PPLE 估计方法，使用 MATLAB 软件编程来估计模型（6.3）。模型（6.3）认为非线性时间趋势是数据不平稳的原因，去掉非线性时间趋势进行分析可使得估计结果更符合实际。同时，非线性时间趋势也反映了近年来我国节能减排政策对能源消费总量的影响。为了验证非线性时间趋势面板模型的估计效果，本书也对能源消费总量建立了线性时间趋势面板模型，形式如下：

$$E_{it}=\gamma_0+\gamma_1 PC_{it}+\gamma_2 EI_{it}+\gamma_3 G_{it}+\gamma_4 Trend+\lambda_i+\varepsilon_{it} \tag{6.6}$$

其中，E_{it}，PC_{it}，EI_{it}，G_{it}的含义与模型（6.3）相同；$Trend$ 为时间趋势；γ_s（$s=0$，1，2，3，4）表示待估参数；λ_i为固定效应，与E_{it}，PC_{it}，EI_{it}，G_{it}相关；ε_{it}为平稳的残差项。

本部分使用半参数趋势面板模型与传统线性时间趋势面板模型对能源消费总量的影响因素进行对比分析。表 6-1 给出了两种模型的估计结果，其中 FE 为固定效应面板模型估计结果，PPLE 为半参数趋势面板模型估计结果。从 FE 可以看出，在 1%的显著水平下，能源消费结构、能源强度、国内生产总值虽对能源消费总量的影响显著，但是拟合优度是 98%，不如 PPLE（99%）的高。另外，线性时间趋势斜率（$\hat{\gamma}_4=2.37$）反映了能源消费总量随时间存在的上升趋势，未反映我国能源政策对能源消费总量的干预效果。同时，假设时间趋势是线性的，也使得对能源消费总量影响因素的参数估计产生了偏差：与 PPLE 估计结果对比发现，FE 结果高估了国内生产总值对能源消费总量的影响，低估了能源消费结构、能源强度对能源消费总量的影响。时间趋势的线性假设使得能源消费结构对能源消费总量的影响部分转移给了国内生产总值，容易对制定能源政策产生错误的导向作用。从 PPLE 估计结果发现：在 1%的显著水平①下，能源消费结构、能源强度和国内生产总值对能

① 半参数趋势面板模型的估计结果由 MATLAB 程序得到，其自由度 $df=N\times T-(N-1)-3=29\times12-28-3=317$，在此情况下，显著水平为 5%的 t 分布的临界值为 1.97，显著水平为 1%的 t 分布临界值为 2.59。而固定效应面板模型的估计结果由 EViews 6.0 软件给出。

源消费总量的影响显著，拟合优度说明能源消费结构、国卫生产总值、能源强度和随机时间趋势解释了能源消费总量99%的变异。以下主要针对半参数趋势面板模型结果进行分析。

表 6-1　能源消费总量的半参数面板模型估计结果

变量名	符号	FE		PPLE	
		参数	估计值	参数	估计值
能源消费结构	*PC*	$\hat{\gamma}_1$	0.0400*** (0.0067)	$\hat{\beta}_1$	0.4429*** (0.0179)
能源强度	*EI*	$\hat{\gamma}_2$	2.9732*** (1.0561)	$\hat{\beta}_2$	3.1662*** (0.6501)
国内生产总值	*G*	$\hat{\gamma}_3$	0.5203*** (0.0284)	$\hat{\beta}_3$	0.3394*** (0.0158)
时间趋势	*Trend*	$\hat{\gamma}_4$	2.3688*** (0.1927)		
常数项		$\hat{\gamma}_0$	24.7189*** (3.0327)		
拟合优度	R^2		0.9855		0.9890

注：***表示在1%显著性水平下是显著的，括号内是标准差。

(1) 能源消费影响因素的参数估计结果分析

使用半参数趋势面板模型估计的能源消费总量、能源消费结构、能源强度、国内生产总值的长期关系如下：

第一，能源消费结构对能源消费总量的影响显著，即煤炭消费比重增加1个百分点，能源消费总量将增加约44.3万吨。煤炭作为我国的主要能源，在总能源消费中占主导地位，对经济的发展起着决定性作用，在未来一段时间内，煤炭仍是我国主要的能源消费形式；我国强劲的经济发展势头以及工业化、城市化的纵深发展也会进一步增加煤炭的消费量。另外，产业结构的转型将使中国能源消费结构从以煤炭为主向以电力、石油为主转变；工业结构的调整，也会对煤炭消费有很大的抑制作用。从中长期看，实现产业结构向能耗少、附加值高的轻工业和第三产业转变，提高能源利用效率，是我国经济减少对煤炭过度依赖的有效政策取向。同时，大量煤炭的使用，增加了二氧化碳等温室气体的排放，也使环境污染问题日益严重。在节能减排政策下，我国应通过减少煤炭消费量、提高煤炭利用效率、加强技术改进、制定更为严格的排放标准、征收排污费来控制污染。从长远的角度看，最根本的手段是减少经济发展对煤炭的依赖，调整能源结构，重点发展清洁能源和可再生能源。

第二，能源强度对能源消费总量的影响显著。能源强度增加 1 个百分点，能源消费总量增加 317 万吨。与能源消费结构相比，能源强度对能源消费总量的影响更大。能源强度是指单位国内生产总值能耗，是能源经济效率的衡量指标。能源经济效率的提高可以通过产业结构的调整和技术进步实现。产业结构调整是指能源从生产率低的产业流向生产率高的产业（工业向服务业、传统工业向新型工业等）。技术进步有比较丰富的内涵，其对能源系统的影响不仅体现在能源应用技术方面，而且体现在能源作为生产要素被投入经济系统到经济产出的整个过程之中。比如，先进设备的引进可以减少生产过程中的能源损耗；管理制度的优化可以高效配置资源从而以等量投入获得更多的产出，或者以更少的投入获得等量产出；运输技术的改进可以降低能源运输过程的损耗。因此，技术进步对能源效率的影响是一种全过程的影响。目前，我国正处于工业化快速发展阶段，钢铁、化工等产业的发展将依然是经济发展的主要推动力。因此，从短期来看，我国工业化过程中的能源密集型结构很难改变，技术进步是我国当前节能减排的主要手段。

第三，国内生产总值对能源消费总量的影响显著。根据本书实证分析，国内生产总值增加 100 亿元时，能源消费总量增加约 33.9 万吨。经济增长具有内在的规律性，其动力源于要素积累和生产率的提高，经济发展阶段的不同特点决定了实现经济增长途径的变化。工业化初期，我国具有经济底子薄、科技落后的基础国情。为了实现经济的快速增长，我国选择了以“高能耗、高污染和低效率”为特征的粗放型增长方式。但是粗放型的增长方式存在一定的弊端，导致了能源、环境、区域和行业差距等一系列问题，严重影响了我国经济的发展。自 1995 年以来，我国经济的增长方式开始向集约型转变，通过合理配置生产要素来促进经济增长，我们也称之为质量型经济增长方式。随着经济增长水平的提高、经济增长方式的改变，我国能源消费水平也在提高。

能源是经济发展的“双刃剑”。在新的发展阶段，我国要实现经济稳定、可持续的发展，需考虑环境因素对经济的影响，将节能减排的低碳经济理念贯彻到经济发展的进程中，快速实现经济向集约型增长方式转变。我国依然处在工业化进程中，面临着劳动力数量庞大与科技水平较低的现实。在经济增长方式的选择上，一方面要考虑粗放型增长方式的不良影响，另一方面要避免片面强调单一生产要素、不符合国情的“赶超式”的经济增长方式。集约型增长方式不排斥劳动要素的地位，我国虽是人口大国，劳动力资源非常丰富，但是劳动力结构的极度不合理严重制约了经济效率的提高。所以，劳动者素质的提高和劳动力结构的改善是采用集约型增长方式的重点之一，以此满足社会生产的需求。另外，实现资源的合理开发和利用，不仅需要政府的统筹规划和有效管理，同时也需要市场发挥调节作用。

(2) 能源消费区域异质性分析

在研究我国 29 个省份能源消费的总量时，我们可以选用各地区国内生产总值、煤炭消费比重等变量作为解释变量，同时我们认为各地经济结构、人口素质、消费习惯也会影响当地的能源消费水平。对于特定的个体而言，这几种因素不会随着时间的推移而发生明显的变化，通常称为个体效应。这些因素往往因为难以获得数据或不易衡量而无法进入我们的模型，在截面分析中往往会引起遗漏解释变量的问题。面板数据模型的用途之一就是处理不可观测的个体效应。半参数趋势面板模型可以估计能源消费的个体固定效应，估计结果如表 6-2 所示。

表 6-2　省际能源消费异质性分析

能耗类别	FE		PPLE	
	省份	固定效应	省份	固定效应
高能耗省	山东省	80.90	山东省	39.70
	河北省	80.24	河北省	39.45
	辽宁省	48.22	辽宁省	33.16
	山西省	35.67	广东省	23.30
低能耗省	甘肃省	-42.38	山西省	-29.47
	海南省	-38.75	甘肃省	-25.37
	青海省	-33.83	青海省	-20.41
	江西省	-26.86	海南省	-16.77
直辖市	北京市	-27.03	北京市	-3.90
	上海市	-13.16	上海市	4.37
	天津市	-24.88	天津市	-9.13
	重庆市	-20.51	重庆市	-7.46

对时间趋势取平均值可以得出，1999—2010 年，在其他因素不变的情况下，我国不随时间、个体变化的能源消费总量的平均效应为 17.47 万吨。表 6-2的 PPLE 结果表明：山东、辽宁、河北、广东的能源消费固定效应高于平均效应，是高能耗省份；山西、海南、甘肃、青海能源消费固定效应低于平均效应，是低能耗省份。北京、天津、上海、重庆四个直辖市自身的能耗水平不高。高能耗省份经济比较发达、能源利用效率高、产业结构水平较高；

而低能耗省份经济比较落后、能源依赖性低、产业结构水平不高，但随着工业化进程的加快，能源需求不断提高。直辖市自身的能耗水平低于全国平均水平，是因为这些地区已处于工业化的高级阶段，其能源领域技术进步较快，经济增长方式已由粗放型转变为集约型，对能源消费的依赖性较低。

(3) 能源政策对能源消费总量的影响分析

图 6-2 给出了用 PPLE 方法估计的能源消费总量自身的非线性时间趋势，能够反映近年来我国能源政策对能源消费总量的控制作用。

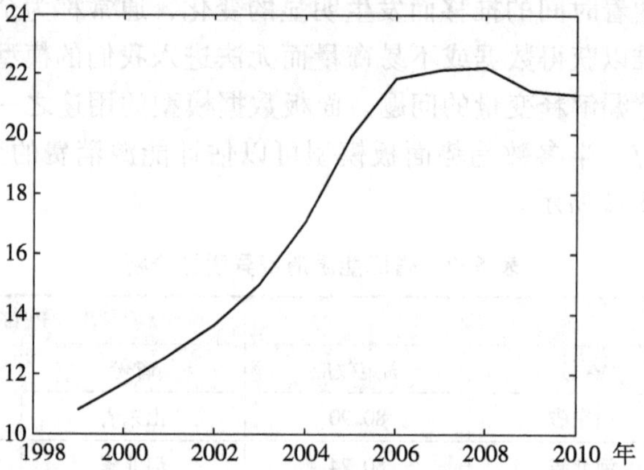

图 6-2　1999—2010 年能源消费总量的时间趋势

由图 6-2 可以看出，1999—2006 年，我国能源消费总量存在快速的、明显的上升趋势。这是因为改革开放后，单单鼓励能源生产和消费的多元化已经不能满足人们对于能源的需求，我国也增加了投资主体多元化的能源政策，促进了能源产业的迅速发展。为了弥补在能源产业发展中国有资本的不足，我国在 20 世纪 80 年代出台了多项鼓励能源投资的政策措施，包括：在煤炭产业中鼓励乡镇、个体煤矿开采；在电力工业中鼓励多渠道办电，尽量吸收更多的能源基础设施投资。"八五"计划和"九五"计划都是保持以电力为主，能源结构多元化的政策：采取因地制宜、水火并举和适当发展核电的方针，充分发挥我国的水电优势，加强电网建设。在"九五"计划中还加入了积极发展风能、海洋能、地热能等新能源发电的能源多元化结构政策。我国积极鼓励能源产业的发展，使得这段时间我国的能源消费总量不断提高。

2006—2008 年，能源消费总量呈平稳状态，主要是因为在"十五"期间，我国在能源战略上发生了改变①，在节约能源方面也取得了很大成绩。

① 能源可持续发展的目标确定为优化能源结构和节能优先，大力提高能源效率，实现经济—能源—环境协调发展。

2005 年，我国能源政策做出了重大的调整：加强能源战略规划，加强能源法律体系建设；对高耗能行业进行结构调整；推动建设资源节约型、环境友好型社会；加快垄断行业改革，进一步引入市场机制；全面整顿和规范矿产资源开发秩序；改革能源价格体系；抑制资源性产品出口过快增长；提高资源税征收标准；加强能源外交，使得能源合作水平迅速提高。这些政策对于我国能源消费总量的控制起到了至关重要的作用。2006 年以后，我国的能源政策措施从以总量调控为主转向以结构调整为主。

到 2009 年，我国能源消费总量出现下降趋势。这是我国能源发展“十一五”目标①对节能减排政策进一步深化的结果。在此期间，我国坚持以能源效率提高为核心，以经济发展方式转变、经济结构调整、技术进步为根本，构建的产业结构、经济发展方式和消费模式均以能源资源节约为基础。这些政策的制定和实施对能源消费总量的增加起到了抑制作用。

总之，半参数趋势面板模型估计的非线性时间趋势与我国 20 世纪 90 年代以来出台的能源政策的一致性，凸显了我国能源政策调整对能源消费总量的控制作用。我国应该制定合理的能源政策，为控制能源消费总量提供保障。

6.5 基于半参数趋势阈值面板模型的能源消费强度影响因素分析

能源消费强度（energy intensity）是某个国家或地区、行业或部门在一段时间内每单位 GDP 的能源消费量，它既反映了一个国家的经济增长对能源消费的依赖程度，又反映了一个国家的能源利用效率。表面来看，能源消费强度是由 GDP 与能源消费量两个数值决定的，而实质上，一个国家能源经济效率的提高源于技术进步和结构调整。本部分选用产业结构、工业结构、能源消费结构、贸易开放度作为影响能源强度的结构因素来分析能源强度的变化。

6.5.1 指标选取与数据说明

（1）在有关能源强度因素的分解中，国内外学者认为能源强度变化的主要影响因素之一是产业结构变化，工业是产生能源消耗的主要产业，工业结

① 来自《中国的能源状况与政策》白皮书，规定到“十一五”末期，能源供应基本满足国民经济和社会发展需求，能源节约取得明显成效，能源效率得到明显提高，结构进一步优化，技术取得实质进步，经济效益和市场竞争力显著提高，与社会主义市场经济体制相适应的能源宏观调控、市场监管、法律法规、预警应急体系和机制得到逐步完善，能源与经济、社会、环境协调发展，全面推进能源节约。

构的变化将对能源消费强度产生极大影响。工业化过程实质上是结构转换的过程，能耗指数受地区产业结构的影响很大，因此能源消费量会因为地区产业结构的调整及产业内生产率的变化而发生变化，优化产业结构是提高地区能源利用效率的有效途径之一。本书选取各地区第二产业产值占该地区 GDP 的比重来反映产业结构的变化，以重工业产值占工业产值的比重来表示工业结构。

（2）能源消费结构是影响能源强度变化的关键因素。能源消费一方面受到经济发展水平的制约，另一方面受到能源禀赋差异的影响。我国是世界上少数几个以煤炭作为一次能源消费主要资源的国家，煤炭消费比例的变化能够反映能源消费结构的变化。很长一段时间，我国煤炭消费比重一直保持在70%左右。能源消费结构以煤炭为主不仅会导致能源利用率低下，经济效益不高，也会严重污染环境。我们选取各地区煤炭消费量占能源消费总量的比重来表示能源消费结构。

（3）贸易开放度是影响能源强度的主要因素。我国现在已是贸易大国，工业品出口占我国出口总额的比例到 21 世纪已达到 90% 以上，可以说工业产品的出口在我国贸易中占据着主导地位，出口商品及其贸易方式、模式可以体现我国在国际分工中所处的位置。然而，我国目前仍然处于国际分工的底端，国际商品竞争力不足，对外贸易的综合水平和层次偏低，加工制造的产品大多是低技术产品，高端技术以及产品仍然依赖进口，国内企业并没有形成较好的品牌设计、生产技术及市场推广体系。也就是说，我国的国际整体竞争优势依然是传统的劳动密集型产品的生产和加工，仍然依赖于以能源投入为主的经济发展方式。随着国际化的进一步深入，我们在保持经济增长的同时，也要注重经济生产方式的改变，低能耗、环保、高科技产品的生产是当前经济发展的趋势。由此也说明，出口贸易结构的调整是实现节能降耗的重要措施之一。本书选用进出口总额与国内生产总值之比表示贸易开放度，它能够体现一个国家出口贸易结构的变化情况。

本部分选用的数据区间为 1999—2010 年。全部数据及相关数据均来源于《新中国六十年统计资料汇编》《能源统计年鉴》《中国统计年鉴（2011）》，并换算成 1999 年不变价。

由于能源强度及其影响因素之间的关系是否发生结构突变的情况未知，本书首先用半参数趋势面板模型对其进行分析，估计的非线性时间趋势（见图 6-3）表明，我国能源强度除了 2002—2004 年下降趋势放缓以外，其余年份均保持较快的下降速度。这与我国学者何建坤等（2006）所作的分析一致。其研究表明，近几年能下降放缓源强度下降速度放缓，主要由于能源消费增长阶跃式变化所致，而能源消费下降放缓的这种非线性变化是由工业，特别是重工业比重在国民经济产业结构中迅速增加引起的，这种急剧的结构变化虽会导致一定时期较高的重工业比例，但其稳定后，相应的能源强度下降速度不会继续放缓。其后随着产业结构的战略性调整、节能技术的优化升级，能源强度仍会保持稳定下降的趋势。半参数趋势面板模型估计的非线性时间趋势虽能够反映能源强度随着时间变化的特征，但是不能反映模型中影响因素的参数是否随着时间发生改变。

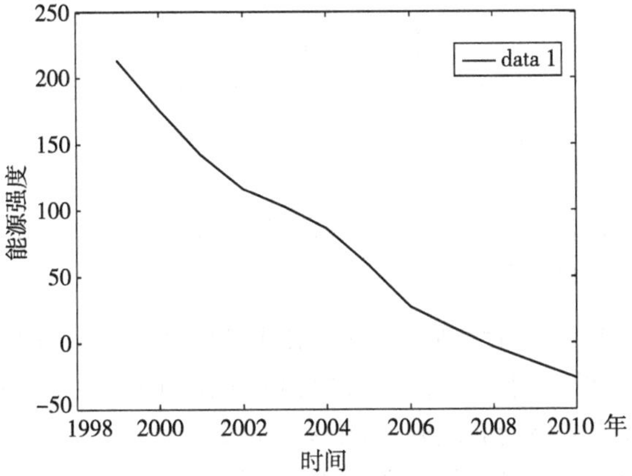

图 6-3　1999—2010 年能源强度的时间趋势

基于此，本节考虑使用第二部分提出的半参数趋势阈值面板模型及其估计方法，对能源强度及其影响因素作进一步分析。

6.5.2　能源强度的半参数模型及结果分析

对能源强度建立半参数趋势阈值面板模型，形式如下：

$$EI_{it}=I(t\leqslant t_1)X_{it}\beta+I(t>t_1)(X_{it}\varphi)+f_t+\alpha_i+e_{it} \tag{6.7}$$

其中，EI_{it}表示能源强度；$X_{it}=(DS_{it},\ ZS_{it},\ ES_{it},\ OS_{it})$ 表示能源强度的影响因素，即工业结构（DS_{it}）、产业结构（ZS_{it}）、能源结构（ES_{it}）、贸易开放度（OS_{it}）；$\beta=(\beta_1,\ \cdots,\ \beta_4)$，$\varphi=(\varphi_1,\ \cdots,\ \varphi_4)$ 表示参数；t_1表示阈值，根据第二部分提出的估计方法，确定阈值 $t_1=2005$；f_t表示 EI_{it}的两段非线性时间趋势，即 1999—2005 年和 2006—2010 年的非线性时间趋势。

为了验证半参数趋势阈值面板模型的估计效果，本部分对半参数趋势面板模型和半参数趋势阈值面板模型进行对比分析。表 6-3 表明，忽略结构突变的半参数趋势面板模型的参数估计结果有偏差。

表 6-3　能源强度的半参数面板模型估计结果

变量名称	符号	PPLE 估计值	EPPLE 估计值	
		$\beta=\varphi$	β	φ
工业结构	DS_{it}	0.2962 (0.2853)	0.4020 (0.3101)	0.4169 (0.1449)
产业结构	ZS_{it}	1.5687 (1.1753)	3.0102 (1.4955)	2.1301 (0.8293)
能源结构	ES_{it}	0.6625 (0.1426)	0.2441 (0.2576)	1.1068 (0.2554)
贸易开放度	OS_{it}	−1.2536 (0.3386)	−0.3533 (0.3042)	−2.0911 (0.5462)
拟合优度	R^2	0.8202	0.8210	

注：括号内为估计值的标准差。

从 PPLE 和 EPPLE 估计结果发现，在 1999—2010 年、1999—2005 年以及 2006—2010 年三个阶段中，不同阶段的影响因素对能源强度的影响程度不同。而且，EPPLE 估计结果能够反映影响程度的变化情况。其中，工业结构的影响变化不大，能源结构和贸易开放度随着时间的变化影响程度都有所增加，而产业结构的影响程度降低。

对于工业结构而言，随着时间的变化影响程度变化不大。由于工业生产是人为改变物质形态的过程，大量采用自然资源作为工业原料以及开发能源来提供工业动力是工业的一个重要产业特征。我国处于工业化和城市化的快速发展阶段，钢铁等重工业的发展是工业发展的主要方面，短时期内不会改变，需和提高能源使用效率结合以降低能源强度。

能源利用效率会因为能源消费品种的差异而不同，例如，在中国一次性能源消费品种中，煤炭、原油、天然气的利用效率分别约为 27%、50%、57%，电力的利用效率最高，约为 85%。在中国能源消费结构中，煤炭在一次能源消费中的比重最高，而其利用率最低，不利于能源产业的发展。因此，优化能源消费结构是减少能源消耗、降低能源强度的有效途径。我国积极可再生能源政策和规划所推动的能源战略调整，明显地改善了能源结构，降低了煤炭的消费比例，而水能、核能、风能、太阳能等清洁能源占一次能源消费比例均有不同程度的上升，为能源强度的下降做出贡献。

贸易开放度对能源强度的影响程度随着时间的变化而增强。在我国，工业是能源消费最多的生产部门，其出口产品的生产已成为影响能源强度的重要因素，我国出口比重变动对能源强度的影响表现为反向作用。我国现在已是贸易大国，工业产品出口在我国出口总额中的比例到21世纪已达到90%以上，可以说工业产品的出口在我国贸易中占据着主导地位，由此也说明出口贸易的调整是实现节能降耗的重要措施之一。我们不仅要关注高能耗行业出口占比减少带来的节能效应，还要重视某些低能耗工业品出口增加对降低能源强度的正面影响。

产业结构对能源强度的影响随着时间的变化有所降低。根据能源效率的分解方法，总能源效率变化取决于两种效应：效率效应和结构效应。然而结构的调整速度缓慢，对降低能源强度的贡献不大。随着我国能源战略发生了改变，能源结构优化和节约能源被设为优先目标，通过技术升级、有效管理来提高能源效率，进而降低能源消费强度，使产业结构的作用进一步弱化。

与半参数趋势面板模型相比，半参数趋势阈值面板模型对能源消费强度的分析体现了各个影响因素的影响程度随着时间的变化而变化，不仅反映了我国不同经济发展阶段的特征，而且体现了能源政策的实施效果。

6.6 基于半参数趋势阈值面板模型的二氧化碳排放影响因素分析

6.6.1 二氧化碳排放量的计算

二氧化碳是温室气体中含量最高的气体，温室效应引起的严重后果使得我们必须控制二氧化碳排放量的增加。相关大气科学研究表明，二氧化碳有两个来源：一是大气和地球表面的天然二氧化碳，二是人类的社会生产生活产生的二氧化碳。研究发现，当前气候变暖有90%以上的可能性是由人类活动造成的（Ye and Yan，2009）。本书将研究中涉及的碳排放界定为人为二氧化碳排放，不涵盖自然界产生的天然二氧化碳排放，在对二氧化碳排放量的影响因素进行分析以前，首先对二氧化碳排放量进行正确的测算。目前，我国统计部门不对二氧化碳排放统计量进行公布，而国际机构公布的我国碳排放数据主要有三个来源：美国北卡罗来纳大学二氧化碳信息分析中心（CDIAC）、国际能源总署（IEA）、美国能源信息管理局（EIA）。这些国际机构虽然对我国整个国家的二氧化碳排放总量数据进行了公布，然而并未对我国各省省域范围内的碳排放量数据进行测算，因此难以满足研究需求。参照IPCC

(2006)① 以及国家气候变化对策协调小组办公室和国家发改委能源研究所(2007)的方法，本书详细估算了1999—2010年中国29个省份（新疆、西藏、港澳台地区除外）的二氧化碳排放量。为了保证估算的全面性，本书估算的二氧化碳排放量为化石能源燃烧的二氧化碳排放量与水泥生产过程中的二氧化碳排放量的和②。化石能源燃烧的二氧化碳排放量具体计算公式如下（杜立民，2010）：

$$EC = \sum_{i=1}^{6} EC_i = \sum_{i=1}^{6} E_i \times CF_i \times CC_i \times COF_i \times 3.67 \tag{6.8}$$

其中，EC 表示估算的各类能源消费的二氧化碳排放总量；i 表示能源消费种类，包括煤炭、汽油、焦炭、柴油、煤油、燃料油和天然气7种；E_i为各省第 i 种能源的消费总量；CF_i为发热值；CC_i为碳含量；COF_i为氧化因子。$CF_i \times CC_i \times COF_i$ 被称为碳排放系数，而 $CF_i \times CC_i \times COF_i \times 3.67$ 则被称为二氧化碳排放系数。

水泥生产过程中排放的二氧化碳计算公式如下：

$$CC = Q \times EF_{cement}$$

其中，CC 表示水泥生产过程中二氧化碳排放总量；Q 表示水泥生产总量；而 EF_{cement}则为水泥生产的二氧化碳排放系数。表6-4列出了各类排放源的二氧化碳排放系数。

表6-4 二氧化碳排放系数

化石燃料燃烧							工业生产过程
煤炭	焦炭	汽油	煤油	柴油	燃料油	天然气	
1.647	2.848	3.045	3.174	3.150	3.064	21.670	0.527

6.6.2 我国各省份二氧化碳排放的特点

根据6.6.1小节计算的我国各省份二氧化碳排放量及全国二氧化碳排放量，图6-4至图6-6描述了全国二氧化碳排放量及我国各省份1999—2010年二氧化碳排放量。由图可见，我国二氧化碳排放量呈上升趋势，而且各省份的二氧化碳排放量存在差异。

① IPCC（2006）即《（2006）年IPCC国家温室气体清单指南》，由国家温室气体清单计划编写，编辑为Eggleston H. S.，Buendia L.，Miwa K.，Ngara T. 和 Tanabe K.，出版者为日本全球环境战略研究所。IPCC即政府间气候变化专门委员会，是由世界气象组织和联合国环境规划署（UNEP）于1988年共同成立的一个组织，以应对全球气候变化问题。

② 所有化石能源消费数据皆取自历年《中国能源统计年鉴》中地区能源平衡表，水泥生产数据则来自国泰安金融数据库。

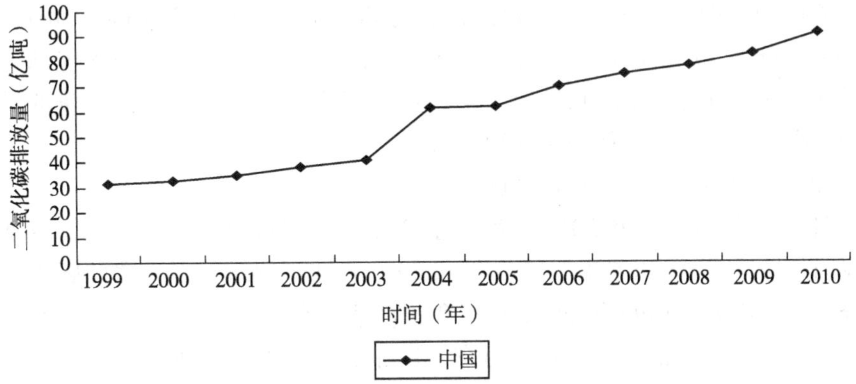

图 6-4 1999—2010 年全国二氧化碳排放量

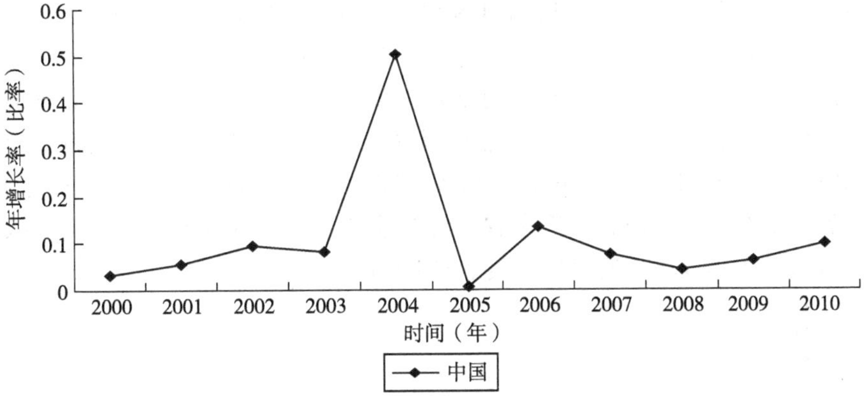

图 6-5 1999—2010 年全国二氧化碳排放量增长率

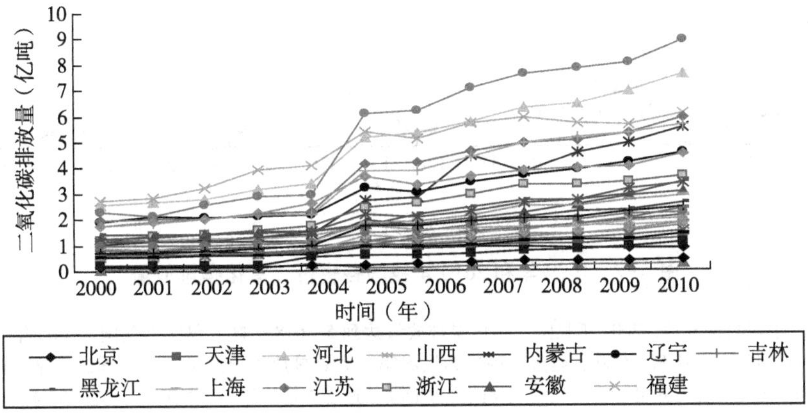

图 6-6 1999—2010 年我国各省份二氧化碳排放量

（1）碳排放量增长迅速

近年来，由于我国经济的迅速发展和能源消费的过快增长，人为引起的二氧化碳排放量明显增加。二氧化碳信息分析中心（Carbon Dioxide Information Analysis Center，CDIAC）（2010）的统计数据表明，改革开放后我国能源消费总量和二氧化碳排放量增长迅速，尤其到 2004 年，二氧化碳排放总量的增长率居于高位，比以往任何一年的增幅都大①。

（2）我国碳排放总量存在区域差异

图 6-7 为 1999 年和 2010 年我国各省二氧化碳排放量，其中 1~29 分别表示我国各地区②。可以看出，1999 年和 2010 年我国终端能源消费的碳排放空间分布变化不大，1999 年和 2010 年我国各省二氧化碳排放量中，河北、河南、辽宁、江苏、浙江、山西、山东、广东为二氧化碳排放量较大的省份，其中 2010 年这 8 个省的碳排放量占 29 个省、直辖市、自治区终端能源消费碳排放量的 51.33%。而且，相对于 1999 年，2010 年我国 29 个省、直辖市、自治区终端能源消费碳排放总量增加了 88.25%，其中河北省、江苏省、浙江省、山东省、河南省、广东省终端能源消费增加的碳排放量最多，其增加量占 29 个省、直辖市、自治区终端能源消费碳排放增加量的比例分别为 8.4%、6.62%、4.40%、11.02%、6.75% 和 4.52%。这表明我国河北省、江苏省、浙江省、山东省、河南省、广东省是终端能源消费的碳排放大省，所以减缓这些省份的碳排放增长速度应是碳排放工作的重点。

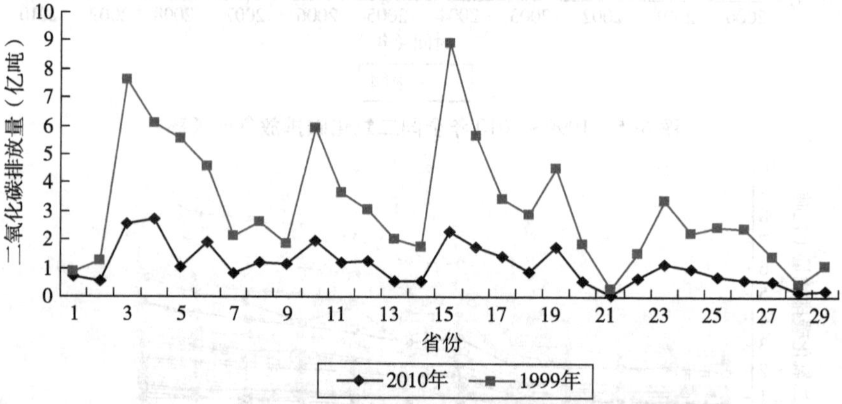

图 6-7　1999 年和 2010 年我国各省份二氧化碳排放量

① 根据数据显示，2004 年我国二氧化碳排放量达到 53.618 亿吨，仅次于美国。2006 年我国二氧化碳排放量高达 64.956 亿吨，超过美国成为世界第一大碳排放国家。2010 年我国二氧化碳排放量为 82.981 亿吨，居世界第一位。从二氧化碳排放的增长速度来看，1999—2003 年，我国碳排放以每年平均 5.3%的速度增长，到 2004 年二氧化碳排放量增长速度最快，而后二氧化碳排放量保持低速增长。

② 序号与各地区之间的对应关系如下：1 北京、2 天津、3 河北、4 山西、5 内蒙古、6 辽宁、7 吉林、8 黑龙江、9 上海、10 江苏、11 浙江、12 安徽、13 福建、14 江西、15 山东、16 河南、17 湖北、18 湖南、19 广东、20 广西、21 海南、22 重庆、23 四川、24 贵州、25 云南、26 陕西、27 甘肃、28 青海、29 宁夏。

6.6.3 指标选取及数据来源

我国各省份二氧化碳排放量存在以上特点，有的省份排放量居高不下，有的省份排放量增速减缓，其中的原因是我们应该研究的问题。基于此，本部分根据国内外学者的研究结果，选用能源消费碳排放强度、能源强度、产业结构、人均 GDP、总人口，以及时间趋势等几个变量作为碳排放影响因素来分析二氧化碳排放量变化的原因，为制定节能减排政策提供科学的理论依据。选取各变量的经济意义以及构建情况如下：

（1）能源消费碳排放强度。反映经济与环境之间协调性能源效率的指标。碳排放指的是由于经济发展所需的能源消耗而产生的污染物和温室气体排放，碳排放强度则表示单位 GDP 的碳排放量。林伯强（2010）指出在所有的终端能源消费类型中，化石能源的使用是造成温室气体排放的最主要原因，其次是生物质能，而其他类型的新能源及可再生能源，包括风能、太阳能和水能的使用，碳排放量几乎为零。能源结构的变化影响能源消费碳排放强度的变化，能源消费碳排放强度反映了能源质量问题，考虑能源消费碳结构可以测度中国能源结构的变化。从历史的角度看，我国在提高碳排放效率方面做了很多工作。虽然我国的碳排放强度下降趋势明显，但依旧高于世界平均水平①。

（2）能源强度。用于对比不同国家和地区能源综合利用效率的最常用指标之一，体现了能源利用的经济效益，反映了能源使用的数量问题（林伯强，2010）。最常用的计算能源强度的方法有两种：一种是计算单位国内生产总值所需消耗的能源；另一种是计算单位产值所需消耗的能源。由于后者所用的产值随市场价格变化波动较大，因此本书采用各省份能源消费总量与国内生产总值的比值表示能源强度。

（3）产业结构。杜立民（2010）指出工业的能源消耗往往要比农业和第三产业高很多，工业能源排放的二氧化碳自然也更高。中国目前正处于工业化发展中期，1995 年以来，我国各省份的重工业比重持续上升，而且有进一步上升的趋势，这必然对我国二氧化碳排放产生重要影响。本书选用单位国

---

① 能源消费碳排放强度，即单位国内生产总值的碳排放量。1978 年，我国碳排放强度为 2.56 千克碳/美元，约是世界平均水平的 8.26 倍（世界碳排放强度为 0.31 千克碳/美元）；2004 年，我国碳排放强度为 0.79 千克碳/美元，约是世界平均水平的 3.43 倍（世界碳排放强度为 0.23 千克碳/美元）。虽然我国碳排放强度远高于美国和日本，但总体上呈下降趋势。改革开放以后，我国碳排放强度下降很快，2002 年下降到历史最低点，约为 0.69 千克碳/美元，与印度同期的碳排放强度非常接近。2002—2004 年，我国碳排放强度又呈上升趋势，主要是因为碳排放总量的增长较快，平均碳排放增长率为 13.69%，远高于世界同期的平均水平。

内生产总值的工业总产值表示产业结构。

（4）人均 GDP。人均 GDP 能够代表一个经济体大致所处的经济发展阶段，而不同的经济发展阶段则意味着不同的能源消费特征。林伯强（2010）、陆虹（2000）等研究二氧化碳的环境库茨涅兹曲线表明，人均 GDP 对二氧化碳排放量的影响很大。中国目前处于城市化与工业化的快速推进阶段，经济发展速度快，能源需求不但总量大，而且是刚性需求，增速也快，使得能源消费过程中产生的二氧化碳量很大。本书选用各省份 GDP 数据与各省份总人口的比值来表示人均 GDP，GDP 数据由以 1999 年为基期的 GDP 指数换算得到。

（5）总人口。对于人口与环境质量关系的研究可以追溯到对人口变化与资源稀缺的关系的争论上。Malthus（1798）认为，人口增长将导致土地等自然资源不断被破坏，因为人类的生产生活对自然资源的消耗巨大，对环境将造成严重影响，大自然的恢复速度不及人口的增长速度。而 Boserup（1981）认为，随着人口压力的增大，人们环保意识及技术创新的动力增强，解决环境问题的能力及办法也会逐渐增多。因而人口与环境之间可能无关系，甚至具有负相关性。李国志（2010）则指出人口因素对二氧化碳排放量的影响是双向的。本书用各省份人口数量总和代表全国总人口，研究其对二氧化碳排放量的影响程度。

本书选用的变量数据是基于 1999—2010 年我国各省份①的能源消费碳排放强度、能源强度、产业结构、人均 GDP、总人口的面板数据，所有原始数据都来自历年《中国能源统计年鉴》和《中国统计年鉴》。

6.6.4 二氧化碳的半参数趋势阈值面板模型

根据我国及各省份二氧化碳排放量的图形来看，2002—2005 年二氧化碳排放量的增长速度变快，本书考虑变量数据可能存在结构突变的特征，采用第 4 章提出的半参数趋势阈值面板模型，对二氧化碳排放量进行建模，形式如下：

$$C_{it}=I(t\leqslant t_1)X_{it}\beta+I(t>t_1)(X_{it}\varphi)+f_t+\alpha_i+e_{it} \tag{6.9}$$

$$X_{it}=g_t+x_i+v_{it} \tag{6.10}$$

其中，$i=1,\cdots,N$，$t=1,\cdots,T$ 表示横截面单元和时间维度；C_{it} 表示二氧化碳排放量；$X_{it}=(CI_{it},EI_{it},IS_{it},PG_{it},P_{it})$ 为二氧化碳排放的影响因素，即能源消费碳排放强度（CI_{it}）、能源强度（EI_{it}）、产业结构（IS_{it}）、人均

① 鉴于数据的可得性，本书数据选自 1999—2010 年除新疆、西藏、港澳台以外各省份的二氧化碳排放相关数据。

GDP（PG_{it}）、总人口（P_{it}）。本书考虑由于政策变化引起结构突变，因此以时间变量 t 做阈值变量，t_1表示阈值。若 t_1已知，则表示结构突变的位置已知；若 t_1未知，则表示结构突变的位置未知。本书在 t_1未知的情况下，使用核密度估计方法，确定 t_1，然后使用扩展的 PPLE 方法估计半参数阈值面板模型的参数。$I(\cdot)$ 表示指示函数；β（β_1，…，β_5）^{T}为 $t \leqslant t_1$的 5 维未知参数向量；$\varphi(\varphi_1, \cdots, \varphi_5)^T$表示 $t>t_1$时的未知参数向量；$f_t=f(t/T)$，$g_t=g(t/T)$ 为未知时间趋势函数；α_i，x_i为个体效应；$\{e_{it}\}$，$\{v_{it}\}$ 为平稳的残差序列，允许存在截面相关。α_i与 X_{it}相关，被称作固定效应。这里假定：

$$\sum_{i=1}^{N} \alpha_i = 0 \tag{6.11}$$

$$\sum_{i=1}^{N} x_i = 0_5 \tag{6.12}$$

其中，0_5表示 5 维零向量。

模型（6.9）和模型（6.10）考虑了现实经济变量本身存在的非线性时间趋势以及可能含有结构突变的情况，将非平稳和非线性结合起来，研究碳排放问题中的结构突变问题。进一步放松了对解释变量和残差序列的独立性的要求，使得面板数据更符合我国碳排放的实际情况。

6.6.5 半参数趋势阈值面板模型及结果分析

6.6.5.1 确定阈值

半参数趋势阈值面板模型可以反映变量之间关系发生结构变化的情况。本书考虑的是受政策、法律、法规等因素影响数据生成过程发生的变化，因此在哪一年二氧化碳排放量及其影响因素之间的关系发生结构突变是首先需要解决的问题。本书采用半参数趋势面板模型对其进行分析，以此确定阈值。半参数趋势面板模型如下：

$$C_{it}=X_{it}\gamma+f_t+\alpha_i+e_{it} \tag{6.13}$$

$$X_{it}=g_t+x_i+v_{it} \tag{6.14}$$

其中，C_{it}表示二氧化碳排放总量；$X_{it}=(CI_{it}, EI_{it}, IS_{it}, PG_{it}, P_{it})$ 表示影响二氧化碳排放量的因素，即能源消费碳排放强度、能源强度、产业结构、人均 GDP、总人口；$\gamma=(\gamma_1, \cdots, \gamma_5)$ 表示未知参数；$f(\cdot)$，$g(\cdot)$，α_i，x_i，e_{it}，v_{it}的含义与模型（6.9）和模型（6.10）相同。

采用 Chen、Gao 和 Li（2012）提出的 PPLE 方法对模型（6.13）和模型（6.14）中的 f_t 进行估计。

从图 6-8 的结果可以看出，我国二氧化碳排放总量随着时间变化的趋势是：1999—2002 年缓慢上升，2002—2005 年快速上升，2005 年以后上升速度减缓。分离出来的时间趋势与二氧化碳实际排放量反映的时间趋势一致。这种变化情况是与我国经济发展、能源政策的调整分不开的。2002—2005 年，二氧化碳排放量增长迅速，这是因为在新一轮经济增长阶段，中国能源消费迅速上升，能效提高的速率减缓，此时的节能减排政策还未见成效。然而，在 2005 年二氧化碳排放总量的上升曲线出现拐点，这是因为碳减排目标已经上升到法律层面，使得经济发展和碳减排成为社会发展的双重约束。为应对全球气候变暖的挑战，1997 年 12 月在日本京都召开了《联合国气候变化框架公约》第三次缔约方大会。在这次会议上，出席国家制定了《京都议定书》①。这标志着实质性减排温室气体的阶段已经开启了，人类发展史上首次拥有了一个国际法律框架，用以限制人类活动对地球系统的碳循环和气候变化的干扰。减少碳排放已经成为缔约国社会经济发展和生产经营活动的重要目标之一。在 2005 年，世界各国纷纷采取节能和扩大能源开发的新举措，各主要国家的能源对话与合作显著加强。中国也起到了很好的示范作用②。

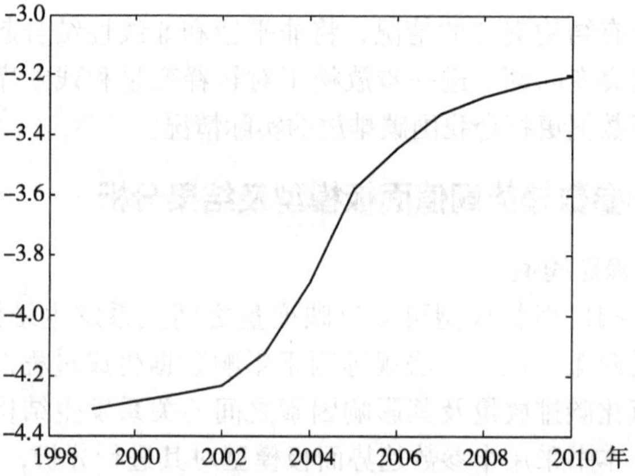

图 6-8　1999—2010 年二氧化碳排放总量的时间趋势

结合二氧化碳排放量的非线性时间趋势及各年份我国节能减排政策的制定及实施，笔者确定阈值范围为 $\Phi=[2002,\ 2006]$，结合第 4 章提出的突变点的识别办法来估计阈值，考虑到个体效应可能影响模型结构变化，对面板数

---

① 要求 30 多个国家（包括发达国家和经济转型国家）在 2008—2012 年将温室气体的排放量平均比 1990 年削减 5.2%。在得到二氧化碳排放量占发达国家 1990 年二氧化碳排放总量 55%以上的缔约发达国家批准后，《京都议定书》于 2005 年 2 月 16 日正式生效。

② 中国的能源政策措施可以概括为：加强能源战略规划，加强能源法律体系建设；实施高耗能产业和产品结构调整；促进资源节约型、环境友好型社会建设；加快能源垄断行业改革，进一步引入市场机制；全面整顿和规范矿产资源开发秩序；改革能源价格体系，提高资源税征收标准；加强能源外交，扩大能源国际合作。

据按截面取平均值得到的数据进行估计来识别突变点。因为 $\sum_{i=1}^{N}\alpha_i = 0$，所以这样做可以消除个体效应对结构变化的可能影响。估计模型为：

$$\overline{Y}_t = I(t \leqslant t_1)\overline{X}_t\beta + I(t > t_1)(\overline{X}_t\varphi) + f_t + \overline{e}_t \tag{6.15}$$

$$\overline{X}_t = g_t + \overline{v}_t \tag{6.16}$$

其中，$\overline{Y}_t = \frac{1}{N}\sum_{i=1}^{N} Y_{it}$，$\overline{X}_t = \frac{1}{N}\sum_{i=1}^{N} X_{it}$，$\overline{e}_t = \frac{1}{N}\sum_{i=1}^{N} e_{it}$。上述模型的估计即为模型（6.9）$N=1$ 的情况。参考上述方法，将估计量代回模型（6.15）得到拟合残差：

$$\hat{e}_t(t_1) = \overline{Y}_t - \overline{X}_t^T I(t \leqslant t_1)\hat{\beta} - \overline{X}_t^T I(t > t_1)\hat{\varphi} - \hat{f}(t_1) \tag{6.17}$$

令 $R(t_1) = \hat{e}(t_1)^T\hat{e}(t_1)$，于是 t_1 的估计为：

$$\hat{t}_1 = \underset{t_1 \in \Phi}{\operatorname{argmin}} R(t_1) \tag{6.18}$$

计算得 $t_1 = 2005$。

6.6.5.2 半参数趋势阈值面板模型估计结果对比分析

当阈值 t_1 确定以后，按照第 4 章提出的半参数趋势阈值面板模型的两步骤 PPLE 方法对其进行估计，得到结果如表 6-5 所示。

表 6-5 碳排放总量的半参数面板模型估计结果

变量名称	符号	PPLE 估计值	EPPLE 估计值	
		$\beta=\varphi$（1999—2010）	β（1999—2005）	φ（2006—2010）
能源消费碳排放强度	*CI*	0.5239*** （0.0849）	0.4705*** （0.0866）	0.6153*** （0.1390）
能源强度	*EI*	0.1254*** （0.0518）	0.0545 （0.0604）	0.0700 （0.0675）
产业结构	*IS*	0.0321*** （0.0102）	0.0422*** （0.0135）	0.0157 （0.0084）
人均国内生产总值	*PG*	0.0608*** （0.0180）	0.0731 （0.0517）	0.0501*** （0.0121）
总人口	*P*	0.0582*** （0.0190）	0.0507*** （0.0208）	0.0190 （0.0208）
拟合优度	R^2	0.89	0.91	

注：***表示估计参数在 1%的显著水平下显著，未标识的参数为不显著；括号内为标准差。

第 4 章的理论模拟中，对于含有结构突变的数据采用半参数趋势阈值面板模型，能够反映模型参数随着时间变化的情况。实证研究中，从二氧化碳的影响因素分析来看，随着时间的变化，二氧化碳排放量影响因素的影响程度也发生了变化。

能源消费碳排放强度和能源强度对二氧化碳排放量的影响增强，反映出能源结构及能源利用效率对碳排放的影响随着时间的变化而增强，清洁能源和新能源的开发和利用、能源开采和使用技术的更新换代对减少碳排放、降低能源消耗起到越来越重要的作用。这对我们制定相应的节能减排政策起到指导作用。

人均 GDP、产业结构、总人口对碳排放量的影响随着时间的变化逐渐变弱，这是因为：第一，经济增长是一个复杂的过程，不仅依赖能源的消耗，而且与劳动、资本、技术进步等因素得到相关。我们合理利用能源，使得其他因素得到有效配置，可以保证在经济迅速增长的条件下减少能源的消耗，进而降低二氧化碳排放量。第二，我国处于工业化迅速发展时期，轻工业比重上升及第三产业的发展降低了第二产业对能源的依赖。要降低能源消耗，减少二氧化碳排放，产业结构调整虽是一个方向，但由于其时间周期比较长，效果不明显，更适合作为长期发展目标来努力。第三，我国是人口大国，人口数量还在不断增加，能源需求还是很大，但是随着国人素质的提高、低碳环保意识的增强，人们节约能源、合理利用能源，对降低能源消耗、减少碳排放做出了较大的贡献。节能减排是一个长期的复杂过程，只有各个方面协调发展才能收到较好的效果，因此采用半参数趋势阈值面板模型估计二氧化碳排放的影响因素，分析其自身的非线性时间趋势及各个影响因素的变化情况，有利于制定相应政策，完成我国制定的节能减排目标。

从模型角度来说，半参数趋势阈值面板模型是对半参数趋势面板模型的扩展，反映了参数随着时间变化的情况。但由于分段估计减少了样本容量，影响了参数估计的显著性。从二氧化碳排放的影响因素模型来看，其显著性不如半参数趋势面板模型来说，所以对于半参数趋势阈值面板模型来说，样本容量越大，其优越性越突出。然而在实证分析时，样本容量不一定能够满足实际需要，因此可在第一步采用半参数趋势面板模型估计参数，判断其显著性，然后采用半参数趋势阈值面板模型来判断其参数变化。

6.6.5.3 二氧化碳排放总量影响因素的参数估计结果分析

使用半参数趋势阈值面板模型估计的二氧化碳排放总量、能源消费碳排放强度、能源强度、产业比重、人均国内生产总值、总人口的关系如下：

第一，能源消费碳排放强度在两个阶段对二氧化碳排放量的影响均是显著的，与其他影响因素相比，能源消费碳排放强度对二氧化碳排放总量的影响更大。能源消费碳排放强度着重体现能源结构的清洁程度（清洁能源在能源消费总量中所占比重的高低），减少碳排放强度便是要求通过提高能源利用效率和改善能源利用结构，特别是提高不排放二氧化碳的非化石能源使用比重，减少能源消耗过程中二氧化碳的排放，同时也要减少其他来源的二氧化碳排放。能源消费碳排放强度侧重于反映能源利用的质量。中国当前能源消费结构是以化石能源中碳排放强度最高的煤炭为主。因此，要降低能源消费碳排放强度，中国未来必将面对改善能源生产和消费结构的挑战。

第二，能源强度对二氧化碳排放量的影响在1999—2010年是显著的，随着时间的变化，其影响程度增加。能源强度是能源经济效率的衡量指标，能源强度下降意味着能源特别是化石能源消耗量减少，会相应减少二氧化碳排放，导致二氧化碳排放强度下降。要降低能源强度需提高能源利用效率。能源经济效率的提高源于技术进步。技术进步的内涵比较丰富，其对能源系统的影响不仅体现在能源应用技术方面，而且体现在能源将成为当前中国节能减排的主要手段。

第三，产业结构对二氧化碳排放量的影响在1999—2005年是显著的，并且随着时间的变化，其影响程度在逐渐降低。与其他影响因素相比，其影响效应不如能源消费碳排放强度和能源强度的大。目前，中国正处于工业化迅速发展时期，中国工业化过程中，能源密集型结构状态很难改变，更为现实的途径是改善贸易结构，减少因贸易产生的碳排放。可以通过调整出口退税等政策措施，减少粗放的、高耗能的资源密集型产品的出口；发挥比较优势，增加劳动密集型产品的出口；缩小与世界先进水平产品的成本差异，逐步实现由贸易大国向贸易强国的转型。

第四，人均国内生产总值对二氧化碳排放量的影响在2006—2010年是显著的，随着时间的变化，其影响程度降低，并且与其他因素相比，其影响效应高于人口变化效应。人均GDP不仅反映了居民物质生活的富裕程度，而且反映了该国的经济发展水平。能源作为最基本的生产要素，是中国经济持续发展的主要动力，在工业化和城市化背景下，经济的迅速发展反过来又造成了能源的过度消耗和二氧化碳的大量排放。因此，伴随经济的发展，二氧化碳排放量迅速增长。中国的二氧化碳排放与自身的生存和发展密切相关，如果大幅削减二氧化碳排放，势必会影响经济发展。中国在减少二氧化碳排放、发展低碳经济的过程中，必须权衡减排与发展的关系，在保证经济可持续发展的前提下，减少二氧化碳排放，实现发展与减排的双赢。

第五，人口规模对二氧化碳排放量的影响在1999—2005年是显著的，当前其影响程度较弱。人口总量对二氧化碳排放量具有增量效应，即人口越多，使用和消耗的能源越多，产生的二氧化碳排放量越大。近十几年来，中国人口总量增长虽减慢，但人口城市化率的提高、第二产业从业人口比重的增加也给中国的碳减排带来了一定压力。在碳减排的政策建议中，应当推广有利于可持续发展的人口结构模式，从而更有效地控制人口因素对碳排放的影响。

6.6.5.4 二氧化碳排放量区域异质性分析

在研究中国29个省份的二氧化碳排放量时，可以选用各地区能源消费碳排放强度、能源强度、人均国内生产总值等变量作为解释变量，各地人口素质、消费习惯也会影响当地的碳排放水平。对于特定的个体而言，这几种因素不会随着时间的推移而发生明显的变化，本书采用面板数据模型处理不可观测的个体效应。表6-6显示的是1999—2010年各省份固定效应，表6-7显示的是1999—2005年各省份固定效应，表6-8显示的是2006—2010年各省份固定效应。

表6-6 1999—2010年省际碳排放量异质性分析

地区	固定效应	地区	固定效应
北京	0.4875	河南	-0.4742
天津	1.1356	湖北	-0.9810
河北	1.8949	湖南	-1.5714
山西	1.3216	广东	-0.6776
内蒙古	1.0505	广西	1.3914
辽宁	0.3887	海南	0.0222
吉林	0.0663	重庆	-1.6478
黑龙江	0.9328	四川	0.0152
上海	-0.3968	贵州	-0.3087
江苏	-0.0075	云南	-0.4771
浙江	-1.1275	陕西	-1.6602
安徽	-0.0351	甘肃	0.8116
福建	-0.7878	青海	0.5908
江西	0.3722	宁夏	1.2742
山东	-1.6030		

表 6-7　1999—2005 年省际碳排放量异质性分析

地区	固定效应	地区	固定效应
北京	0. 613215	河南	-0. 513670
天津	0. 555051	湖北	-0. 902010
河北	1. 413092	湖南	-1. 329410
山西	0. 819308	广东	-0. 408240
内蒙古	0. 942404	广西	1. 694327
辽宁	0. 522840	海南	0. 131245
吉林	-0. 069500	重庆	-1. 421080
黑龙江	0. 978085	四川	0. 135755
上海	-0. 743080	贵州	-0. 209340
江苏	-0. 130340	云南	-0. 187000
浙江	-0. 883710	陕西	-1. 709540
安徽	0. 030673	甘肃	1. 028813
福建	-0. 452420	青海	0. 995020
江西	-0. 471100	宁夏	1. 421928
山东	-1. 851310		

表 6-8　2006—2010 年省际碳排放量异质性分析

地区	固定效应	地区	固定效应
北京	-1. 307610	河南	0. 117478
天津	3. 200389	湖北	-0. 147150
河北	2. 307912	湖南	0. 535552
山西	1. 248038	广东	-0. 951280
内蒙古	1. 191047	广西	-0. 942980
辽宁	-0. 654360	海南	-0. 843490
吉林	-0. 215490	重庆	-0. 106550
黑龙江	-0. 488930	四川	-0. 481870
上海	1. 582161	贵州	-0. 554080
江苏	0. 362699	云南	-1. 371950
浙江	-0. 712370	陕西	-2. 685510
安徽	-0. 674720	甘肃	-0. 968480
福建	-1. 318940	青海	-0. 656260
江西	3. 912536	宁夏	-0. 599210
山东	1. 223411		

对时间趋势（1999—2010 年数据）取平均值可以得出：1999—2010 年，在其他因素不变的情况下，我国不随时间、个体变化的二氧化碳排放量的平均效应为-3.1764 万吨。表 6-6 的 PPLE 结果表明：河北、广西、山西、宁夏、天津、内蒙古的二氧化碳排放量固定效应相对较高，是除了本书考虑的影响因素以外其他因素影响下自身的二氧化碳排放量较高的省份；陕西、重庆、山东、湖南、浙江、湖北、福建的二氧化碳排放量固定效应相对较低，是除了本书考虑的影响因素以外其他因素影响下自身的二氧化碳排放量较低的省份。碳排放相对较高的地区的产业体系都是以能源生产、重化工企业等高能耗产业为主，高能耗产业比重过大且有进一步扩展的趋势。低碳区主要集中在东部沿海地区，就综合发展水平而言，福建与其他几个省份之间仍有一定差距，因为其强大的碳吸收能力，即森林覆盖率位居全国榜首，可在很大程度上减少或抵消能源消耗过程中的碳排放，使它跻身低碳区。

对时间趋势（1999—2005 年数据）取平均值可以得出：1999—2005 年，在其他因素不变的情况下，我国不随时间、个体变化的二氧化碳排放量的平均效应为-3.99205 万吨。表 6-7 的 EPPLE 结果表明：广西、宁夏、河北、甘肃、青海、黑龙江、内蒙古的二氧化碳排放量固定效应相对较高，是除了本书考虑的影响因素以外其他因素影响下自身的二氧化碳排放量较高的省份；山东、陕西、重庆、湖南、湖北、浙江的二氧化碳排放量固定效应相对较低，是除了本书考虑的影响因素以外其他因素影响下自身的二氧化碳排放量较低的省份。

对时间趋势（2006—2010 年数据）取平均值可以得出：2006—2010 年，在其他因素不变的情况下，我国不随时间、个体变化的二氧化碳排放量的平均效应为-0.81403 万吨。表 6-8 的 EPPLE 结果表明：江西、天津、河北、上海、山西、山东、内蒙古、湖南的二氧化碳排放量固定效应相对较高，是除了本书考虑的影响因素以外其他因素影响下自身的二氧化碳排放量较高的省份；陕西、云南、福建、北京、甘肃、广东、广西的二氧化碳排放量固定效应相对较低，是除了本书考虑的影响因素以外其他因素影响下自身的二氧化碳排放量较低的省份。

用半参数趋势阈值面板模型估计的个体固定效应结果与用半参数趋势面板模型估计的结果有些差异，即 1999—2005 年的固定效应较高的甘肃，2006—2010 年固定效应较低。其中的原因可能是 2000 年我国开始实行西部大开发政策[1]，经济增长对二氧化碳排放量的影响是正向的，所以西部大开发政策的实施会导致二氧化碳排放量的升高；然而，随着国家对环境重视程度的提高，低碳经济、环保理念深入人心，西部地区各省份也开始关注二氧化碳排放量的变化，到2006年以后，西部地区各省份的固定效应的下降就反映了我国西部地区节能减排的政策性倾向。

6.7 本章小结

本书第3章、第4章、第5章是结合结构突变理论、广义线性模型理论，从理论、模型估计方法的角度，采用蒙特卡罗模拟的办法对半参数趋势面板模型及扩展模型进行研究。而本章从实证分析的角度对比分析了半参数趋势面板模型和半参数趋势阈值面板模型的优缺点，即将半参数趋势面板模型及其扩展模型应用到能源消费领域，目的是研究能源消费总量居高不下、能源消费强度偏高、二氧化碳排放量不低的原因，为完成“十二五”期间制定的目标提供理论依据和技术支持。

在对能源消费总量影响因素的分析中，本章首先采用指数分解方法确定能源消费的影响因素，避免了影响因素考虑不全面的问题。其次采用Chen、Gao和Li（2012）提出的半参数趋势面板模型及传统的固定效应面板模型对比分析能源消费总量影响因素对能源消费的作用效果。半参数趋势面板模型能分离出我国能源消费总量的非线性时间趋势，反映了我国20世纪90年代以来能源政策对能源消费总量的控制作用，同时估计出了我国能源消费总量和经济增长总量、能源消费结构及能源强度之间存在的长期关系和能源消费的区域差异。与固定效应模型相比，本章基于半参数趋势面板模型进行分析，充分考虑了能源消费总量的非线性时间趋势，提高了能源消费影响因素模型参数估计的有效性，最大限度地避免了固定效应面板模型中经济增长对能源消费总量影响程度的高估问题，使我们能够更加准确地认识到能源消费结构对我国能源消费总量的影响。

笔者在对能源消费强度影响因素的分析中，结合国内外学者的研究发现，能源强度是能源经济效率的衡量指标，结构调整和技术进步是影响能源强度的主要因素。因此本章研究结构因素对能源强度的影响，采用半参数阈值趋

---

① 2000年10月，中共十五届五中全会通过《中共中央关于制定国民经济和社会发展第十个五年计划的建议》，发行长期国债14亿元，把实施西部大开发、促进地区协调发展作为一项战略任务。该建议强调：“实施西部大开发战略、加快中西部地区发展，关系经济发展、民族团结、社会稳定，关系地区协调发展和最终实现共同富裕，是实现第三步战略目标的重大举措。”

势面板模型和半参数面板模型对能源强度及其结构影响因素的关系进行对比分析。在半参数趋势阈值面板模型分析中，首先采用第 4 章的方法，确定能源消费强度模型结构发生变化的时间为 2005 年，反映了我国能源政策调整的倾向性，从鼓励发展能源产业、促进经济增长，到注重发展低碳经济，节能、减排成为国家政策调整的工作重点。其次进一步对模型进行参数估计。与半参数趋势面板模型相比，半参数趋势阈值面板模型能够反映参数随着时间变化的特征。其中，工业结构的影响程度变化不大，能源结构和贸易开放度随着时间的变化影响程度都有所增加，而产业结构的影响程度有所降低。

在对二氧化碳排放量影响因素的分析中，笔者采用半参数趋势阈值面板模型对二氧化碳排放总量的影响因素进行分析时，首先采用 Chen、Gao 和 Li（2012）提出的 PPLE 方法估计出中国二氧化碳排放总量的非线性时间趋势，它不仅表明了碳减排政策对二氧化碳排放总量的约束作用，而且能够结合第 4 章提出的半参数趋势阈值面板模型的突变点识别办法，确定二氧化碳影响因素模型中的阈值为 2005 年。其次采用半参数趋势阈值面板模型的 EPPLE 参数估计方法得到了中国二氧化碳排放总量和能源消费碳排放强度、能源强度、人均国内生产总值、产业结构及总人口之间存在的长期关系和能源消费的区域差异。

与半参数趋势面板模型相比，半参数趋势阈值面板模型充分考虑了二氧化碳排放总量的非线性时间趋势及参数结构变化的情况，最大限度地避免了半参数趋势面板模型中人均国内生产总值对二氧化碳排放总量影响程度的高估问题，使我们能够更加准确地认识到能源消费碳排放强度及能源消费强度对二氧化碳排放总量的影响。

本章通过建立考虑节能减排政策因素的半参数面板模型，发现我国节能减排政策在 2005 年发生了关键性变化，由原先粗放型的经济增长模式转变为更加强调节能减排的可持续发展模式。实施高耗能产业和产品结构调整、全面整顿和规范矿产资源开发秩序、改革能源价格体系、提高资源税征收标准等一系列约束性节能减排政策的出台实施，对抑制我国能源消费（碳排放）过快增长趋势发挥着至关重要的作用。为了顺利达成“十二五”规划节能减排目标，需要我国进一步完善相关政策，尤其是通过政策引导实质性加快结构调整和产业升级步伐，以创新驱动实现低碳环保的发展目标。

7 结论和展望

7.1 主要结论

半参数趋势面板模型是结合参数模型和非参数模型的优点，将非线性、非平稳问题结合起来分析现实的经济问题，属于计量经济学的前沿领域。本书的贡献主要体现在方法论和应用两个方面：首先，本书对半参数趋势面板模型进行了系统的研究，从能源经济学的背景和方法论层面阐明了半参数趋势面板模型的优势与不足，并结合结构突变理论及面板模型理论，对模型进行扩展和改进。因此，本书有关半参数趋势面板模型方法论的扩展与改进体现了学术前沿性以及适用性。其次，为给本书介绍的方法提供较为系统的研究范例，有针对性地选择了我国目前的热点经济问题进行应用研究。方法论研究和应用研究的结论可概述如下：

（1）半参数趋势面板模型和非参数时变系数面板模型的对比分析

本书通过模型设定、估计方法及蒙特卡罗模拟三个步骤验证了对于含有非线性时间趋势的非平稳变量，Chen、Gao 和 Li（2012）提出的半参数趋势面板模型及 Li、Chen 和 Gao（2011）提出的非参数时变系数面板模型的参数估计效果。

半参数趋势面板模型的蒙特卡罗模拟的研究结果均表明：无论是单变量模型还是多变量模型（本书考虑三个解释变量），半参数趋势面板模型（PPLE）的参数估计结果均较好。第一，随着样本数量变化，参数估计值（本书考虑了参数是正数、负数或者正负混合的情况）的均值比较稳定。第二，增加面板数据的个体数 N 或时期数 T 均可降低估计值的标准差。第三，残差项的相关性变化对半参数趋势面板模型的参数估计影响不大。当保持样本容量 N、T 不变时，随着残差项的相关性减弱，参数估计值的均值比较稳定，标准差也较稳定。

非参数时变系数面板模型是对半参数趋势面板模型的拓展，即半参数趋势面板模型的参数是随着时间发生变化的（即模型的参数用一个未知函数表示）。面对现实经济现象的复杂性，如何选择好的模型描述、预测数据是一个难点，本书选用蒙特卡罗模拟的办法对不同数据采用半参数趋势面板模型、非参数时变系数面板模型进行参数估计。结果显示，面对模型参数不随时间发生变化的数据，非参数时变系数面板模型的估计结果虽然不如半参数趋势面板模型的好，但依然保持了参数估计值的均值稳定、估计值的标准差随着样本容量增加而减小的特征；面对时变参数模型数据，非参数时变系数模型能够反映模型参数变化的特征，与半参数趋势面板模型相比，其参数估计结果更符合实际。因此，面对复杂的经济现象，只有结合数据特征、经济理论，才能恰当地选择经济模型分析经济问题、总结经济规律。

（2）半参数趋势阈值面板模型及其参数估计

结合 Chen、Gao 和 Li（2012）提出的半参数趋势面板模型和王成勇、艾春荣、王少平（2010）提出的半参数阈值模型，在半参数趋势面板模型中引入阈值变量，建立半参数趋势阈值面板模型，综合阈值变量及半参数趋势面板模型的 PPLE 估计，建立半参数趋势阈值面板模型的有效估计程序和 EPPLE 估计量，既可以通过估计变量自身的非线性时间趋势来反映法律、法规等因素的影响，又可以识别模型其他变量参数的变化情况，并给出了当阈值变量已知时，参数估计量的大样本性质。

基于不同假定的仿真实验结果显示：EPPLE 估计方法对于含有结构突变的半参数趋势阈值面板模型有较好的估计效果。为了体现研究的全面性，本书分两种情况进行分析。

首先，在阈值位置已知的情况下，考虑时间维度、截面维度及突变点的位置变化对参数估计产生的影响。蒙特卡罗模拟结果表明：3 种不同假定情况下，EPPLE 的参数估计（与 PPLE 方法相比）结果均较好。第一，当阈值位置不变，时间、截面维度发生改变时，EPPLE 方法的参数估计值比较稳定。EPPLE 方法估计的参数均值为两个阶段的参数估计值，随着样本容量的变化，其比较稳定；另外，EPPLE 估计方法保留了 PPLE 方法的优点，即增加面板数据的个体数 N 或时期数 T 均可减小估计值的标准差。第二，当时间维度不变，阈值位置和截面维度发生改变时，EPPLE 方法的参数估计值比较稳定。另外，随着阈值数值的变化，EPPLE 参数估计值的标准差发生变化，即随着阈值数值 t_1 的增加，β 估计值的标准差在逐渐减小，φ 估计值的标准差在逐渐增加。当保持阈值位置不变时，随着样本容量 N 的增加，EPPLE 方法参数估计值的标准差逐渐降低。第三，当截面维度不变、阈值位置和时间维度发生改变时，EPPLE 方法的参数估计值的变化与时间维度不变、阈值位置和截面维度变化的情况类似。

其次，在阈值位置未知的情况下，本书考虑了个体效应可能影响结构变化的情况，结合 Hansen（1999）提出的阈值面板模型的突变点识别办法，构造了半参数阈值面板模型的突变点识别程序。结果表明，对于模型结构变化比较明显的情况，突变点的识别程序有效；然而，模型结构变化不明显时，突变点识别存在偏差。在这样的情况下，采用本书提出的参数估计方法对模型参数进行估计效果较好。第一，当阈值位置不发生变化时，随着样本容量 N 的增加，参数均值比较稳定，参数估计值的标准差在逐渐减小。第二，当保持样本容量 N 不变时，随着阈值数值的增加，参数均值比较稳定，β 估计值的标准差在逐渐增大，φ 估计值的标准差在逐渐减小。

（3）广义半参数趋势面板模型及其参数估计

本书结合 Lombardia 和 Sperlich（2008）提出的广义半参数混合效应面板模型（解释变量不包含时间趋势）及 Hunsberger（1994）提出的广义半参数趋势时间序列模型（解释变量包含时间趋势）建立了广义半参数趋势混合效应面板模型，并给出了加权极大似然估计。由于其估计量是非显示解，本书提出三个步骤对加权极大似然函数求最优解，得到有效的估计量。蒙特卡罗模拟表明，本书提出的估计方法及算法对广义半参数趋势混合面板模型（被解释变量呈指数分布情况下）的参数估计是有效的。

本书提出的模型与 Lombardia 和 Sperlich（2008）提出的广义半参数混合效应面板模型不同的地方是，解释变量为包含确定的非线性时间趋势的非平稳变量。当解释变量不包含时间趋势时，采用 Lombardia 和 Sperlich（2008）提出的估计模型，蒙特卡罗模拟表明，其参数估计结果较好。第一，参数估计值的均值比较稳定。第二，随着时期数 T 的增加，参数估计值的标准差在逐渐减小。第三，随机效应分布的方差估计结果较好。第四，当保持时间 T 不变时，随着 N 的增加，非线性时间趋势估计的情况变化不明显；当样本容量 N 保持不变时，随着时间 T 的增加，非线性时间趋势拟合的程度增强。这是因为本书采用的是核密度估计方法，假设时间趋势函数每一点的函数值均为常数，取的样本点越少，其拟合程度越低，随着时间 T 的增加，时间趋势函数的估计情况越接近真实情况。

当解释变量包含时间趋势时，仿真实验表明，在假定被解释变量为指数分布的情况下，本书提出的估计方法与 Lombardia 和 Sperlich（2008）提出的加权极大似然估计方法的估计结果较好，保持了参数估计值稳定、估计值的标准差随着样本容量增加而减小的特性。从参数估计值标准差来看，本书提出的估计方法的参数估计值的标准差略大于 Lombardia 和 Sperlich（2008）提出的加权极大似然估计方法；从均方误差来看，本书提出的估计方法的均方误差略小于加权极大似然估计方法。

（4）基于半参数趋势面板模型及其扩展模型的能源问题研究

在对能源消费总量影响因素的实证分析中，采用指数分解方法（Ang，2004）确定能源消费的影响因素，避免了影响因素考虑不全面的问题。进一步利用半参数趋势面板模型对其进行分析，该模型分离出了我国能源消费总量的非线性时间趋势。1999—2005 年，我国能源消费总量存在快速的、明显的上升趋势；2006—2008 年，能源消费总量达到平稳的状态；而从 2009 年开始，我国能源消费总量出现下降趋势，反映了我国 20 世纪 90 年代以来能源政策对能源消费总量的控制作用。1999—2005 年，我国能源消费总量存在快速的、明显的上升趋势，这是因为改革开放后，为了满足日益增长的社会生产生活的能源需要，我国的能源政策不仅鼓励能源生产与消费的多元化，而且鼓励投资主体的多元化，使能源产业迅速发展。2006—2008 年，能源消费总量达到平稳的状态，主要是因为在“十五”期间，我国能源战略发生了改变，优先考虑优化能源结构和节能，大力提高能源效率，将经济—能源—环境协调发展作为能源可持续发展的目标，使我国的能源节约工作取得了较大成效。而从 2009 年开始我国能源消费总量出现下降趋势，这是因为我国能源发展的“十一五”目标是对“十五”目标的进一步深化①。

上述方法同时估计出我国能源消费总量和经济增长总量、能源消费结构及能源消费强度之间存在的长期关系和能源消费的区域差异。能源消费强度、能源消费结构、经济增长水平对能源消费总量的影响是正向的。山东、辽宁、河北、广东是高能耗省份，山西、海南、甘肃、青海是低能耗省份。北京、天津、上海、重庆四个直辖市自身的能耗水平不高。与固定效应面板模型相比，本书采用的半参数趋势面板模型充分考虑了能源消费总量的非线性时间趋势，分离出的非线性时间趋势不仅反映了我国近年来能源政策的调整及实施的情况，而且提高了能源消费影响因素模型参数估计的有效性，最大限度地避免了固定效应面板模型中经济增长对能源消费总量影响程度的高估问题，有利于我们更加准确地认识到能源消费结构对我国能源消费总量的影响。我国是少数以煤炭为主要消费能源的发展中国家，煤炭消费比例偏高不利于能源消费总量水平的降低。

---

① 到“十一五”末期，能源供应基本满足国民经济和社会发展需求，能源节约取得明显成效，能源效率得到明显提高，结构进一步优化，技术取得实质进步，经济效益和市场竞争力显著提高，与社会主义市场经济体制相适应的能源宏观调控、市场监管、法律法规、预警应急体系和机制得到逐步完善，能源与经济、社会、环境协调发展，全面推进能源节约。

笔者在对能源强度进行的实证分析中，首先采用本书提出的突变点的识别办法，发现2005年是我国各省份能源强度发生结构突变的时间。基于此，建立了能源强度的半参数趋势阈值面板模型。此模型采用EPPLE方法对参数及非参数进行估计，结果表明，与半参数趋势面板模型相比，半参数趋势阈值面板模型能够反映参数随着时间变化的特征。在1999—2010年、1999—2005年以及2006—2010年三个阶段中，影响因素对能源强度的影响程度发生了变化。其中，工业结构的影响程度变化不大，我国处于工业化和城市化的进程加快阶段，钢铁等重工业的发展是工业发展的主要领域，短时期内不会改变，需与提高能源使用效率结合降低能源强度。随着时间的变化，能源结构和贸易开放度的影响程度都有所增加。优化能源消费结构有利于提高我国的能源利用效率，即降低能源强度。我国积极的可再生能源政策和规划推动了能源战略调整，明显改善了能源结构，降低了煤炭的消费比例；而水能、核能、风能、太阳能等清洁能源占一次能源的比例均有不同程度的上升，为能源强度的下降做出了贡献。我国现今已是贸易大国，工业品出口在我国出口总额中的比例到21世纪已达到90%以上，在我国贸易中占据着主导地位，因此出口贸易的调整将是实现节能降耗的重要措施之一。随着时间的变化，产业结构对能源强度的影响程度有所降低。根据能源效率的分解方法，总能源效率变化取决于两种效应：效率效应和结构效应。然而，结构调整的速度缓慢，对降低能源强度的贡献不大。

在半参数趋势阈值面板模型及参数估计研究中，经济学家从理论、模型估计方法的角度，采用蒙特卡罗模拟的方法对比分析半参数趋势阈值面板模型和半参数趋势面板模型的参数估计情况。本书从实证分析的角度对比分析二者的优缺点，即在二氧化碳排放量过高的背影下，分析其影响因素。

采用半参数趋势阈值面板模型对二氧化碳排放总量的影响因素进行分析时，首先采用Chen、Gao和Li（2012）提出的PPLE方法估计出我国二氧化碳排放总量的非线性时间趋势。它不仅表明了碳减排政策对二氧化碳排放总量的约束作用，而且能够结合第4章提出的半参数趋势阈值面板模型的突变点识别办法，确定二氧化碳影响因素模型的阈值为2005年。其次采用半参数趋势阈值面板模型的EPPLE参数估计方法得到我国二氧化碳排放总量和能源消费碳排放强度、能源强度、人均国内生产总值、产业结构及总人口之间存在的长期关系和能源消费的区域差异。

与半参数趋势面板模型相比，半参数趋势阈值面板模型充分考虑了二氧化碳排放总量的非线性时间趋势；及参数结构变化的情况，最大限度地避免了半参数趋势面板模型中人均国内生产总值对二氧化碳排放总量影响程度的高估问题，使我们能够更加准确地认识到能源碳排放强度及能源强度对二氧化碳排放总量的影响。

7.2 政策建议

在全球气候变暖、生态环境恶化的情况下，作为最大的发展中国家，我国在发展经济的同时，有义务、有责任做好地球和环境的守护者。能源是人类赖以生存、发展的自然资源，是大自然赋予人类最好的礼物，是一个国家健康、稳定、长久发展的基本保障。然而，我们在向大自然索取资源的同时，却没有给予大自然好的保护。温室效应、极端天气、物种濒临灭绝等问题的出现已经影响了人类的正常生活和经济发展。基于前文的理论和计量分析，本书提出如下政策建议：

从本书的实证分析来看，经济增长、能源消费结构、产业结构、工业结构、贸易开放度、总人口的增长，以及反映技术进步指标的能源消费碳排放强度是能源消费总量、能源强度、二氧化碳排放量的影响因素，因此为了实现我国经济的可持续发展，实现经济、社会、环境的协调发展，完成能源消费总量下降、能源强度降低、单位 GDP 二氧化碳排放量减小的目标，需要从以下几个方面做工作。

第一，国家的宏观调控起着决定性的作用。面对经济、社会、环境系统，要想每一部分都能够良性发展，需要国家有一个宏观的认识。对于如何发展经济、如何提高人民的幸福指数、如何利用资源发展经济，应站在一个战略的高度考虑这些问题。本书分离出的能源消费总量、二氧化碳排放总量的时间趋势反映了国家政策的调整，战略倾向性的改变对二者的减少起着举足轻重的作用。从“八五”“九五”一直到“十二五”期间我国制定的经济、能源政策来看，我国不同时期宏观调控的目标不同。能源作为经济、社会发展的战略性资源，需要引起人们的足够重视，只有合理统筹、开发、利用才能保障国家可持续健康发展。

第二，调整能源消费结构，合理开发新能源。我国是少数几个以煤炭为主要消费能源的发展中国家之一，这与我国的资源禀赋是分不开的。虽然我国煤炭资源丰富，但是分布并不均匀，而且煤炭的燃烧产生了大量的二氧化碳及其他有害气体，造成了严重的环境污染。煤炭消费比例偏高一直是二氧化碳排放量居高不下的主要原因。随着经济的迅速发展、科学技术的进步，新能源的开发和利用已不是难题，在环境和经济成本面前，从长远来看，应以保护环境为前提发展经济。

第三，产业结构的调整以技术的升级换代作为保障。工业是一个国家经济发展的灵魂，代表了国家的生产力，其地位之重要不能改变，所以如何发展工业才是关键。在“科学技术是第一生产力”的导向下，中国经济有了突飞猛进的发展。在新的经济发展阶段，“创新”越来越重要，只有进行思想的创新、技术的创新、产品的创新，才可能在未来的工业王国占据一席之地。如何在“绿色经济”的目标下发展经济，改善我们的生活环境，提高我们的幸福指数，是我们应该考虑的问题。当前，各领域均呈交叉发展，各个产业之间也成为相互联系不可分割的整体，我们要发挥各个产业之间相互联系、相互制约的作用，使其健康稳定地发展。

第四，从宏观和微观两个方向同时发展经济。经济的发展离不开能源的消耗，在制定能源政策时要统筹兼顾经济的发展。国家政策从中央贯彻到地方，从地方到企业，从企业到个人，归根结底是每个人在起作用，每个人都是社会的主人，都可以为社会发展贡献力量，只要人人都有爱护环境、保护家园的意识，拥有一个绿色的中国便是可以实现的。

7.3 本书的局限性及展望

尽管本书对半参数趋势面板模型进行了一系列的改进和扩展，在一定程度上改善了现有半参数趋势面板模型的缺陷或不足，但正如前文所言，半参数模型是最近才发展起来的计量经济前沿领域的工具，仍有许多尚待完善的问题。

第一，本书研究的变量是含有确定性时间趋势的非平稳变量，对于单位根过程的非平稳变量的研究，本书并未涉及；然而，现实经济数据中有很多却是单位根过程数据。那么，对于单位根过程或者近似单位根过程数据的半参数模型的建立，参数估计会如何？与去趋势平稳数据的模型参数估计有何区别？半参数模型的未来发展方向应是与非平稳数据结合起来，而对于这一前沿领域，国内外学者虽已有研究，但问题还很多。这些问题将是我们以后进一步深入研究的主要课题。

第二，本书虽然将阈值模型和半参数模型建立了联系，并针对突变点的识别及参数估计给出了较好的方法，但并未系统地对阈值模型突变点识别办法及参数估计方法进行研究。因此，如何利用半参数方法对阈值面板模型突变点进行识别，对突变点个数进行判断，对参数进行估计，是我们未来工作的方向。

第三，本书认为半参数趋势面板模型变量之间的关系是非线性关系的原因在于被解释变量的分布变化。对于半参数模型的另一个方向的推广，虽考虑了被解释变量的分布为指数分布族的形式，但是本书只给出了指数分布的加权极大似然估计程序估计结果，对于其他分布的情况如何，本书并未给出答案，需要在今后进一步扩展。

第四，在全球气候变暖、生态环境恶化的情况下，本书对能源消费总量、能源强度、二氧化碳排放的影响因素进行了分析。但是本书主要是基于半参数模型进行分析，对于其他模型或者方法的研究，本书并未涉及，因为在一本专著中，我们无法对各种方法一一作出说明。因此，本书的应用研究只针对性地选择了部分方法，对于其他的方法，我们在后续应用研究中将会逐步介绍。

参考文献

[1] 白仲林. 面板数据的计量经济分析 [M]. 天津：南开大学出版社，2008.

[2] 查冬兰，周德群. 地区能源效率与二氧化碳排放的差异性：基于 Kaya 因素分解 [J]. 系统工程，2007 (11)：65-71.

[3] 柴根象，徐克军. 半参数回归的小波光滑 [J]. 应用概率统计，1999 (1)：97-105.

[4] 柴建，杜孟凡，周晓阳，等. 中国省际差异化能源转型背景下的 CO_2 排放预测 [J]. 系统工程与实践，2019，39 (8)：2005-2017.

[5] 陈诗一，严法善，吴若沉. 资本深化、生产率提高与中国二氧化碳排放变化：产业、区域、能源三维结构调整视角的因素分解分析 [J]. 财贸研究，2010 (12)：111-119.

[6] 陈诗一. 能源消耗、二氧化碳排放与中国工业的可持续发展 [J]. 经济研究，2009 (4)：41-55.

[7] 陈希孺. 广义线性模型 (一)[J]. 数理统计与管理，2002，21 (6)：54-61.

[8] 陈希孺. 广义线性模型 (二)[J]. 数理统计与管理，2002，2 (6)：57-64.

[9] 陈希孺. 广义线性模型 (三)[J]. 数理统计与管理，2003，22 (1)：51-57.

[10] 陈希孺. 广义线性模型 (四)[J]. 数理统计与管理，2003，22 (2)：56-63.

[11] 陈希孺，柴根象. 非参数统计教程 [M]. 上海：华东师范大学出版社，1993.

[12] 丁洁丽，陈希孺. 广义线性回归极大似然估计的强相合性 [J]. 数学物理学报，2006，26 (2)：168-273.

[13] 杜立民. 中国二氧化碳排放的影响因素：基于省级面板数据的研究[J]. 南方经济，2011 (11)：20-33.

[14] 范剑青，姚琦伟. 非线性时间序列：建模，预报及应用 [M]. 陈敏，译. 北京：高等教育出版社，2005.

[15] 高启兵，吴耀华. 广义线性回归拟似然估计的渐近正态性 [J]. 系统科

学与数学，2005（6）：738-745.
[16] 高启兵，吴耀华. 广义线性回归拟似然估计的强相合性［J］. 数学年刊（A辑），2004，25（6）：705-710.
[17] 郭菊娥，柴建，吕振东. 我国能源消费需求影响因素及其影响机理分析［J］. 管理学报，2008（5）：651-654.
[18] 郭英龙，吴耀华，王占锋. 广义线性模型参数估计的随机加权法［J］. 中国科学技术大学学报，2014，44（9）：718-723.
[19] 韩猛，白仲林，缪言. 因子模型的一种结构突变检验及其统计性质研究［J］. 统计研究，2018，35（6）：97-108.
[20] 韩君，张慧楠. 中国经济高质量发展背景下区域能源消费的测度［J］. 数量经济技术经济研究，2019（7）：42-69.
[21] 韩智勇，魏一鸣，范英. 中国能源强度与经济结构变化特征研究［J］. 数理统计与管理，2004（1）：1-6.
[22] 何建坤，张希良. 我国“十一五”期间能源强度下降趋势分析：如何实现能源强度下降20%的目标［J］. 中国软科学，2006（4）：33-38.
[23] 胡宏昌. 半参数模型的估计方法及应用［D］. 武汉：武汉大学，2004.
[24] 黄飞. 能源消费与国民经济发展的灰色关联分析［J］. 热能动力工程，2001（1）：89-90.
[25] 李小平，卢现祥. 国际贸易、污染产业转移和中国工业 CO_2 排放［J］. 经济研究，2010（1）：15- 26.
[26] 李仲达，林建浩，王美今. 非连续型高维阈值回归理论：稀疏建模与推断［J］. 统计研究，2017，34（4）：89-100.
[27] 梁经纬，刘金兰，柳洲. 基于半参数估计的能源消费与经济增长关系研究［J］. 统计与信息论坛，2013（7）：49-53.
[28] 林伯强. 中国能源需求的经济计量分析［J］. 统计研究，2001（10）：34-39.
[29] 林伯强，蒋竺均. 中国二氧化碳的环境库兹涅茨曲线预测及影响因素分析［J］. 管理世界，2009（4）：27-36.
[30] 林伯强，刘希颖. 中国城市化阶段的碳排放：影响因素和减排策略［J］. 经济研究，2010（8）：66-78.
[31] 林伯强，李江龙. 环境治理约束下的中国能源结构转变：基于煤炭和二氧化碳峰值的分析［J］. 中国社会科学，2015（9）：84-107.
[32] 刘起运，夏明，张红霞. 基于投入产出技术分析我国能耗阶段性变动的原因［J］. 经济理论与经济管理，2007（7）：5-10.
[33] 刘耀彬. 中国城市化与能源消费关系的动态计量分析［J］. 财经研究，

2007（11）：72-81.
[34] 刘玉，唐礼智. 时空动态半参数变系数随机效应面板模型的估计［J］. 数量经济技术经济研究，2018（2）：131-148.
[35] 刘长生，郭小冬，简玉峰. 能源消费对中国经济增长的影响研究：基于线性和非线性回归方法的比较分析［J］. 产业经济研究，2009（1）：1-9.
[36] 刘静华，贾仁安，涂国平. 1995 年至 2007 年中国能源消费强度的分解模型及实证分析：基于结构份额和效率份额视角［J］. 资源科学，2010（10）：1846-1855.
[37] 刘茜. 广义线性模型及其应用［D］. 乌鲁木齐：新疆大学，2009.
[38] 刘强. 纵向数据下半参数混合效应模型的估计［J］. 应用概率统计，2010，26（4）：411-418.
[39] 陆虹. 中国环境问题与经济发展的关系分析：以大气污染为例［J］. 财经研究，2000（10）：53-59.
[40] 栾慧德. 带有结构突变的单位根检验文献综述［J］. 数量经济技术经济研究，2007（3）：152-162.
[41] 马超群，储惠斌，李科，等. 中国能源消费与经济增长的协整与误差校正模型研究［J］. 系统工程，2004（10）：47-50.
[42] 欧阳志刚. 阈值协整及其对我国的应用研究［D］. 武汉：华中科技大学，2008.
[43] 潘雄. 半参数模型的估计理论及应用研究［D］. 武汉：武汉大学，2005.
[44] 钱永坤，王艳丽. 20 世纪 90 年代中国能源需求影响因素实证分析[J].中国矿业大学学报，2003（5）：87-91.
[45] 齐少洲，罗威. 中国地区经济增长与能源消费强度差异分析［J］. 经济研究，2007（7）：74-81.
[46] 史丹. 产业结构变动对能源消费需求的影响［J］. 数量经济技术经济研究，1999（12）：50-52.
[47] 史丹. 中国能源效率的地区差异与节能潜力分析［J］. 中国工业经济，2006（10）：49-58.
[48] 宋德勇，卢忠宝. 中国碳排放影响因素分解及其周期性波动研究［J］. 中国人口·资源与环境，2009（3）：18-24.
[49] 宋锋华，泰来提·木明. 能源消费、经济增长与结构变迁［J］. 宏观经济研究，2016（3）：73-97.
[50] 隋建利，刘金全. 我国通货膨胀结构突变及不确定性检验［J］. 统计研

究，2011（2）：19-26.
[51] 孙志华，尹俊平，陈菲菲，等. 非参数与半参数统计［M］. 北京：清华大学出版社，2016.
[52] 田萍，薛留根. 纵向数据下半参数回归模型估计的渐近性质［J］. 应用概率统计，2008，23（4）：369-376.
[53] 万建香，汪寿阳. 社会资本与技术创新能否打破"资源诅咒"：基于面板门槛效应的研究［J］. 经济研究，2016（12）：76-89.
[54] 王成勇. 结构突变模型研究的新进展［J］. 理论新探，2008（20）：20-23.
[55] 王成勇，艾春荣，王少平. 有结构变化的半参数回归模型［J］. 应用概率统计，2010（5）：501-514.
[56] 王锋，吴丽华，杨超. 中国经济发展中碳排放增长的驱动因素研究［J］. 经济研究，2010（2）：123-136.
[57] 王磊，李璐，解明明. 经济增长、结构变迁与中国能源消费：基于半参数广义可加模型的经验研究［J］. 华东经济管理，2012（8）：59-65.
[58] 王倩莹. 半参数面板数据模型的估计、检验及模型选择［D］. 北京：北京化工大学，2012.
[59] 王少平，李子奈. 结构突变与人民币的汇率的经验分析［J］. 世界经济，2003（3）：22-27.
[60] 王少平，杨继生. 中国工业能源调整的长期战略与短期措施：基于12个主要工业行业能源需求的综列协整分析［J］. 中国社会科学，2006（4）：88-96.
[61] 王维国，杜重华，薛景. 基于逻辑函数平滑转移模型和截面相关的非线性面板单位根检验［J］. 数量经济技术经济研究，2019（1）：133-151.
[62] 王维国，范丹. 中国区域全要素能源效率收敛性及影响因素分析：基于Malmqulist-Luenberger指数法［J］. 资源科学，2012（10）：1816-1824.
[63] 王维国，王霞. 基于贝叶斯推断的上证指数突变点研究［J］. 中国管理科学，2009（3）：8-17.
[64] 王维国，殷亮. 中国能源消费总量的影响因素研究［J］. 数学实践与认识，2014（9）：97-107.
[65] 王玉潜. 能源消耗强度变动的因素分析方法及其应用［J］. 数量经济技术经济研究，2003（8）：151-154.
[66] 魏巍贤，杨芳. 技术进步对中国二氧化碳排放的影响［J］. 统计研究，2010（7）：36-44.

[67] 夏慧珠，章红霞，章永辉. 具有异质性非参数时间趋势的面板数据模型的估计［J］. 数量经济技术经济研究，2012（3）：116-127.
[68] 夏炎，杨翠红，陈锡康. 中国能源强度变化原因及投入结构的作用[J]. 北京大学学报（自然科学版），2010，46（3）：442-448.
[69] 徐斌，陈宇芳，沈小波. 清洁能源发展、二氧化碳减排与区域经济增长［J］. 经济研究，2019（7）：188-200.
[70] 薛留根，朱力行. 纵向数据下部分线性模型的经验似然推断［M］. 中国科学（A辑），2007，37（1）：31-44.
[71] 杨利雄，张春丽. 基于傅里叶变换的含确定性趋势结构突变的协整回归模型和不等方差检验［J］. 统计研究，2014，31（11）：96-100.
[72] 尹长明，赵林城. 广义线性模型中极大拟似然估计的渐近正态性和强相合性［J］. 中国科学（A辑），2005（1）：1236-1250.
[73] 岳丽，陈希孺. 广义线性模型中拟极大似然估计的强相合性及收敛速度［J］. 中国科学（A辑），2004（34）：203-214.
[74] 曾林蕊. 半参数广义线性模型若干问题的研究［D］. 上海：华东师范大学，2004.
[75] 张传国，陈卫娟. 中国能源消费与出口贸易关系实证研究［J］. 世界经济研究，2009（8）：26-31.
[76] 张凌翔，张晓峒. 结构突变趋势平稳过程与随机趋势过程的虚假回归研究［J］. 统计研究，2011（5）：105-110.
[77] 张明慧，李永峰. 论我国能源与经济增长关系［J］. 工业技术经济，2004（4）：77-80.
[78] 张松林. 非线性半参数模型最小二乘估计理论及应用研究［D］. 武汉：武汉大学，2003.
[79] 张炎涛，李伟. 中国煤炭消费和经济增长的关系研究［J］. 资源与产业，2007（1）：89-92.
[80] 张贤，周勇. 外商直接投资对我国能源强度的空间效应分析［J］. 数量经济技术经济研究，2007（1）：101-108.
[81] 赵进文，范继涛. 经济增长与能源消费内在依从关系的实证研究［J］. 经济研究，2007（8）：31-42.
[82] 赵林城，尹长明. 广义线性模型中极大拟似然估计的强相合性［J］. 中国科学（A辑），2005（35）：312-317.
[83] 朱启荣. 中国出口贸易中的 CO_2 排放问题研究［J］. 中国工业经济，2010（1）：55-64.

[84] 周勇，李廉水. 中国能源强度变化的结构与效率因素贡献：基于 AWD 的实证分析 [J]. 产业经济研究，2006（4）：68-74.
[85] 周弘，李启航，高志. 我国居民金融需求层级结构门限效应研究 [J]. 统计研究，2017，34（11）：44-55.
[86] ACHAO C, SCHAEFFER R. Decomposition analysis of the variations in residential electricity consumption in Brazil for the 1980-2007 period: measuring the activity, intensity and structure effects [J]. Energy Policy, 2009, 37 (12): 5208-5220.
[87] AI C, CHEN X. Efficient estimation of models with conditional moment restrictions conditioning unknown functions [J]. Econometrica, 2003 (71): 1795-1843.
[88] AKARCA A T, LONG T V. On the relationship between energy and GNP: a Reexa mination [J]. Journal of Energy and Development, 1980, 5 (2): 326-331.
[89] ANDREWS D W K. Tests for parameter instability and structural change with unknown change point [J]. Econometrica, 1993, 61 (4): 821-56.
[90] ANG B W. Factorizing changes in energy and environment an indicators through decomposition [J]. Energy, 1998, 23 (6): 489-495.
[91] ANG B W. Decomposition analysis for policymaking in energy: which is the perfect method [J]. Energy Policy, 2004, 32 (9): 1131-1139.
[92] ANG J B. CO_2 emissions, Energy Consumption, and Output in France [J]. Energy Policy, 2007 (35): 4772-4778.
[93] ANTWEILER W, COPELAND B R, TAYLOR M S. Is free trade good for the environment? [J]. American Economic Review, 2001, (91): 877-908.
[94] APERGIS N, PAYNE J E. CO_2 emissions, energy usage, and output in central America [J]. Energy Policy, 2009, 37 (8): 3282-3286.
[95] ARELLANO M. Panel data econometrics [M]. Oxford: Oxford university Press, 2003.
[96] ATAK A, LINTON O, XIAO Z. A semi-parametric model for unbalanced data with alication to climate change in the United Kingdom [J]. Journal of Econometrics, 2011 (164): 92-115.
[97] AWAD A, ABUGAMOS H. Income-carbon emissions nexus for middle east and north africa countries: a semi-parametric approach [J]. International Journal of Energy Economics and Policy, 2017, 7 (2): 152-159.
[98] BAI J. Least squares estimation of a shift in linear processes [J]. Journal of

Time Series Analysis, 1994, 15 (5): 453-472.

[99] BAI J. Least absolute deviation estimation of a shift [J]. Econometric Theory, 1995, 11 (3): 403-436.

[100] BAI J. Estimation of a change point in multiple regression models [J]. The Review of Economics and Statistics, 1997, 79 (4): 551-563.

[101] BAI J. Estimation of multiple-regime regressions with least absolutes deviation [J]. Journal of Statistical Planning and Inference, 1998, 74 (1): 103-134.

[102] BAI J, PERRON P. Estimating and testing linear models with multiple structural changes [J]. Econometrica, 1998, 66 (1): 47-78.

[103] BAI J, PERRON P. Computation and analysis of multiple structural change models [J]. Journal of Applied Econometrics, 2003, 18 (1): 1-22.

[104] BAI J. Common breaks in means and variances for panel data [J]. Journal of Econometrics, 2010, 157 (1): 78-92.

[105] BALTAGI B H, FENG Q, KAO C. Estimation of heterogeneous panels with structural breaks [J]. Journal of Econometrics, 2016, 191 (1): 176-195.

[106] BALTAGI B H. Econometric analysis of panel data the third edition [M]. New York: John Wiley, 2005.

[107] BALTAGI B H, Li D. Series estimation of partially linear panel data models with fixed effects [J]. Annals of Economics and Finance, 2002 (3): 103-116.

[108] BALTAGI B H, KAO C, LIU L. Estimation and identification of change points in panel models with nonstationary or stationary regressors and error term [J]. Econometric Review, 2017 (36): 85-102.

[109] BELLOUMI M. Energy consumption and GDP in Tunisia: cointegration and causality analysis [J]. Energy Policy, 2009, 37 (7): 2745-2753.

[110] BELLKE A, DOBNIK F, DREGER C. Energy consumption and economic growth: new insights into the cointegration relationship [J]. Energy Economics, 2011, 33 (5): 782-789.

[111] BEREGAMILLI M, BIANCHI A, KHALAF L, et al. Combining p-values to test for multiple structural breaks in cointegrated regressions [J].Journal of econometrics, 2019 (211): 461-482.

[112] BOSERUP E. Population and technological change: a study of long term trends [M]. Chicago: II, University of Chicago Press, 1981.

[113] BOWMAN A, AZZALINI A. Applied smoothing techniques for data analysis [M]. Oxford: Oxford University Press, 1997.

[114] BOYD V. Fitting the truncated Pareto distribution to loss distributions [J]. Journal of the Staple Lnn Actuarial Society, 1988 (31): 151-158.

[115] BREITUNG J, EICKMEIER S. Testing for structural breaks in dynamic factor models [J]. Journal of Econometrics, 2011, 163 (1): 71-84.

[116] BROEMELING L D. Bayesian Inferences about a changing sequence of random variables [J]. Communications in Statistics Theory and Methods, 1974, 3 (3): 243-255.

[117] CAI Z, FAN J, YAO Q. Functional-coefficient regression models for nonlinear time series [J]. Journal of American Statistical Association, 2000 (9): 941-956.

[118] CAI Z, FAN J, LI R. Efficient estimation and inferences for varying-coefficient models [J]. Journal of American Statistical Association, 2000 (95): 888-902.

[119] CAI Z. Trending time-varying coefficient time series models with serially correlated errors [J]. Journal of Econometrics, 2007, 136 (1): 163-188.

[120] CAI Z, LI Q. Nonparametric estimation of varying coefficient dynamic panel data Models [J]. Econometric Theory, 2008 (24): 1321-1342.

[121] CAI Z, LI Q, PARK J. Functional coefficient models for nonstationary time series data [J]. Journal of Econometrics, 2009, 148 (2): 101-113.

[122] CAI Z, XIONG H. Partially varying coefficient instrumental variables models [J]. Statistica Neerlandica, 2012 (66): 85-110.

[123] CAI Z, WANG Y, WANG Y. Testing instability in a predictive regression model with nonstationary regressors [J]. Econometric Theory, 2015, 31 (5): 953-980.

[124] CHANG Y. Strong consistency of maximum quasi-likelihood estimate in generalized models via a last time [J]. Statistics Probability Letters, 1999 (45): 237-246.

[125] CHEN B. Modeling and testing smooth structural changes with endogenous regressors [J]. Journal of Econometircs, 2015 (185): 196-215.

[126] CHEN J, GAO J, LI D. Semi-parametric trending panel data models with cross-sectional dependence [J]. Journal of Econometrics, 2012, 171 (1): 71-85.

[127] CHEN J, GAO J, LI D. Estimation in partially linear single-index panel data models with fixed effects [J]. Journal of Business & Economic Statistics, 2013, 31 (3): 315-333.

[128] CHEN R, Tsay R. Functional-coefficient regression models [J]. Journal of American Statistical Association, 1993 (88): 298-308.

[129] CHEN B, HUANG L. Nonparametric testing for smooth structural changes in panel data models [J]. Journal of Econometrics, 2018 (202): 245-267.

[130] CHENG X, LIAO Z, SCHORFHEIDE F. Shrinkage estimation of high-dimensional factor models with structural instabilities [J]. The review of economic Studies 2016, 83 (4): 1511-1543.

[131] CHIOU Y Y, CHEN M Y, CHEN J. Nonparametric regression with multiple thresholds: estimation and inference [J]. Journal of Econometrics, 2018 (206): 472 -514.

[132] CHOW G C. Test of equality between sets of coefficients in two linear regression [J]. Econometrica, 1960, 28 (3): 591-605.

[133] COLE M A. Development trade and the environment: how robust 15 the environmental kunzets curve [J]. Environment and Development Economies, 2003 (8): 557-580.

[134] CORRADI V, SWANSON N R. Testing for structural stability of factor augmented forecasting models [J]. Journal of Econometrics, 2014, 182 (1): 100-118.

[135] CSAORGO M, HORVAH L. Limit theorems in change-point analysis [J]. Wiley Series in Probability & Statistics, John Wiley & Sons Ltd., 1997.

[136] ENGLE R F, GNARGER C W J, RICE J, WEISS A. Semi-parametric estimator of the relation between weather and electricity sales [J]. Journal of the American Statistical Association, 1986, 394 (81): 310-320.

[137] ENGLE R F, GRANGER C W J. Granger cointegration and error-correction: representation, estimation and testing [J]. Econometria, 1987, (55): 251-276.

[138] FAHRMEIR L, KANFMANN H. Asymptotic inference in discrete response models [J]. Statistical Papers, 1986 (27): 179-214.

[139] FAHMEIR L. Maximum likelihood estimation in misspecified generalized linear models [J]. Statisties, 1990 (21): 487-502.

[140] FAN J, GIJBELS. Local polynomial models and its alications [M].London:

Chapman & Hall, 1996.

[141] FAN J, YAO Q, CAI Z. Adaptive varying-coefficient linear models [J]. Journal of the Royal Statistical Society, Series B, 2003 (65): 57-80.

[142] FAN Y, LIU LC, WU G, et al. Changes in carbon intensity in China: empirical findings from 1980-2003 [J]. Ecological Economics, 2007, 62 (34): 683-693.

[143] FAN J, YAO Q. Nonlinear time series: nonparametric and parametric methods [M]. New York: Springer, 2003.

[144] FAN J, HUANG T. Profile likelihood inferences on semi-parametric varying coefficient partially linear models [J]. Bernoulli, 2005 (11): 1031-1057.

[145] FAN J, ZHANG W Y. Statistical estimation in varying coefficient models [J].The Annals of Statistics, 1999 (27): 1491-518.

[146] FAN J, ZHANG Y, WANG B. The impact of urbanization on residential energy consumption in China: an aggregated and disaggregated analysis [J]. Energy Review, 2017 (75): 220-233.

[147] FENG K S, HUBACEK K, GUAN D. Lifestyles, technology and CO_2 emissions in China: A regional comparative analysis [J]. Ecological Economics, 2009, 69 (1): 145-154.

[148] FENG G, GAO J, PENG B, et al. A varying coefficient panel data model with fixed effects: theory and an application to the us commercial banks [J]. Journal of Econometrics, 2017, 196 (1): 68-82.

[149] FENG Q, KAO C, LAZAROVA Š. Estimation and identification of change points in panel models [R]. Working Paper, 2009.

[150] FU Z, HONG Y. A model-free consistent test for structural change in regression possibly with endogeneity [J]. Journal of Econometrics, 2019 (211): 206-242.

[151] GALEOTTI M , LANZA A, PAULI F. Reassessing the environmental kuznets curve for CO_2 emissions: a robustness exercise [J]. Ecological Economics, 2006 (57): 152-163.

[152] GALTON F. Regression towards mediocrity in hereditary stature [J]. The Journal of the Anthropological Institute of Great Britain and Ireland, 1886 (15): 246-263.

[153] GAO J, HAWTHOME K. Semi-parametric estimation and testing of the trend of temperature series [J]. Econometrics Journal, 2006 (9): 332-355.

[154] GAO J. Nonlinear Time Series：Semi-parametric and nonparametric methods [J]. Statistics Papers，2010，51 (3)：751-752.

[155] GAO J，SHI P. M-type Smoothing splines in non-parametric and semi-parametric regerssion models [J]. Statistica Sinca，1997 (7)：1155-1169.

[156] GAO J，PHILLIPS P C B. Functional coefficient nonstationary regression [R]. Cowles Foundation Discussion Paper，2013.

[157] GAO Y，LI K. Nonparametric estimation of fixed effects panel data models [J]. Journal of Nonparametric Statistics，2013，25 (3)：679-693.

[158] GARBACCBIO R F，HO M S. Why has the energy-output ratio fallen in China? [J]. Energy Journal，1999 (3)：63-91.

[159] GHALI K H，El-SAKKA M I T. Energy use and output growth in Canada：a multivariate cointegration analysis [J]. Energy Economics，2004 (26)：225-238.

[160] GONZALEZ A，TERAVIRTA T，VAN DIJK D，et al. Panel smooth transition regression models [R]. Working Paper，2005.

[161] GREEN P J，SILVERMNA B W. Non-parametric regression and generalized linear models [M]. London：Chapman & Hall，1994.

[162] GROSSMAN G M，KRUEGER A B. Environmental impacts of a north American free trade agreement [R]. NBER Working Paper No 3914，1991.

[163] GROSSMAN G M，KRUEGER A B. Economic growth and the environment [J]. Quarterly Journal of Economics，1995，110 (2)：353-377.

[164] HALL A R，SEN A. Structural stability testing in models estimated by generalized method of moments [J]. Journal of Business & Economic Statistics，1999，17 (3)：335-48.

[165] HALL A R，HAN S，BOLDEA O. Inference regarding multiple structural changes in linear models with endogenous regressors [J]. Journal of Econometrics，2012，170 (2)：281-302.

[166] HANSEN B E. Tests for parameter instability in regressions with I (1) processes [J]. Journal of Business & Economic Statistics，1992，10 (3)：321-35.

[167] HANSEN B E. Threshold effects in non dynamic panels：estimation，testing and inference [J]. Journal of Econometrics，1999，93 (2)：345-368.

[168] HAN X，INOUE A. Tests for parameter instability in dynamic factor models [J]. Econometric Theory，2015，31 (5)：1117-1152.

[169] HARDLE W, BOWMAN A W. Bootstraing in non-parametric regression: local adaptive smoothing and confidence bands [J]. Journal of American Statistical Association, 2007 (83): 102-110.

[170] HARDLE W, LIANG H, GAO J. Partially linear models [M]. Heidelberg, 2000.

[171] HARDLE W, MULLER M, SPERLICH S, et al. A Non-parametric and Semi-parametric models [C]. Springer, 2004.

[172] HARDLE W. Applied nonparametric regression [M]. New York: Cambridge University Press, 1990.

[173] HASTIE T J, TIBSHIRANI R J. Generalized additive models [M].London: Chapman and Hall, 1990.

[174] HASTIE T J, TIBSHIRANI R J. Varying-coefficient models [J]. Roy statistics Society Series, B, 1993 (55): 757-796.

[175] HE X, FUNG W K, ZHU Z Y. Robust estimation in generalized partlal linear models for clustered data [J]. J. A. S. A, 2005 (100): 1176-1184.

[176] HENDERSON D J, ULLAH A. A nonparametric random effects estimator [J]. Economics Letters, 2005, 88 (3): 403-407.

[177] HENDERSON D, CARROLL R, LI Q. Nonparametric estimation and testing of fixed effects panel data models [J]. Journal of Econometrics, 2008 (144): 257-275.

[178] HENDERSON D, ULLAH A. A nonparametric random effects estimator [J]. Economics Letters, 2005 (88): 403-407.

[179] HIDALGO J, LEE J, SEO M H. Robust inference for threshold regression models [J]. Journal of Econometrics, 2019 (210): 291-309.

[180] HJELLVIK V, CHEN R, TJSTHEIM D. Non-parametric estimation and testing in panels of intercorrelated time series [J]. Journal of Time Series Analysis, 2004 (25): 831-872.

[181] HONG Y, LEE T H. Inference and forecast of exchange rates via generalized spectrum and nonlinear time series models [J]. Review of Economics and Statistics, 2003 (85): 1048-1062.

[182] HONG Y, WANG X, WANG S. Testing strict stationarity with applications to macroeconomic time series [C]. International Econometric Review (forthcoming), 2017.

[183] HOOVER D R, RICE J A, WU C O, et al. Nonparametric smoothing esti-

mates of time-varying coefficient models with longitudinal data [J]. Biometrika, 1998 (85): 809-822.

[184] HSIAO C. Analysis of panel data [M]. England: Cambridge University Press, 2014.

[185] HU Z, WANG N, CAROLL R J. Profile-kernel versus backfiting in the partially linear models for longitudinal /clustered data [J]. Biometrika, 2004, 91 (2): 251-262.

[186] HUBER P J. Robust estimation of a location parameter [J]. Annals of Mathematical Statistics, 1964, 35 (1): 73-101.

[187] HUNSBERGER S. Semiparametric regression in likelihood-based Models [J]. Journal of the American Statistical Association, 1994, 89 (428): 1354-1365.

[188] HUANG J Z, WU C O, ZHOU L. Polynomial spline estimation and inference for varying coefficient models with longitudinal data [J]. Statistica Sinica, 2004 (14): 763-788.

[189] HUANG B N, HWANG M J, YANG C W. Causal relationship between energy consumption and GDP growth revisited: a dynamic panel aproach [J]. Ecological Economics, 2008 (67): 41-54.

[190] HUBACEK K, FENG K, CHEN B. Changing lifestyles towards a low carbon economy: an IPAT analysis for China [J]. Energies, 2012, 5 (1): 22-31.

[191] HWANG D, Gum B. The causal relationship between energy and GNP: the case of Taiwan [J]. Journal of Energy and Development, 1992, 16 (2): 219-226.

[192] IDRISSA M, OUEDRAOGO. Electricity consumption and economic growth in Burkina Faso: a cointegration analysis [J]. Energy Economics, 2010 (5): 524-531.

[193] JENNE C A, CATTELL R K. Structrual change and energy efficiency in dustry [J]. Energy economics, 1983 (2): 114-123.

[194] KARANFIL F. How many times again will we examine the energy-income nexus using a limited range of traditional econometric tools? [J]. Energy Policy, 2009, 37 (4): 1191-1194.

[195] KEJRIWAL M, PERRON P. The limit distribution of the estimates in cointegrated regression models with multiple structural changes [J]. Journal of E-

conometrics, 2008, 146 (1): 59-73.

[196] KIM D. Estimating a common deterministic time trend break in large panels with cross sectional dependence [J]. Journal of Econometrics, 2011, 164 (2): 310-330.

[197] KNEIP A, SICKLES R C, SONG W. A new panel data treatment for heterogeneity in time trends [J]. Econometric Theory, 2012 (28): 590-628.

[198] KRAFT J, KRAFT A. On the relationship between energy and GNP [J]. Energy Development, 1978 (3): 401-403.

[199] LAU E, CHYE X H, CHOONG C K. Energy growth causality: Asian countries revisited [J]. International Journal of Energy Economics and Policy, 2011, 1 (4): 140-149.

[200] LEAN H H, SMYTH R. CO_2 emissions, electricity consumption and output in ASEAN [J]. Applied Energy, 2010, 87 (6): 1858-1864.

[201] LI C, LIANG Z. Asymptotics for nonparametric and semiparametric fixed effects panel models [J]. Journal of Econometrics, 2015, 185 (2): 420-434.

[202] LI G, PENG H, TONG T. Simultaneous confidence band for nonparametric fixed effects panel data models [J]. Economics Letters, 2013, 119 (3): 229-232.

[203] LI Q, HUANG C, LI D, et al. Semiparametric smooth coefficient model [J]. Journal of Business & Economic Statistics, 2002 (20): 412-422.

[204] LI Q, RACINE S, JEFFREY. Non-parametric econometrics: theory and practice [M]. Princeton: Princeton University Press, 2006.

[205] LI Q, RACINE J S. Smooth varying coe cient estimation and inference for qualitative and quantitative data [J]. Econometric Theory, 2010 (26): 1607-1637.

[206] LI Q, STENGOS T. Semi-parametric estimation of partially linear regression models [J]. Journal of Econometrics, 1996 (71): 389-397.

[207] LI Q, OUYANG D, RACINE J S. Categorical semiparametrics varying coe cient models [J]. Journal of Applied Econometrics, 2013 (28): 551-579.

[208] LI Y, ZHAO R, LIU T, et al. Does urbanization lead to more direct and indirect household carbon dioxide emissions? evidence from China during 1996-2012 [J]. Journal of cleaner production, 2015 (102): 103-114.

[209] LI Q, HUANG C J, Li D, et al. Semiparametric smooth coefficient models

[J]. Business Economic Statistics, 2002, 20 (3): 412-422.

[210] LIANG H, HARDLE W. Bootstrap aroximation in a partially linear regression model [J]. Journal of Statistical Planning and Inference, 2000 (91): 413-426.

[211] LIANG Q M, FAN Y, WEI Y. Multiregional input output model for regional energy requirements and CO_2 emissions in China [J]. Energy Policy, 2007, 35 (3): 1685-1700.

[212] LI D, CHEN J, GAO J. Non-parametric time-varying coefficient panel data models with fixed effects [J]. Econometrics Journal, 2011 (14): 387-408.

[213] LIN X, POLENSKE K. Input-output anatomy of China's energy use changes in 1980s' [J]. Economic Srystems Esearch, 1995, 7 (1): 67-84.

[214] LIN T P, LIN F Y, WU P R. Multiscale analysis and reduction measures of urban carbon dioxide budget based on building energy consumption [J].Energy Build, 2017 (153): 356-367.

[215] LIU Z, ZHAO T. Contribution of price/expenditure factors of residential energy consumption in China from 1993 to 2011: a decomposition analysis [J]. Energy Conversion Management, 2015 (98): 401-410.

[216] LEE C, CHANG C P. Structural Breaks, Energy Consumption, and Economic Growth Revisited: Evidence from Taiwan [J]. Energy Economics, 2005, 27 (6): 857-872.

[217] LEE C C. Energy consumption and GDP in developing countries: a cointegrated panel analysis [J]. Energy Economics, 2005, 27 (3): 415-427.

[218] LEE C C, CHANG C P. The impact of energy consumption on economic growth: evidence from linear and nonlinear models in taiwan [J]. Energy, 2007, 32 (22): 82-94.

[219] LEE C C, CHANG C P. Energy consumption and economic growth in Asian economies: a More comprehensive analysis using panel data [J]. Resource and Energy Economics, 2008, 30 (1): 50-65.

[220] LEE C C, CHANG C P, CHEN P F. Energy-income causality in OECD countries revisited: the key role of capital stock [J]. Energy Economics, 2008 (30): 2359-2373.

[221] LEE C C, CHIEN M S. Dynamic modelling of energy consumption, capital stock, and real income in G-7 countries [J]. Energy Economics, 2010, 32

(3): 564-581.

[222] LOMBARDIA M J, SPERLICH S. Semiparametric inference in generalized mixed effects models [J]. Journal of the Royal Statistical Society: Series (Statistical Methodology), 2008, 70 (5): 913-930.

[223] LUCAS J, ROBERT E. Econometric policy evaluation a critique [J]. Carnegie-Rochester Conference Series on Public Policy, 1976 (1): 19-46.

[224] LUZZATI T, ORSINI M. Investigating the tnergy environmental kuznets curve [J]. Energy, 2009, 34 (3): 291-300.

[225] MALIKOV SUBAL C, KUMBHAKAR, SUN Y. Varying coefficient panel data model in the presence of endogenous selectivity and fixed effects [J]. Journal of Econometrics, 2016 (190): 233-251.

[226] MALTHUS T R. An essay on the principle of population, as it affects the future improvement of society, with remarks on the speculations of Mr Godwin, Mr Condorcetand other writers [A] //Wrigley, E. A., Souden, D. (Eds.), v. 1, William Pickering, London, 1798.

[227] MAMMEN E, STOVE B, TJOSTHEIM D. Nonparametric additive models for panels of time series [J]. Econometric Theory, 2009 (25): 442-481.

[228] McCULLAGH P, NELDER J A. Generalized Linear Models [M]. London: Chapman and Hall, 1989.

[229] McCULLAGH P. Quasi-likelihood function [J]. Annals Statistics, 1983 (11): 59-67.

[230] McCULLOCH C E, NATARAJAN R. A note on the existence of the posterior distribution for a class of mixed models for binomial responses [J]. Biometrika, 1995, 82 (3): 639-643.

[231] MIAO L. Examining the impact factors of urban residential energy consumption and CO_2 emissions in China evidence from city-level data [J]. Ecological Indicators, 2017 (73): 29-37.

[232] MOHAMMAD H. PARVARESH H. Energy consumption and output: evidence from a panel of 14 Oil-exporting countries [J]. Energy Economics, 2014 (41): 41-46.

[233] NARAYAN P K, SMYTH R. Energy consumption and real GDP in G7 countries: new evidence from panel cointegration with structural breaks [J].Energy Economics, 2008, 30 (5): 2331-2341.

[234] NELDER J A, WEDDERBUM R W M. Generalized linear models [J]. Journal of the Royal Statistical Society, Series A (General), 1972, 135 (3): 370-384.

[235] NELSON C R, PLOSSER C L. Trends and random walks in macroeconomic time series: some evidence and implications [J]. Journal of Monetary Economics, 1982, 10 (2): 139-162.

[236] OKA T, QU Z. Estimating structural changes in regression quantiles [J]. Journal of Econometrics, 2011, 162 (2): 248-267.

[237] OZTURK I. A literature survey on energy-growth nexus [J]. Energy policy, 2010, 38 (1): 340- 349.

[238] OZTURK I, ACARAVCI A. The long-run and causal analysis of energy, growth, openness and financial development on carbon emissions in Turkey [J]. Energy Economics, 2013 (36): 262-267.

[239] PAYNE J E. On the dynamics of energy consumption and output in the US [J]. Applied Energy, 2009 (86): 575-577.

[240] PARZEN E. On estimation of a probability density function and mode [J]. The Annals of Mathematical Statistics, 1962, 33 (3): 1065-1076.

[241] PERRON P, ZHU X K. Structural breaks with deterministic and tochastic trends [J]. Journal of Econometrics, 2005, 129 (2): 65-119.

[242] PERRON P. The great crash the oil price shock and the unit root hypothesis [J]. Econometrics, 1989, 57 (6): 1361-1401.

[243] PERRON P, YAMAMOTO Y. A note on estimating and testing for multiple structural changes in models with endogenous regressors via 2SLS [J].Econometric Theory, 2014, 30 (2): 491-507.

[244] PERRON P, YAMAMOTO Y. Using OLS to estimate and test for structural changes in models with endogenous regressors [J]. Journal of Applied Econometrics, 2015, 30 (1): 119-144.

[245] PHILLIPS P C B The mysteries of trend [J]. Macroeconomic Review IX, 2010 (9): 82-89.

[246] PHILLIPS P C B, LI D, GAO J. Estimating smooth structural change in cointeg-ration models [J]. Journal of Econometrics, 2017 (196): 180-195.

[247] QIAN J, SU L. Shrinkage estimation of common breaks in panel data models via adaptive group fused lasso [J]. Journal of Econometrics, 2016, 191

(1): 86-109.

[248] QU Z. Testing for structural change in regression quantiles [J]. Journal of Econometrics, 2008, 146 (1): 170-184.

[249] QUANDT R E. Test of the hypothesis that a linear regression system obeys two separate regimes [J]. Journal of the American Statistical Association, 1960, 55 (290): 324-330.

[250] ROBINSON P M. Root-N-consistent semiparametric regression [J]. Econometrica Journal of the Econometric Society, 1988: 931-954.

[251] ROBINSON P M. Non-parametric estimation of time-varying parameters [A] //Hackl, P. (Ed.) Statistical analysis and forecasting of economic structural change [J]. Springer Berlin, 1989, 16 (4): 253-264.

[252] ROBINSON P M. Non-parametric trending regression with cross-sectional dependence [J]. Journal of econometrics, 2012 (169): 4-14.

[253] RUCKSTUHL A F, WELSH A H, CARROLL R J. Nonparametric function estimation of the relationship between two repeatedly measured variables [J]. Statistica Sinca, 1997, 10 (1): 51-71.

[254] RODRIGUEZ-POO J M, SOBERON A. Direct semi-parametric estimation of fixed effects panel data varying coefficient models [J]. Econometrics Journal, 2014, 17 (1): 107-138.

[255] ROGAN F, CAHILL C J, GALLACHOIR B P O. Decomposition analysis of gas consumption in the residential sector in Ireland [J]. Energy Policy, 2012, 42 (2): 19-36.

[256] RUPPERT D, WAND M P, CAROLL R J. Semiparametric regression [M]. England: Cambridge University Press, 2003.

[257] SEOA M H, SHIN Y. Dynamic panels with threshold effect and endogeneity [J]. Journal of Econometrics, 2016 (195): 169-186.

[258] SHAHBAZ M, LEAN H H, FAROOQ A. natural gas consumption and economic growth in Pakistan [J]. Renewable and Sustainable Energy Reviews, 2013 (18): 87-94.

[259] SHI P, LI G. A note of the convergence rates of M-estimates for partial linear model [J]. Statistics, 1995, 26 (1): 27-47.

[260] SHI P, TENG X D. Asymptotic distributions of M-estimators of the pamaretric components of partly Linear models with fixed carries [J]. Advances in Mathematics, 1999, 28 (5): 44-461.

[261] SHI P, TSAI C, LING. Semi-parametric regression models elections [J]. Journal of Statistical Planning and Inference, 1999 (77): 119-139.

[262] SHRESTHA R M, TIMILSINA G R. Factors affecting CO_2 intensities of power sector in Asia: a divisia decomposition analysis [J]. Energy Economics, 1996, 18 (4): 283-293.

[263] SILVAPULLE P, SMYTH R, ZHANG X, et al. Nonparametric panel data model for crude oil and stock market prices in net oil importing countries [J]. Energy Economics, 2017 (67): 256-267.

[264] SOYTAS U, SARI R. Energy consumption and GDP: causality relationship in G7 countries and emerging markets [J]. Energy Economics, 2003, 25 (1): 333-371.

[265] SQUALLI J. Electricity consumption and economic growth: bounds and causality analyses of OPEC countries [J]. Energy Economics, 2007 (29): 1192-1205.

[266] SU L, ULLAH A. Profile likelihood estimation of partially linear panel data models with fixed effects [J]. Economics Letters, 2006 (92): 75-81.

[267] SU L, XIAO Z. Testing for parameter stability in quantile regression models [J]. Statistics & Probability Letters, 2008, 78 (16): 2768-2775.

[268] SU L, ULLAH A. Nonparametric and semiparametric panel econometric models: estimation and testing [A] //A. Ullah and D. E. A. Giles (Eds.) Handbook of Empirical Economics and Finance [C]. New York: Taylor & Francis Group, 2011: 455-497.

[269] SU L, LU X. Nonparametric dynamic panel data models: kernel estimation and spedfication testing [J]. Journal of Econometrics, 2013, 176 (2): 112-133.

[270] SURI V, CHAPMAN D. Economic growth, trade and energy: implications for the environmental kuznets curve [J]. Ecological Economics, 1998 (25): 195-208.

[271] SUN Y, WU H. Semiparametric time-varying coefficients regression model for longitudinal data [J]. Scandinvian Journal of Statistics, 2005, 32 (1): 21-47.

[272] SUN Y, CARROLL R J, LI D. Semiparametric estimation of fixed effects panel data varying coefficient models [J]. Advance Economics, 2009 (25): 101-130.

[273] SUN Y, ZHANG Y Y, LI Q. Nonparametric panel data regression models. [A] //B. H. Baltagi (Ed.) The Oxford Handbook of Panel Data Econometrics [C] Oxford: Oxford University Press, 2015: 285-324.
[274] TIBA S, OMRI A. Literature survey on the relationships between energy, environment and economic growth [J]. Renewable and Sustainable Energy Reviews, 2017 (69): 1129-1146.
[275] ULLAH A, ROY N. Non-parametric and semi-parametric econometrics of panel data [A] //A. Ullah and D. E. A. Giles (ecls.) Handbook of applied economics statistics [C]. New York: Marcel Dekker, 1998: 579-604.
[276] WAGNER M. The carbon kuznets curve: a cloudy picture emitted by bad econometrics? [J]. Resource and Energy Economics, 2008 (30): 388-408.
[277] WAHBA G. Spline models for observational data [M]. Philadelphia: SIAM, 1990.
[278] WAHBA G, JOHNSON D, Gao F, et al. Adaptive tuning of numerical weathe prediction models: randomized GCV in three and four dimensional data assimilation [J]. Monthly Weather Review, 1990 (123): 3358-3369.
[279] WAHBA G, WANG Y D, GU X, et al. Smoothing spline anova for exponential families, with alication to the wisconsin epidemiological study of diabetic retinopathy [J]. The annals of statistic, 1995, 23 (6): 1865-1895.
[280] WAND M C, JONES M P. Kernel smoothing [M]. London: Chapman and hall, 1995.
[281] WANKEUN O H, KIHOON L. Causal relationship between energy consumption and GDP [J]. The Case of Korea, 2004 (26): 1970-1999.
[282] WANG W, YIN L, SONG W. Carbon dioxide emissions factor analysis based on Semi-parametric trending panel data models [J]. ICIC Express Letters, 2014, 8 (12): 3495- 3500.
[283] WANG C, CHEN J, ZOU J. Decomposition of energy-related CO_2 emissions in China: 1957-2000 [J]. Energy, 2005, 30 (1): 173-183.
[284] WANG H, XIA Y. Shrinkage estimation of the varying coe cient [J].Journal of the American Stistical Association, 2009 (104): 747-757.
[285] WANG S S, ZHOU D Q, ZHOU P, et al. CO_2 emissions, energy consumption and economic growth in China: a panel data analysis [J].Energy Policy, 2011 (39): 4870-4875.

[286] WANG Q, LIU P, YUAN X, et al. Structural evolution of household energy consumption: a China study [J].Sustainability, 2015, 7 (4): 3919-3932.

[287] WATER G G, SHEN X P. Wavelets and other orthogonal systems. Boca Raton [M]. Florida: Chemical Rubber Company Press, 2000.

[288] WEDDERBUM R W M. Quasi-likelihood functions generalized linear model and the Gaauss-Newton method [J]. Biometrika, 1974 (61): 439-447.

[289] WHITE H, GRANGER C. Consideration of trends in time series [J].Journal of Time Series Econometrics, 2011, 3 (1): 1-38.

[290] WU L, KANEKO S, MATSUKA S J. Driving forces behind the stagnancy of chinaps energy-related CO_2 emissions from 1996 to 1999: the relative importance of structural change, intensity change and scale change [J]. Energy Policy, 2005, 33 (3): 319-335.

[291] YAMAMOTO Y, TANAKA S. Testing for factor loading structural change under common breaks [J]. Journal of Econometrics, 2015, 189 (1): 187-206.

[292] YANG H Y. A note on the causal relationship between energy and GDP in Taiwan [J]. Energy Economics, 2000, 22 (3): 309-317.

[293] YAO F, ZHANG J. Efficient kernel-based semiparametric IV estimation with an Alication to resolving a puzzle on the estimation of the return to schooling [J]. Empirical Economics, 2015 (48): 253-281.

[294] YE D, YAN Z. On orderly adaptation to global warming [J]. Acta Meterolgic Sinica, 2009, 23 (3): 261-262.

[295] YOO S H. LEE J S. Electricity consumption and economic growth: a cross-country analysis [J]. Energy Policy, 2010, 38 (1): 622-625.

[296] YUE L, CHEN X R. Asymptotic normality of the maximum quasi-likelihood estimator in generalized linear models [J]. Chinese Annals of Mathematies, Series, B, 2005, 26 (3): 467- 474.

[297] ZHA D, ZHOU D, ZHOU P. Driving forces of residential CO_2 emissions in urban and rural China: an index decomposition analysis [J]. Energy Policy, 2010, 38 (7): 3377-3383.

[298] ZHANG M, SONG Y, LI P, et al. Study on affecting factors of residential energy consumption in urban and rural Jiangsu [J]. Renewable sustainable Energy Reviews, 2016 (53): 330-337.

[299] ZHANG M. MU H, NING Y, et al. Decomposition of energy-related CO_2 e-

mission over 1991－2006 in China [J]. Ecological Economics, 2009, 68 (7): 2122-2128.

[300] ZHANG W Y, LEE S, SONG X Y. Local polynomial fitting in semi-varying coefficient model [J]. Journal of Multivariate Analysis, 2002, 82 (1): 166-188.

[301] ZHANG Y, SU L, PHILLIPS P C B. Testing for common trends in semiparametric panel data models with fixed effects [J]. Econometrics, 2012 (15): 56-100.

[302] ZHANG W, YANG S. The influence of energy consumption of China on its real GDP from aggregated and disaggregated viewpoints [J]. Energy Policy, 2013 (57): 76-81.

[303] ZHOU Y, LIANG H. Statistical inference for semi-parametric varying-coefficient partially linear models with error-prone linear covariates [J]. The Annals of Statistics, 2009 (37): 427- 458.

索 引

后　记

2012年暑期，恩师王维国教授推荐博士生参加由厦门大学王亚南经济研究院、厦门大学“计量经济学”教育部重点实验室、计量经济理论与应用创新与引智基地联合主办的“计量经济学与统计学暑期学校”学习。我对非参数、半参数模型产生了浓厚的兴趣。之后，我在王老师的指导下，集中精力从事非参数、半参数模型的学习和研究，经过近三年的认真学习和刻苦钻研，于2015年春完成了博士论文。毕业后，我又对博士论文相关主题的理论及文献进行补充，今天终于完成了陋作。

在本书的撰写过程中，我得到了许多师长和朋友的帮助。借此书出版之际，首先，特别感谢我的博士导师王维国教授，以及指导老师刘德海教授、于刚副教授、宋雯彦副教授、范丹副教授。在他们的谆谆教诲下，我逐步完善了所研究内容的知识体系，为此书的出版奠定了坚实基础。其次，衷心感谢华中科技大学的王少平教授、哈尔滨商业大学的王涛教授等，他们的鼓励、指导使我有更大的信心和勇气完成此书。再次，感谢我的同门师兄妹及同学的关怀与帮助，他们使我的博士生涯充满快乐与温情。同时，感谢大连民族大学的领导及同事的支持与肯定，使我可以顺利完成此书。另外，感谢我的家人对我的爱护与陪伴，他们是我坚强的后盾。最后，感谢中国经济出版社的贺静老师，她为此书的出版付出了大量的辛勤劳动。

由于水平有限，书中难免存在错误，敬请读者谅解并予以批评指正。

殷　亮

2021年8月